Konzepte der
Humanwissenschaften

Helga Andresen

Vom Sprechen zum Schreiben

Sprachentwicklung zwischen dem vierten und siebten Lebensjahr

Klett-Cotta

> *Helga Andresen,* Dr. phil., ist Professorin für Sprachwissenschaft und Sprachdidaktik am Institut für Germanistik der Universität Flensburg.

Klett-Cotta
© J. G. Cotta'sche Buchhandlung Nachfolger GmbH, gegr. 1659
Stuttgart 2005
Alle Rechte vorbehalten
Fotomechanische Wiedergabe nur mit Genehmigung
des Verlags
Printed in Germany
Schutzumschlag: Philipa Walz, Stuttgart
Gesetzt aus der Bembo von Kösel, Krugzell
Auf säure- und holzfreiem Werkdruckpapier gedruckt
und gebunden von Ludwig Auer GmbH, Donauwörth
ISBN 3-608-94394-3

Bibliografische Information Der Deutschen Bibliothek
Die Deutsche Bibliothek verzeichnet diese Publikation in der
Deutschen Nationalbibliografie; detaillierte bibliografische
Daten sind im Internet über <http://dnb.ddb.de> abrufbar

Inhalt

Kapitel 1
Einleitung 7

Kapitel 2
Über Laute, Wörter und Sätze 16
Ein Überblick über die Sprachentwicklung in den
ersten Lebensjahren

Kapitel 3
Vom Guck-Guck-Spiel zum Bilderbuch betrachten ... 47
Erwachsenen-Kind-Interaktion im Säuglings- und
Kleinkindalter

Kapitel 4
Das spannende vierte Jahr 76
Vom Kleinkind zum Vorschulkind

Kapitel 5
Kinder entdecken Kinder 92
Spiel, Interaktion und Sprachgebrauch zwischen drei
und sechs Jahren

Kapitel 6
Die eigenen Handlungen steuern 123
Egozentrisches Sprechen und Metakommunikation
beim Spiel

Kapitel 7
Wie Sprache im Kopf entsteht 140
Mentale Repräsentationen von Sprache

Kapitel 8
Über Schrift, Schreiben und Lesen 168
Repräsentationen sprachlicher Zeichen durch Schrift
und der vorgestellte Andere

Kapitel 9
Auf dem Weg zur Schrift 182
Mit Bedeutungsrepräsentationen umgehen

Kapitel 10
Bewusstwerdung von Sprache 201
Kinder entdecken Sprache als Symbolsystem

Kapitel 11
Schriftsprachentwicklung und Unterricht 218
Schreibentwicklung, phonologische Bewusstheit und
die Aufgaben von Kindergarten und Schule

Kapitel 12
Handlungen, Vorstellungen und Zeichen 239
Entwicklung im Vorschulalter, Sprache und Schrift

Literatur 251

Anmerkungen 260

Glossar 268

Kapitel 1 | Einleitung

Zwei vierjährige Jungen spielen in der Spielecke ihres Kindergartens »Vater und Hund«. Der Vater steht an einem Kinderherd, füllt Bauklötze in einen Topf, rührt mit einem Löffel um und kündigt dem Hund, der auf allen Vieren durch den Raum trottet, an, dass sein Fressen gleich fertig sei. Aber der Hund muss sich dann doch noch gedulden, weil am Herd plötzlich ein imaginäres Feuer ausbricht. Umgehend verwandelt sich der Vater in einen Feuerwehrmann, nimmt eine Plüschschlange in die Hand, deutet sie zum Schlauch um und löscht das Feuer mit imaginärem Wasser. Nach dieser dramatischen Aktion kehrt der Junge wieder in die Rolle des Vaters zurück und bringt dem Hund das Fressen.

Wer Erfahrungen mit Kindern hat oder an die eigene Kindheit zurückdenkt, dem werden schnell vergleichbare Szenen einfallen. Auf Spielplätzen oder in Spielecken von Kaufhäusern kann man beobachten, dass auch Kinder, die einander nicht kennen, scheinbar mühelos in gemeinsame Rollenspiele hineinfinden. Wenn der erste Schritt, nämlich die Festlegung, wer welche Rolle übernimmt, gelingt, dann tauchen sie in eine gemeinsame Spielhandlung ein und bewältigen Probleme bei der Spielgestaltung meist mit Engagement und Erfolg. Typisch für solche Spiele ist, dass völlig alltägliche Handlungen wie die Versorgung eines Haustiers verbunden werden mit ungewöhnlichen, manchmal auch fantastischen Ereignissen.

Kinder zwischen 3 und 7 Jahren

Rollenspiele zwischen gleichaltrigen Kindern setzen mit dem Vorschulalter, das im 4. Lebensjahr beginnt, ein. Betrachtet man die Spiele näher, so erkennt man, dass die Handlungen, die scheinbar so einfach und mühelos vonstatten gehen, ein komplexes Bündel kognitiver, sprachlicher und emotionaler Prozesse bilden. Die Kinder differenzieren dabei zwischen ihrer eigenen Identität als Kind und den Rollenidentitäten, die sie im Spiel übernehmen. Das zeigt sich beispielsweise darin, dass in einem Mutter-Kind-Spiel die Mutter selbstverständlich die Macht hat, dem Kind etwas aufzutragen oder zu verbieten, und das Kind diesem folgen muss. Innerhalb des Spiels gelten diese rollentypischen Handlungsregeln. Außerhalb des Spielrahmens aber, wenn Rollen ausgehandelt und die nächsten Handlungsschritte abgesprochen werden, ist die Asymmetrie aufgehoben und die Kinder bestehen auf gleichberechtigter Teilhabe. Sie achten sehr genau darauf, dass die Handlungskonstellationen innerhalb und außerhalb des Spiels nicht miteinander vermischt werden.

Die Differenzierung zwischen verschiedenen Handlungsebenen, deren Koordination und die Kooperation mit den Spielpartnern stellen hohe Anforderungen an die Kinder. Dass Vierjährige diese bewältigen, ist ein erstaunliches Phänomen. Denn genau in der Zeit, in der sie mit Rollenspielen beginnen, beginnen sie auch überhaupt erst, mit anderen gleichaltrigen Kindern gemeinsam zu handeln. Vorher, bis etwa zum Ende des 3. Lebensjahres interagieren sie nur mit Erwachsenen oder deutlich älteren Kindern; diese erfahreneren und kompetenteren Partner strukturieren die Interaktion und schaffen damit einen Handlungsrahmen, in den sich das kleine Kind mit seinen eigenen Handlungen einpassen und auf diese Weise in kooperatives Handeln ›hineinwachsen‹ kann.

Dann aber, vom Ende des 3. bis zum Ende des 4. Jahres, verändern Kinder sich deutlich, fast explosionsartig. Diese Erfahrung machen Eltern im täglichen Umgang mit ihrem Kind und zu dieser Erkenntnis kommen auch wissenschaftliche Untersuchungen (Kap. 4). Die beginnende Interaktion mit Gleichaltrigen und das Rollenspiel als eine neue Entwicklung sind bereits angesprochen worden. Ein anderes, Erwachsenen vertrautes Charakteristikum von Vierjährigen ist der Beginn der sog. »Warum-Phase«, in der Kinder für alles das, was in ihrer Umwelt geschieht, Begründungen und Erklärungen einfordern und Erwachsene damit häufig an kognitive und kommunikative Grenzen bringen. Selbst die einfachsten, in den vorangegangenen Jahren selbstverständlich ausgeführten Handlungen und vertrauten Vorgänge werden vom Kind plötzlich nicht mehr einfach hingenommen, sondern, Erklärungen einfordernd, hinterfragt. Die Unerbittlichkeit, mit der Kinder in diesem Alter darauf beharren, dass die Welt erklärbar sei und dass Erwachsene sie ihnen zu erklären hätten, wird in Sonjas Reaktion auf ihre Tante deutlich: Nach einem Marathon von Warum-Fragen kapitulierte diese mit dem Seufzer *Warum, warum, warum!*, was Sonja zu der Frage veranlasste *Warum sagst'n du immer ›warum‹?*

Vielleicht ist das Faszinierendste an Kindern zwischen 3 und 7 Jahren das Neben- bzw. Miteinander von scharfer Beobachtung ihrer realen Umwelt, dem Verlangen, Zusammenhänge zwischen verschiedenen Beobachtungen herzustellen und der Erzeugung fiktiver Welten in fantasiegeleitetem Handeln. Einerseits scheinen Kinder dieses Alters dem Denken und Sprechen von Erwachsenen schon sehr nahe zu sein, z. B. wenn sie Erklärungen für Vorgänge anbieten. Das gilt häufig auch dann, wenn die Erklärung zwar sachlich falsch, aber nachvollziehbar ausfällt, wie z. B. in der Vorstellung, dass Wind dadurch entstehe, dass Bäume ihre Zweige bewegten. Damit setzt das Kind zwei regelmäßig zusammen auftretende Vorgänge zueinander in Beziehung: Immer, wenn es windig ist, bewegen sich die Zweige der Bäume. Die Vorstellung, dass Bäume als belebte Objekte zu Eigenbewegungen fähig seien und daher als Verursacher des Windes in Frage kämen, ist zwar falsch, aber nachvollziehbar. Unter dieser Prämisse, dass Bäume sich aus eigenem Antrieb bewegen, hält die Logik der Begründung auch kritischer Beurteilung stand.

Andererseits verbinden Vorschulkinder häufig Realität und Fiktion, argumentative Begründung und subjektive Fantasie in überraschender Weise miteinander, wie die fünfjährige Nora, die ihrem Onkel aufgeregt erzählt, sie habe in der Nacht ein Krokodil vor ihrem Bett gesehen, und seinen beschwichtigenden Erklärungsvorschlag, dass vielleicht ihr Vater (der beim Vorlesen manchmal einschläft) vor dem Bett gesessen habe, empört zurückweist mit dem Argument: *Aber ein Krokodil hat doch keinen Bart!*

Sprachentwicklung im Vorschulalter

Die Veränderungen von Kindern im 4. Jahr erfassen alle Bereiche ihrer Entwicklung. Allerdings erscheint diese Behauptung gerade für die Sprachentwicklung auf den ersten Blick zweifelhaft. Denn sprachlich sind es die allerersten Lebensjahre, in denen Kinder in erstaunlicher Geschwindigkeit hochkomplexe Strukturen erwerben. Im Alter von 10 bis 18 Monaten sprechen Kinder ihr erstes Wort und mit 3 bis 4 Jahren beherrschen sie dann schon die grundlegenden, komplexen grammatischen Strukturen ihrer Muttersprache (Kap. 2).

Unter dem Aspekt des Spracherwerbs scheint danach erst wieder das Schulalter besonders interessant zu werden, wenn das Kind nämlich lesen und schreiben lernt und damit seine sprachlichen Fähigkeiten umgestaltet und erweitert.

Betrachtet man jedoch das sprachliche Handeln von Vorschulkindern genauer, so wird erkennbar, dass auch dort neue Fähigkeiten entstehen und dass Sprache darüberhinaus eine wichtige Funktion für Veränderungen in anderen Entwicklungsbereichen trägt. So sind Rollenspiele mit ihrer Verknüpfung von sozialen, kognitiven, sprachlichen und emotionalen Prozessen sprachlich-interaktive Spiele und Sprache bildet das zentrale Mittel zur Erzeugung fiktiver Bedeutungen, dem Kern der Spiele (Kap. 5). Besonders bemerkenswert ist dabei, dass Rollenspiele nicht nur bestimmte sprachliche Fähigkeiten erfordern, sondern dass Vorschulkinder die ›benötigten‹ Fähigkeiten gerade erst in diesen Spielen und durch diese Spiele entwickeln.

Ein anderes Phänomen der Sprachentwicklung im Vorschulalter besteht darin, dass viele Kinder beginnen, über Sprache nachzudenken, Sprache zu kommentieren und spielerisch zu verändern. Dieses Interesse bildet einen Teil der schon angesprochenen ›Erklärungsbesessenheit‹, des Bedürfnisses, Zusammenhänge und Hintergründe für Beobachtungen und Erfahrungen zu entdecken. Häufig werden – gerade auch in Verbindung mit einem ersten Interesse an Schriftzeichen – Aufmerksamkeit und Faszination für Sprache und

Zeichen so dominant, dass die Kinder geradezu versessen darauf zu sein scheinen, dass beispielsweise Wörter erkennbar sinnhaft und im Hinblick auf ihre Bedeutung durchschaubar sein sollten. So kommt es, dass sie Wörter, die sie vorher längere Zeit völlig korrekt realisiert haben, plötzlich verändern, wie Thore, der das ihm schon bekannte Wort *Spagat* in *Spaghetti*, abwandelt, weil ihm dieses Wort vermutlich anschaulicher, nachvollziehbarer und somit angemessener zu sein scheint.

Lesen- und Schreibenlernen

Viele Kinder kommen in den Vorschuljahren mit Buchstaben und schriftlichen Texten in Kontakt, ohne dass sie schon mit dem Lesen und Schreiben beginnen; selbstverständlich erstreckt sich ihre Neugier und Entdeckungslust auch auf Schrift. Trotzdem stellt der Schulunterricht im Lesen und Schreiben Kinder vor grundlegend neue und große Anforderungen. Eltern erleben häufig mit Verwunderung, wie mühsam sich die ersten Schritte beim Lesen und Schreiben gestalten. Die spontanen Einsichten von Vorschulkindern in sprachliche Zusammenhänge, wie sie sich u. a. in Kommentaren und Erklärungen zu Wörtern niederschlagen, stehen in einem merkwürdigen Kontrast dazu, welche Mühe es ihnen bereitet, beispielsweise zu erkennen, mit welchem Laut ein Wort beginnt oder beim Lesen einzelne, lautierte Buchstaben (o – m – a) miteinander zu verbinden und so zum Wort *Oma* zu gelangen. Solche Prozesse sind nicht nur für Kinder mit problematischen Lernvoraussetzungen schwierig, sondern für fast alle Schulanfänger.

Aus der Beobachtung, dass zwischen den sprachlichen Erfahrungen und Reflexionen von Vorschulkindern und den Anforderungen beim Lesen- und Schreibenlernen eine Kluft besteht, sollte nun aber nicht die Schlussfolgerung gezogen werden, dass beides wenig miteinander zu tun hätte. Im Gegenteil: Während der Vorschuljahre entstehen die Voraussetzungen für das Lernen in der Schule – das gilt sowohl für generelle Fähigkeiten, wie z. B. die Fähigkeit zur gezielten Lenkung der eigenen Aufmerksamkeit, als auch für einzelne Bereiche, wie die Sprach- und Schriftsprachentwicklung. Eine altersgemäße Sprachentwicklung bis zum Schulbeginn bildet die wichtigste Grundlage für das Lesen- und Schreibenlernen. Das gilt nicht nur für Sprachstrukturen – Lautung, Grammatik, Wortschatz –, sondern auch für die Art und Weise, wie Kinder in den Vorschuljahren Sprache gebrauchen und welche Funktionen Sprache für ihre Handlungen erfüllt. Das darzustellen und zu erklären, ist ein zentrales Anliegen dieses Buches.

Zu diesem Buch

Kinder entwickeln sich in konkreten, alltäglichen Handlungssituationen. Dabei tragen in den verschiedenen Entwicklungsphasen jeweils bestimmte Situationen und Handlungskonstellationen eine besondere Bedeutung für altersspezifische Veränderungen. Im Kleinkindalter gilt das für die Erwachsenen-Kind-Interaktion, während im Vorschulalter auch die Interaktion mit anderen gleichaltrigen Kindern wichtig dafür wird.

Das Ziel des Buches liegt darin, Sprechen, Denken und Handeln von Vorschulkindern zu beschreiben und zu erklären. Die Darstellung geht meist von konkreten Beispielen aus, die typisch für Kinder in dieser Entwicklungsphase sind und die viele Leserinnen und Leser an eigene Erfahrungen erinnern werden. Im Zentrum stehen Sprache und Interaktion, die den Blick auf soziale, emotionale und kognitive Entwicklungen eröffnen. Einschränkend ist allerdings zu sagen, dass die Entwicklung des logisch-mathematischen Denkens und der Naturerkenntnis hier nicht thematisiert wird. Dieses wäre das Anliegen eines eigenständigen Buches.[1]

Während hier die Entwicklung im Vorschulalter anfangs unter der Perspektive der Fortschritte, die die Kinder im Vergleich zu den ersten Lebensjahren machen, betrachtet wird, richtet sich der Blick im 2. Teil des Buches darüber hinaus auf Anforderungen, die der Schrifspracherwerb in der beginnenden Schulzeit an Kinder stellt. Dabei wird das bereits angesprochene Phänomen, dass Vorschulkinder rationale Erkenntnisse über die Welt mit einer äußerst subjektiven, von anderen Menschen kaum nachvollziehbaren Sichtweise verbinden, näher untersucht und erklärt.

Anforderungen und Schwierigkeiten, die das Lesen- und Schreibenlernen für Schulanfänger mit sich bringt, werden hier in einer doppelten Perspektive thematisiert: Zum einen geht es darum, zu klären, wie und warum die beschriebenen Entwicklungen in den Vorschuljahren Grundlagen für die Lernprozesse in der Schule legen. Zum anderen soll aufgezeigt werden, wie der Anfangsunterricht an diese Entwicklungen anknüpfen und somit trotz grundlegend neuer Anforderungen Kontinuität ermöglichen kann. Da aber nicht Anfangsunterricht, sondern kindliche Entwicklung im Vorschulalter das Thema des Buches ist, werden die Überlegungen zum Unterricht auf einige wenige, allerdings zentrale Aspekte konzentriert.

Eine Verbindung zwischen Sprachentwicklung im Vorschulalter und Schriftspracherwerb in der Schule herzustellen, ist gerade auch im Hinblick auf eine frühzeitige Förderung von Kindern mit problematischen Lernvoraussetzungen wichtig. Denn Problemen, die in vorschulischen Entwicklungen wurzeln, kann nachhaltig nur so entgegengewirkt werden, dass in dieser Phase und bei den Faktoren, die für eine positive Entwicklung in dieser Zeit besonders relevant sind, angesetzt wird.

Bei der Beschreibung der Sprachentwickung werden hier vorrangig Spielsituationen thematisiert – zuerst, in einem Kapitel zur Entwicklung im Kleinkindalter, die die Basis für das Vorschulalter schafft, sind das kleine Spiele zwischen Erwachsenen und dem Kind; dann, in den folgenden Kapiteln, geht es um Spiele mit anderen Kindern, vor allem Rollen- und Sprachspiele. Diese Handlungssituationen werden deswegen ausgewählt, weil Spiel für die kindliche Entwicklung von zentraler Bedeutung ist und man daher annehmen kann, dass solche Spiele, die in einer bestimmten Phase neu auftreten und als alterstypisch gelten, charakteristische Entwicklungen besonders gut erkennen lassen. Ein zweiter Grund ist der, dass Veränderungen kindlicher Fähigkeiten und kindlichen Handelns verlässlicher festgestellt werden können, wenn die Handlungssituationen, die in den verschiedenen Entwicklungsphasen analysiert werden, möglichst konstante Rahmenbedingungen aufweisen. Das ist bei den thematisierten Spielen insofern der Fall, als es stets um sprachlich-interaktive Spiele geht. Der Wechsel von der frühen Erwachsenen-Kind-Interaktion zur Interaktion zwischen Kindern im Vorschulalter begründet sich dadurch, dass die Hinwendung zu anderen Kindern und die Fähigkeit, mit Gleichaltrigen zu handeln, eine charakteristische Veränderung im Übergang zum Vorschulalter darstellt und ein Vergleich zwischen diesen Interaktionskonstellationen Einsichten in Fortschritte beim Sprechen, Handeln und Denken von Vorschulkindern verspricht.

Zum Aufbau des Buches

Am Anfang steht ein Überblickskapitel zum Spracherwerb, das in kompakter Form Auskunft darüber gibt, welch vielfältige Teilprozesse der Spracherwerb umfasst und was wann erworben wird. Das 3. Kapitel beschreibt Charakteristika der Interaktion zwischen Erwachsenen und Kindern in den ersten Lebensjahren, um eine Grundlage für die Beschäftigung mit der Entwicklung im Vorschulalter zu schaffen. Die Entwicklung von Vorschulkindern wird dann in den Kapiteln 4 bis 7 entfaltet. Das 8. Kapitel leitet zum Thema »Schrift, Lesen und Schreiben« über. Mit der Analyse von Beispielen, in denen Vorschulkinder ihre Vorstellungen über Schrift und die damit verbundenen Tätigkeiten zum Ausdruck bringen, werden Struktureigenschaften von Schrift herausgearbeitet, um darauf aufbauend verständlich zu machen, welche Anforderungen das Lesen- und Schreibenlernen an Kinder stellt. Diese Anforderungen werden in den beiden folgenden Kapiteln vertiefend untersucht und unter der Fragestellung, in welcher Weise die zuvor beschriebenen Entwicklungen von Vorschulkindern für die Meisterung der Anforderungen von Bedeutung sind, mit den früheren Kapiteln verbunden. Das 11. Kapitel thematisiert einige Aspekte der Förderung von Lernvoraussetzungen für den schulischen Schriftspracherwerb und des Anfangsunterrichts. Das letzte Kapitel beschreibt zusammenfassend Entwicklung von Kindern im Vorschul- und beginnenden Schulalter: wie sie handeln und denken, wie sie mit Sprache umgehen, über Sprache reflektieren und sich mit ihrer sozialen Welt auseinandersetzen.

Kapitel 2 | Über Laute, Wörter und Sätze

Ein Überblick über die Sprachentwicklung in den ersten Lebensjahren

In der ersten Hälfte des zweiten Lebensjahrs beginnen die meisten Kinder zu sprechen. Mit vier Jahren beherrschen sie die Grundstrukturen ihrer Muttersprache. Was das alles umfasst, soll an einem Beispiel verdeutlicht werden, um danach die Entwicklung der einzelnen Teilkomponenten von Sprache genauer zu beschreiben.

Barbara (5;0) und Peter (5;0) spielen zusammen in der Puppenecke ihres Kindergartens. Sie hantieren mit verschiedenen Haushaltsutensilien und Peter beschreibt einen Gegenstand und erläutert dessen Funktion:

P: *Ja weißt du was das ist? das ist n' Topf da kommen immer so Nudeln rein und wenn die fertig sind und dann und dann und durch diese kleinen Pünktchen lauf läuft denn das Wasser durch wo wo die Nudeln drin gekocht werden*
B: *aha aber das*
P: *da läuft denn das Wasser so durch*
B: *aber bei uns ist das nicht so*
P: *damit da damit die Nudeln*
B: *wollen wir ein bisschen Chips drauf tun?*
P: *falls man wenn man die Nudeln so reintut und da ist noch Wasser drauf auf aufn in den in den Nudeln und man hat die Nudeln aufn Teller dann überschwemmt der Teller und dann und darum kommt immer das Wasser aus den kleinen Löchern*
B: *soll ich dir n bisschen Zimt draufmachen?*
P: *neeiin!*

Vorweg muss klargestellt werden, dass die Wortwiederholungen, Selbstkorrekturen und Abbrüche eines begonnenen Satzes typisch sind für gesprochene Sprache und so auch von Erwachsenen produziert werden. Sie sind keinesfalls ein Ausdruck geringer sprachlicher Fähigkeiten der Kinder.

Der Gegenstand, den Peter beschreibt, ist ein Küchensieb. Bedenkt man, dass die beiden Kinder das Sieb vor sich haben, es sehen und anfassen können, so ist erstaunlich, dass Peter nicht einfach unmittelbar auf die einzelnen Teile des Siebes zeigt und sagt: »Und da tut man Nudeln rein, und da kommt dann das Wasser raus«. Mit seinem Bestreben und seiner Fähigkeit, solches Demonstrieren und den damit verbundenen Sprachgebrauch zu vermeiden, gehört Peter sicher zu den sprachgewandteren Kindern und kann in diesem Punkt nicht unbedingt als alterstypisch gelten. Aber in der Beherrschung der bereits angesprochenen Grundstrukturen der deutschen Sprache stehen Peters (und Barbaras) Äußerungen hier exemplarisch dafür, welch komplexe Entwicklungen Kinder sprachlich innerhalb weniger Jahre meistern.

Beginnen wir mit der Grammatik: sie umfasst die Wortformen, die Kombination der korrekten Wortformen zu Sätzen und die Verbindung mehrerer Teilsätze zu einem komplexen Satz. Alles dieses können Kinder mit ca. vier Jahren.

Peter und Barbara bilden alle Wortformen korrekt, beispielsweise das Verb in der dritten Person Singular *(überschwemmt)*, das Partizip Perfekt *(gekocht)*, den Plural von Nomen *(Nudeln)*. Auf der Ebene der Satzstruktur stimmen das Subjekt und das konjugierte Verb in Person und Numerus überein; die Selbstkorrektur von *lauf* in *läuft* zeigt, dass Peter beim Sprechen, wie es für korrekte Äußerungen erforderlich ist, vorausplant, da das zugehörige Subjekt *Wasser* das Verb in der korrigierten Form erfordert und die vielleicht von ihm zuerst beabsichtigte Form *laufen* falsch wäre. Er gebraucht die Wörter im jeweils richtigen Kasus *(in den Nudeln)*, mit der Ausnahme *aufn Teller* statt *aufm Teller*. In der gesprochenen Sprache verschmelzen die meisten Erwachsenen beim Artikel in unbetonter Satzposition *dem* und *den* entweder zu *m* oder *n*, so dass Kinder meist erst mit dem Schriftspracherwerb die korrekten Formen erkennen können.

Vielleicht am auffälligsten sind die zahlreichen Nebensatz-Hauptsatz-Verbindungen, mit denen Peter Zusammenhänge zwischen verschiedenen Vorgängen herstellt *(damit, wenn ... dann, falls ... dann)*. Darauf komme ich gleich zurück.

Dieser kurze Ausschnitt deutet darauf hin, dass Peter über einen verfältnismäßig differenzierten Wortschatz verfügt, z. B. bezeichnet er die Löcher im Sieb zuerst anschaulich, an der visuellen Wahrnehmung orientiert, als *kleine Pünktchen* und wenig später dann als *Löcher*. Die nicht korrekte Wahl des Wortes *denn* in der Bedeutung von *dann* ist charakteristisch für die norddeutsche Umgangssprache, so dass Peter damit den Sprachgebrauch seiner Umgebung aufnimmt.

Die schriftliche Wiedergabe des Gesprächsausschnitts lässt erkennen, dass die Kinder nicht mehr Laute durch andere ersetzen, wie es zu Beginn des Spracherwerbs geschieht; über die Artikulation insgesamt gibt das Transkript aber keine Auskunft. Beide sprechen phonetisch korrektes Hochdeutsch mit norddeutscher Tönung.

Betrachtet man die sprachlichen Äußerungen der Kinder unter dem Aspekt, welche Handlungen sie damit ausführen, so fällt als Erstes auf, dass Peter Sprache gebraucht, um Einsichten in seine Umwelt zu gewinnen. Die bereits angesprochenen syntaktischen Konstruktionen wie *wenn ... dann* zeigen, dass er sich darum bemüht, Zusammenhänge zwischen verschiedenen Vorgängen und Handlungen, die zu seinem Erfahrungsbereich gehören, herzustellen, diese für sich durchschaubar zu machen und sie auch Barbara mitzuteilen. Er setzt Sprache also gleichzeitig als ein Mittel der kognitiven Auseinandersetzung mit seiner Umwelt und als Kommunikationsmittel ein.

Nun zeigen Barbaras Reaktionen, dass sie dem Sieb und Peters Erklärungsversuchen nur mäßiges Interesse entgegenbringt. Nach einem anfänglichen Widerspruch, dass es bei ihnen mit Nudeln oder Sieben anders sei, geht sie auf Peters Thema nicht mehr ein, sondern versucht ihrerseits, das – vorgestellte – Essen zum gemeinsamen Thema zu machen. Beide befinden sich in einem Mutter-Kind-Spiel, wobei Barbara die Mutter und Peter – allerdings mit Unterbrechungen – das Baby spielt. Die Interaktion zwischen diesen beiden Kindern, die fast dreißig Minuten lang auf Video aufgenommen vorliegt, ist durchgängig dadurch charakterisiert, dass die Kinder einerseits antagonistisch handeln, andererseits aber während der gesamten Zeit außerordentlich stark auf den jeweils anderen hin orientiert sind, so dass eine äußerst dynamische, von positiver Grundstimmung durchzogene Handlungsfolge entsteht.

Der Antagonismus der beiden liegt darin, dass sie an unterschiedlichen Themen und Spielhandlungen interessiert sind und versuchen, jeweils die eigenen Interessen als gemeinsames Sujet durchzusetzen. Die Kooperativität liegt darin, dass sie sich durchgängig an den anderen wenden und jeweils beide kurzzeitig auf das Thema des anderen eingehen, um dann auf das eigene zurückzukommen. Das Ganze führt schließlich zu einem Höhepunkt, als Peter vorschlägt, im Spiel ein Gepard zu sein, was Barbara nicht geheuer ist und sie zum Gegenvorschlag, dass er doch ein Meerschweinchen verkörpern könne, veranlasst. Es folgt eine Sequenz, in der Peter – mit der Körperhaltung eine Raubkatze andeutend – beschreibt, wie schnell, klug und mit spitzen Zähnen ausgestattet ein Gepard sei. Bei jeder einzelnen Eigenschaft hält Barbara dagegen, dass auch ein Meerschweinchen schnell und klug sei und spitze Zähne habe. Die Situation wird schließlich gelöst durch den Kompromiss, dass Peter ein Baby-Gepard sei.

Dieses Beispiel zeigt, dass Kooperativität in der sprachlichen Interaktion nicht davon abhängt, dass die Handelnden inhaltlich übereinstimmen, sondern dass diese sich auch bei inhaltlichen Kontroversen kooperativ verhalten können. Kooperativität besteht dann formal in der Aufrechterhaltung der dialogischen Grundstruktur und der gemeinsamen Weiterentwicklung der Interaktion, in diesem Beispiel darüber hinaus inhaltlich in dem gefundenen Kompromiss.

Der Ausschnitt zeigt auch, dass zwei fünfjährige Kinder die schwierige Aufgabe meistern können, sich gleichzeitig verbal auseinanderzusetzen und dabei kooperativ zu bleiben, was nicht geringe Anforderungen an ihre sprachlichen, kommunikativen und sozialen Fähigkeiten stellt.

Nachdem am Beispiel von Peter und Barbara beschrieben worden ist, was fünfjährige Kinder sprachlich schon gelernt haben, soll in den folgenden Abschnitten jeweils kurz zusammengefasst ein Überblick über den Verlauf der Sprachentwicklung in den ersten sechs bis sieben Lebensjahren gegeben werden.[2]

Grundsätzlich ist bei Altersangaben zu bedenken, dass diese sich an Durchschnittswerten orientieren; die Entwicklung einzelner Kinder kann daher deutlich davon abweichen, ohne dass das bedenklich sein muss.

Laute

Bevor wir uns dem zeitlichen und inhaltlichen Verlauf der Lautentwicklung zuwenden, ist es sinnvoll, kurz innezuhalten und sich über die Komplexität und Vielfalt der damit thematisierten Prozesse klar zu werden. Denn die Lautentwicklung umfasst ein ganzes Bündel motorischer, perzeptueller und struktureller Komponenten.

Der artikulatorische Vorgang beim Sprechen ist ein feinmotorischer Prozess, der zu den komplexesten und kompliziertesten Bewegungsmustern des Menschen gehört. Beteiligt sind verschiedene Körperorgane wie Zunge, Lippen, Zähne, Kehlkopf und Vorder- und Hintergaumen; der Artikulationstrakt wird durch den Mund-, Rachen- und Nasenraum gebildet. Diese Körperregion des Menschen unterscheidet sich deutlich von den entsprechenden Partien bei Affen, wobei insbesondere der abgesenkte Kehlkopf zu nennen ist. Affen sind von ihren anatomischen Voraussetzungen her nicht dazu in der Lage, artikulierte Laute zu erzeugen, die so differenziert wie Sprachlaute sind. Das ist der Grund dafür, dass alle Experimente, die versuchen, Affen eine Sprache zu vermitteln, mit visuell und nicht mit auditiv wahrnehmbaren Zeichen arbeiten.

Auch beim Menschen sitzt der Kehlkopf in den ersten Lebensmonaten in einer so hohen Position, dass Säuglinge allein schon aus diesem Grund heraus nicht sprechen lernen können. Am Ende des ersten Jahres hat er sich dann auf die gattungsspezifische Position abgesenkt, so dass die anatomische Voraussetzung für die Produktion sprachlicher Laute erfüllt ist.

Dass Kinder mehrere Jahre der Entwicklung und Übung benötigen, bis sie lautlich korrekt sprechen, hat aber durchaus auch körperliche und nicht nur sprachstrukturelle Gründe. Denn die Artikulation erfordert eine hochgradig komplexe Koordination einer Vielzahl von feinen und differenzierten Bewegungen, die der Übung bedarf.

Bei der Sprachwahrnehmung besteht die Aufgabe darin, relativ schnell zeitlich strukturierte akustische Ereignisse auditiv so zu verarbeiten, dass die kodierte sprachliche Bedeutung verstanden wird.

Für die Ver- und Entschlüsselung sprachlicher Bedeutung beim Sprechen und Hören sind Phoneme zentral. Die Sprachwissenschaft definiert das PHONEM als kleinste bedeutungsunterscheidende Einheit. Ersetzt man beispielsweise in dem deutschen Wort *Hand* (/hant/)[3] den Anlaut /h/ durch /l/, /r/, /v/ oder /z/[4], so ändert sich jeweils die Bedeutung, es entstehen die Wörter *Land* (/lant/), *Rand* (/rant/), *Wand* (/vant/), *Sand* (/zant/). Ersetzt man dagegen in *Rand* einen mit der Zungenspitze vorn an den Zähnen gebildeten r-Laut durch ein sog. Zäpfchen-r, das weit hinten im Rachen am Zäpfchen artikuliert wird, so ändert das die Bedeutung nicht, es bleibt dasselbe Wort. Im deutschen Sprachraum werden regional unterschiedliche Varianten des r-Lauts gesprochen, ohne dass dadurch Verständigungsprobleme entstünden.

Dieses Beispiel zeigt, dass Phoneme nicht mit Lauten identisch sind, und dass eine entsprechende begriffliche Differenzierung notwendig ist, um zum einen Sprachlaute artikulatorisch beschreiben und z. B. bei Artikulationsproblemen den Fehler genau lokalisieren zu können, und um zum anderen das sprachstrukturelle Phänomen, nämlich die Tatsache, dass bestimmte Lautunterschiede Bedeutungsunterschiede bewirken, zu erfassen.

Im Deutschen bilden die verschiedenen r-Laute zusammen ein Phonem. Das macht deutlich, dass Phoneme abstrakte Einheiten der Lautstruktur sind, die beim konkreten Sprechvorgang jeweils durch konkrete Laute realisiert werden. Alle r-Laute stehen gemeinsam in Opposition zu den Realisierungen der anderen Phoneme der deutschen Sprache, sie stehen aber nicht untereinander in einer strukturellen Opposition, eben weil ihr gegenseitiger Austausch keine Bedeutungsveränderung hervorruft.

Nicht nur in solchen Fällen wie beim deutschen /r/, das artikulatorisch und akustisch weit auseinander liegende Varianten hat, unterscheiden sich die lautlichen Realisierungen eines Phonems in konkreten Sprechvorgängen voneinander. Denn grundsätzlich beeinflusst die lautliche Umgebung, d. h. die vorangegangenen und folgenden Laute innerhalb derselben Sprechsilbe, die genaue phonetische Qualität des einzelnen Lauts. Diese Tatsache kann man sich durch Selbstbeobachtung schnell deutlich machen. Will man das Wort *Güte* sprechen, so kann man feststellen, dass bereits vor der Aussprache des ersten Lautes die Lippen gerundet werden für die Artikulation des folgenden Vokals, anders als z. B. beim Wort *Gabe*, bei dem der Mund weit geöffnet wird für das folgende /a:/. Durch akustische Messungen lässt sich nachweisen, dass die Beeinflussung der Artikulation eines Lautes durch die Nachbarlaute die entstehenden akustischen Ereignisse in charakteristischer Weise verändert.

Bietet man in Experimenten Sprechern einer Sprache ein Lautkontinuum an, bei dem die Realisierung eines bestimmten Phonems allmählich übergeht in die Realisierung eines anderen, ähnlichen Phonems, so ordnen die Versuchspersonen die gehörten Laute immer eindeutig einem der beiden Phoneme zu, auch wenn im Mittelbereich des Kontinuums durch physikalische Messungen die Zuordnung nicht getroffen werden kann. Diese Art der Sprachlautwahrnehmung nennt man kategorial, weil der Hörer den Laut eindeutig einer bestimmten Kategorie zuordnet.

Es gibt eine begrenzte Menge von lautlichen Merkmalen, die in natürlichen Sprachen zwischen Phonemen differenzieren. In den Einzelsprachen werden aber nicht jeweils alle dieser Merkmale verwendet, beispielsweise ist die Unterscheidung zwischen Lang- und

Kurzvokal nicht notwendigerweise phonemisch wie im Deutschen. Welche Lautoppositionen phonemischen Stellenwert haben, ist einzelsprachspezifisch. So gibt es Sprachen, bei denen das Zungenspitzen- und das Zäpfchen-r zwei verschiedene Phoneme bilden.

Menschen kommen mit der Fähigkeit zur kategorialen Lautwahrnehmung auf die Welt. In Experimenten mit Neugeborenen hat man festgestellt, dass sie auf die Darbietung von Lauten, die sich in einem Merkmal voneinander unterscheiden, das zu der Menge der phonemdifferenzierenden gehört, anders reagieren als auf Lautunterschiede, für die das nicht gilt. In den ersten Lebensmonaten sind Menschen für phonemische Kontraste aller Sprachen sensibel. So reagierten sechs bis acht Monate alte Säuglinge, die in einer englischsprachigen Umgebung aufwuchsen, auf phonemische Oppositionen des Hindi, was bei Erwachsenen mit englischer Muttersprache nicht mehr der Fall war.

Die Reaktionen der Erwachsenen erklären sich dadurch, dass sich mit dem Spracherwerb sowohl die Lautwahrnehmung als auch die Lautproduktion an die strukturellen Bedingungen der Muttersprache anpasst. Das bedeutet, dass lautliche Unterschiede, die in der eigenen Sprache nicht phonemisch sind, in fremden Sprachen »überhört« werden, auch wenn sie dort bedeutungsdifferenzierende Funktion tragen. Das ist z.B. in chinesischen Sprachen mit /r/ und /l/ der Fall. Die mangelnde Differenzierung zwischen diesen beiden Phonemen durch Chinesen, die Gegenstand zahlreicher Witze geworden ist, geht also zurück auf die einzelsprachspezifische Prägung der Lautwahrnehmung während des Spracherwerbs. Dieser Prozess beginnt im letzten Drittel des ersten Lebensjahrs. Offenbar ist die Einschränkung der in den ersten Monaten vorhandenen Offenheit für alle Sprachen dieser Welt eine Voraussetzung für die Konzentration auf die bedeutungsunterscheidenden Lautkontraste der einen oder – bei mehrsprachig aufwachsenden Kindern – der wenigen Sprache(n), die es zu erlernen gilt.

Auch im Bereich der Lautproduktion ist im letzten Viertel des ersten Jahres eine allmähliche Anpassung an die Sprache der Umgebung zu erkennen.

Die Entwicklung der Sprachlaute beim Kind folgt im Wesentlichen dem Prinzip »von vorn nach hinten«. Damit ist gemeint, dass von den Konsonanten zuerst diejenigen erworben werden, die im vorderen Mundbereich gebildet werden, zum Beispiel die Lippenlaute /p/ und /m/. Daher enthalten kindersprachliche Bezeichnungen für Mutter und Vater in allen Sprachen dieser Welt Konsonanten, die an den Lippen und Zähnen artikuliert werden.

Weiter hinten lokalisierte Laute werden anfangs meist durch vordere ersetzt. Der Prozess »von vorn nach hinten« wird sehr schön deutlich in der korrigierenden Bemerkung des zweieinhalbjährigen Flemming zur Sprechweise seines um ein Jahr jüngeren Bruders: *Das heißt nicht* pomm (/pɔm/), *das heißt* tomm (/tɔm/); gemeint war *komm* (/kɔm/). Der Ziellaut, das am Hintergaumen gebildete /k/, wird entwicklungschronologisch betrachtet vom Lippenlaut /p/ über das an den Zähnen gebildete /t/ angesteuert. Man kann unterstellen, dass Flemming beim Hören die Abweichung der Sprechweise seines Bruders von der korrekten Aussprache /k/ bemerkt hat, dass aber seine eigenen artikulatorischen Fähigkeiten ihn dieses noch nicht ausdrücken lassen können. Daher ist diese Anekdote auch eine Illustration dessen, dass in der lautlichen Entwicklung die rezeptiven Fähigkeiten den produktiven vorauseilen.

Besonders schwierig zu artikulieren sind Konsonantenballungen wie z. B. in *Blatt* (/blat/) oder *Strauß* (/ʃtraus/), bei denen Kinder zunächst Laute weglassen und /lat/ oder /bat/ und /taus/ oder /raus/ sagen.

Wenn ich die Wirksamkeit des Lautentwicklungsprinzips »von vorn nach hinten« mit den Formulierungen »im Wesentlichen« oder »meist« eingeschränkt habe, so deswegen, weil Kinder häufig in einzelnen Wörtern punktuell schon Laute produzieren können, die sie generell noch nicht beherrschen. Das geschieht beispielsweise dann, wenn einzelne Wörter ihnen so wichtig sind, dass sie gezielt an der Aussprache arbeiten, um sie zu bewältigen.

Mit cirka vier Jahren ist der Lauterwerb sowohl strukturell als auch artikulatorisch weitgehend abgeschlossen. Allerdings ist es nicht bedenklich, wenn einzelne, besonders komplizierte Laute wie im Deutschen das /ʃ/ (schriftlich ›sch‹) erst später gemeistert werden.

Das Lautsystem ist das sprachliche Subsystem, das am frühesten vollständig erworben ist. Dazu gehört nicht nur die Beherrschung der phonemischen Kontraste der Muttersprache, sondern auch das implizite Wissen über reguläre und irreguläre Lautkombinationen innerhalb der Silbe. Beispielsweise sind in der deutschen Sprache am Silbenanfang die Phonemfolgen /bl/ und /spr/ möglich, nicht jedoch /kf/ und /btr/.

Abschließend soll noch ein bislang nicht erwähnter Aspekt der Lautentwicklung, nämlich die monologische Lautproduktion von Kindern, angesprochen werden. Wenn Säuglinge wach und nicht in kommunikative Aktivitäten eingebunden sind, produzieren sie zu ihrem eigenen großen Vergnügen Lautfolgen, meist mit rhythmischen Strampelbewegungen verbunden. Entwicklungslogisch betrachtet erfüllen diese Produktionen u. a. die Funktion, Artikulationsorgane und -bewegungen zu »trainieren«. Die Rückkopplung zwischen Artikulationsbewegungen und Hören der selbst erzeugten Lautfolgen stimuliert die Kinder weiterzumachen. Das kann man daran erkennen, dass gehörlose Säuglinge zwar wie hörende zunächst mit Lautproduktionen beginnen, dass diese aber im Laufe des ersten Lebensjahres zurückgehen. Für die hörenden Kinder wird mit dieser Eigenwahrnehmung, der Verbindung von Bewegungsempfindungen und auditiven Wahrnehmungen, das sogenannte Monitoring aufgebaut. Unter Monitoring versteht man in der Psycholinguistik die Wahrnehmung und unbewusste Kontrolle der eigenen Sprachproduktion, die überwacht, ob die im Kopf geplanten und programmierten sprachlichen Äußerungen angemessen realisiert worden sind. Dass die zeitliche Koordination von Sprechen und Hören für einen problemlosen Sprechfluss notwendig ist, zeigt sich in Experimenten, in denen Sprecher ihre eigenen Äußerungen zeitlich verzögert über Kopfhörer eingespielt bekommen. Das führt zu massiven Störungen des Sprechens.

Eine zentrale Funktion für Sprechen und Hören trägt die Sprechsilbe. Es wurde bereits erwähnt, dass die Artikulationen von

Lauten sich innerhalb der Silbe gegenseitig beeinflussen. Der Sprechrhythmus aller natürlicher Sprachen ist silbisch, d. h., dass die artikulatorische Bewegungskoordination beim Sprechen zeitlich im Silbentakt organisiert ist. Beim Hören gliedert der Silbenrhythmus die Sprachketten ebenfalls in kleinere Einheiten. Diese rhythmische Strukturierung von Sprache spielt für den Säugling von Anfang an eine grundlegende Rolle (Papoušek 1994, S. 154).

Die Bedeutung der Silbe für Sprachproduktion und -rezeption und das Verhältnis zwischen Lauten, Phonemen und Silben sind für die Anfänge des Lesen- und Schreibenlernens besonders wichtig. Daher wird im 10. Kapitel darauf zurückgekommen.

Grammatik

Die einleitende Beschreibung der Äußerungen von Peter und Barbara haben bereits die »Aufgaben« des Grammatikerwerbs genannt, nämlich die Bildung korrekter Wortformen und Sätze.

Bei aller individuellen Verschiedenheit von Kindern lassen sich bestimmte Reihenfolgen und Erwerbsmuster grammatischer Strukturen feststellen.

Für die Beschreibung von Wortformen ist eine Differenzierung vorzunehmen, die oben noch nicht eingeführt wurde. Dort wurde auf die Deklination von Nomina, Adjektiven, Artikeln und Pronomina und auf die Konjugation von Verben eingegangen, also auf die Bildung der an der entsprechenden Stelle im Satz grammatisch korrekten Wortform, beispielsweise ein Nomen im Plural und im Akkusativ oder ein Verb in der dritten Person Singular Präsens.

Zur Wortlehre in der Grammatik gehört aber noch ein weiterer Bereich, nämlich die Wortbildung, bei der aus einem oder mehreren Wörtern ein neues Wort erzeugt wird. Die deutsche Sprache nutzt dabei zwei verschiedene Möglichkeiten, nämlich zum einen die Zusammensetzung, bei der wie in *Fensterbank* aus zwei oder mehr Wörtern ein neues entsteht, und zum anderen die Ableitung, bei der ein Wort, das einer bestimmten Wortart angehört, durch Voranstellen oder Anhängen von so genannten Wortbildungsmorphemen in eine andere Wortart überführt wird, wie z. B. das Adjektiv *schön* in das Nomen *Schönheit*.

An dieser Stelle ist eine kurze Klärung der Begrifflichkeit notwendig. Das MORPHEM ist definiert als die kleinste bedeutungstragende Einheit in der Sprache. Morpheme werden in zwei große Klassen unterteilt, nämlich in Lexeme oder lexikalische Morpheme einerseits und grammatische Morpheme andererseits. Lexeme sind Basiseinheiten des Wortschatzes einer Sprache, deren Bedeutung auf Außersprachliches verweist, das Adjektiv *klein* z. B. auf einen Körper mit geringer Ausdehnung (und in übertragener Bedeutung dann auch auf nicht konkrete Objekte). Grammatische Morpheme geben Beziehungen zwischen verschiedenen sprachlichen Zeichen an, z. B. die deklinierte Form in der Wortkette *der kleinE Hut* oder bei der Ableitung des Verbs VERkleinERN. Wörter in sprachlichen Äußerungen sind also zusammengesetzt aus lexikalischen und grammatischen Morphemen.

Dass schon dreijährige Kinder zusammengesetzte und abgeleitete Wörter nicht nur als feste Einheiten aus dem Gedächtnis abrufen, sondern Wortbildungsregeln ihrer Muttersprache beherrschen, zeigen Wortneuschöpfungen. So erfinden viele Kinder unabhängig voneinander das Verb *klavieren,* das es bekanntlich in der deutschen Sprache nicht gibt, das es aber nach den Wortbildungsregeln geben könnte. Denn schließlich kennen wir die Verben *flöten* von *Flöte* und *geigen* von *Geige*. Analog dazu leiten die Kinder ein Verb von *Klavier* ab.

Ein anderes regelkonformes Beispiel stammt von einem vierjährigen Mädchen, das eine Bushaltestelle als *Stehenbleibung* bezeichnete. Die Substantivierung eines Verbs durch Anfügen des Wortbildungsmorphems *-ung* kommt im Deutschen sehr häufig vor, z. B. sind die Wörter *Umleitung, Sendung, Vertretung* nach diesem Muster gebildet. Die Wortschöpfung des Kindes, das das Wort *Bushaltestelle* nicht kannte und diese Lücke durch ein spontan abgeleitetes neues Wort schloss, ist also nachvollziehbar und entspricht den Regeln der deutschen Sprache. Das Vorgehen der Kinder fällt dann auf, wenn Neuschöpfungen entstehen; wenn es hingegen zu einem konventionalisierten Wort führt, wird es nicht offensichtlich und kaum bemerkt. Daher bieten gerade ungewöhnliche, Erwachsenen kurios erscheinende sprachliche Ausdrucksweisen, die häufig in den familiären Anekdotenschatz über einzelne Kinder eingehen, besondere Einsichten in die Prozesse, die den hörbaren Äußerungen der Kinder zugrunde liegen.

Der Erwerb der Flexion, d. h. der Konjugation und Deklination, beginnt mit ca. 2 Jahren und ist mit 4 Jahren mit Ausnahme einiger unregelmäßiger Formen weitgehend abgeschlossen. Bemerkenswert ist, dass im Bereich des grammatischen Geschlechts, also der Markierung von Maskulinum, Femininum und Neutrum, die zu jedem deutschen Nomen gehört, keine Probleme entstehen. Für das Erlernen des Deutschen als Fremdsprache liegen hier besonders viele und sperrige Stolpersteine. Kleine Kinder, die Deutsch lernen, haben aber kaum Schwierigkeiten damit.

Dagegen nimmt der Erwerb der korrekten Pluralformen längere Zeit in Anspruch. Das Problem liegt dabei nicht darin, zu erkennen, wann ein Wort im Singular und wann im Plural zu verwenden ist; vielmehr sind es die vielfältigen, verschiedenen Bildungsmuster der Pluralform deutscher Nomina, die Schwierigkeiten bereiten. Zur Vergegenwärtigung dieser Vielfalt seien einige Formen angeführt: *Frauen* (-en), *Pferde* (-e), *Kinder* (-er), *Autos* (-s), *Männer* (Umlaut + -er), *Mädchen* (0). Die Liste ist bei weitem nicht vollständig. Zweijährige Kinder verwenden manche Nomina schon in der korrekten Form, brauchen aber trotzdem noch ungefähr zwei Jahre, bis sie das System beherrschen.[5]

Der Erwerb der korrekten Kasusformen erstreckt sich ungefähr über den gleichen Zeitraum. Bei deutschsprachigen Kindern verläuft er in der Reihenfolge: Nominativ (*der Riese* schläft), Akkusativ (ich wecke *den Riesen*), Dativ (der Stein gehört *dem Riesen*), Genitiv (der Stein *des Riesen*). Insbesondere ersetzen Kinder den Dativ durch den Akkusativ, wie z. B. in dem anfangs wiedergegebenen Dialog von Barbara und Peter, der *aufn Teller* statt *aufm Teller* sagt. Solche Ersetzungen gerade bei den Artikeln *dem* und *den* werden häufig so erklärt, dass aufgrund der unbetonten Stellung im Satz auch von erwachsenen Sprechern phonetisch nur eine Einheitsform, die zwischen /n/ und /m/ liegt, produziert wird, und Kinder dementsprechend kaum eine Chance haben, zwischen Akkusativ und Dativ unterscheiden zu lernen. Dagegen spricht für die These, dass doch der Dativ zunächst durch den Akkusativ ersetzt wird, die Beobachtung, dass Kinder auch bei Personalpronomina zunächst *mich* sagen, wo grammatikalisch *mir* angebracht wäre. Wenn ein Kind darauf beharrt *Oma hat mich das gegeben,* dann ist das Pronomen *mich* betont und phonetisch klar von *mir* unterschieden.

Eine bestimmte Abweichung von der oben dargestellten Entwicklungschronologie kommt häufig vor. Bildet dort der Genitiv das »Schlusslicht« im Kasuserwerb, so ist dagegen der Gebrauch des Genitivs mit -s wie in *Mamas Hut* schon sehr früh, mit ca. zwei Jahren, belegt.

Damit ist ein Phänomen angesprochen, das auch in anderen Bereichen der Grammatik beobachtet werden kann: Kinder produzieren einzelne grammatische Formen in bestimmten Kontexten, bevor sie sie systematisch, d. h. unabhängig von spezifischen Kontexten und integriert in ein grammatisches System, beherrschen. Solche widersprüchlichen Beobachtungen sind wissenschaftlich besonders interessant, fordern sie doch dazu heraus, ein theoretisches Verständnis des Spracherwerbsprozesses zu entwickeln, das beides, die Ausnahme wie die Regel, gleichermaßen erfassen kann. Darauf werde ich später zurückkommen.

Der Erwerb der Verbflexion verläuft schneller und mit weniger Fehlern als der Erwerb des Kasussystems. Imperative wie *komm* (meist in den phonetischen Varianten /pɔm/ oder /tɔm/) sind schon zu Beginn des Spracherwerbs zu beobachten, ebenso das Partizip Perfekt unter Auslassung des Präfix *ge-* (*Mama macht* in der Bedeutung *das hat Mama gemacht*). Von den Personalformen wird die 3. Person Singular zuerst gebraucht *(Teddy weint).* Alle diese Formen kommen schon in der Zweiwortphase, in der zweiten Hälfte des zweiten Lebensjahrs, vor.

Der weitere Erwerb verläuft in der Reihenfolge: Perfekt *(das hat Papa (ge)macht)* − wobei die Verben jeweils korrekt mit *haben* oder *sein* kombiniert werden –; Präteritum, hier meist mit Übergeneralisierung der so genannten schwachen Konjugation auf *-t- (Lisa gehte)*, die auch bei der Partizipbildung zu beobachten ist; Futur *(wir werden Auto fahren)* findet ab ca. drei Jahren Verwendung. Allerdings ist zu beachten, dass Erwachsene in der gesprochenen deutschen Sprache kaum Futurformen bilden, weil sie Zeitbezüge durch adverbiale Bestimmungen wie *morgen* oder *in zehn Jahren* ausdrücken und das Verb dann meist in der Präsensform gebrauchen. Auch Plusquamperfektformen sind selten zu hören und dementsprechend marginal im Sprachgebrauch kleiner Kinder.

Damit gehen wir von den Wortformen über zur Syntax, den regelhaften Beziehungen zwischen den Wörtern im Satz.

Vom Beginn des Sprechens bis cirka 1;6 produzieren Kinder Einwortäußerungen. Diese werden so bezeichnet, weil die Wörter Funktionen sprachlicher Handlungen erfüllen. So kann die Äußerung *Teddy* für die Bitte, den Teddy gereicht zu bekommen, als Hinweis auf den Teddy oder anderes mehr stehen. Auf die Einwortphase folgt die Zweiwortphase, meist zwischen 1;6 und 2;0 Jahren, in der die Kinder zwei Wörter miteinander kombinieren. Sie stellen bestimmte Beziehungen, semantische Relationen, zwischen den Wörtern her, beispielsweise Handlungsträger und Handlung *(Teddy weinen)*, Besitzrelation *(Mama Hut)*, Lokalisierung *(Puppe da)*.

Zwischen 2;0 und 2;6 entstehen Drei- und Mehrwortäußerungen mit den bereits beschriebenen Flexionen. Die Wortstellung ist dadurch charakterisiert, dass das konjugierte Verb meist am Ende steht *(Lisa Kuchen backt)* statt in der Zweitstellung, wie es im Hauptsatz korrekt wäre. Bei Verneinungen werden jetzt Verben mit *nicht* kombiniert, während in der Zweiwortphase nur *nein* in Verbindung mit einem weiteren Wort verwendet wird.

Zwischen 2;6 und 4;0 wird der Satzbau mit Haupt- und Nebensatzgefügen komplexer. Kausalsätze, eingeleitet durch *weil*, Finalsätze, eingeleitet durch *damit*, Objektsätze, eingeleitet durch *dass*, Temporalsätze, eingeleitet durch *wenn*, Konditionalsätze, eingeleitet durch *falls* oder *wenn*, und Relativsätze, eingeleitet durch *der, die, das* oder *welcher, welche, welches* (teilweise auch *wo*) entstehen. Die

Sprachprobe von Peter zu Beginn des Kapitels enthält eine Fülle solcher Konstruktionen.

Zwischen vier und zwölf Jahren wird die Syntax weiter ausgebaut, vor allem im Bereich semantisch komplexer Nebensätze wie Konzessivsätzen, eingeleitet durch *obwohl*, und Temporalsätzen, wenn die zeitliche Abfolge der sprachlich dargestellten Ereignisse der Reihenfolge der beiden Teilsätze entgegenläuft. Dieses ist z. B. der Fall in den beiden folgenden Sätzen: *Bevor Maria mit Joachim ins Kino geht, gießt sie die Pflanzen. Maria ging ins Kino, nachdem sie die Pflanzen gegossen hatte.*

Beim Sprachverstehen tendieren Kinder unter sechs Jahren dazu, die Ereignisreihenfolge entsprechend der Reihenfolge der Teilsätze zu interpretieren. Allerdings geschieht dieses nicht, wenn Ereignisfolgen standardisierte Zeitrelationen aufweisen, wie in *Er trocknete sich ab, nachdem er geduscht hatte*. Dann wird aber nicht eigentlich die Konjunktion *nachdem* für das Verstehen herangezogen, sondern von der üblichen Aufeinanderfolge der Ereignisse auf die Satzbedeutung geschlossen.

Vergleichbares ist bei einer anderen grammatischen Konstruktion der Fall, deren vollständiger Erwerb bis ins Schulalter hineinreicht, nämlich dem Passiv. Jüngere Kinder verstehen Passivsätze ohne weiteres, wenn die Beziehungen zwischen Handlung, Handlungsträger und Handlungsobjekt auf der nichtsprachlichen Ebene eindeutig sind wie in *Das Pferd wurde von den Kindern gestreichelt*. Hier würde es ausreichen, die Wörter *Pferd, Kinder, streicheln* vorzugeben, um festzustellen, wer wen gestreichelt hat. Das ist aber nicht der Fall in dem Satz *Der Junge wurde von dem Mädchen gestreichelt*. Bei solchen Sätzen neigen jüngere Kinder dazu, den zuerst genannten Nominalausdruck, in diesem Beispiel *der Junge*, als Handlungsträger zu interpretieren.

Zum Abschluss der Beschreibung des Grammatikerwerbs soll ein Phänomen diskutiert werden, das bereits angesprochen worden ist, nämlich die Beobachtung, dass Kinder häufig in einer frühen Phase einzelne Formen korrekt verwenden, obwohl sie die entsprechende grammatische Konstruktion insgesamt noch nicht beherrschen. So kommt es zum Beispiel vor, dass häufig gebrauchte unregelmäßige Verben wie *gehen* zu Beginn in der richtigen Präteritumform *ging* auftreten, obwohl das Kind fast alle Verben, auch die stark konjugierten, mit *-t-* bildet wie *singte*. Meist folgt auf eine solche frühe Phase des korrekten Gebrauchs einzelner Formen eine Zeit, in der das Kind plötzlich anfängt, die Form fehlerhaft zu bilden, also *gehte* oder *gingte* sagt. Nun wendet es offenbar die regelmäßige Präteritumbildung ausnahmslos auf alle starken Verben an.

Dieses Phänomen der Verallgemeinerung einer Regel auch auf nicht davon erfasste Fälle ist beim Spracherwerb häufig zu beobachten und wird als Übergeneralisierung bezeichnet. Nach einer Phase der Übergeneralisierung kommt das Kind dann schließlich zu den korrekten Bildungsmustern, kehrt also wieder zu *ging* zurück. Einen solchen Entwicklungsverlauf bezeichnet man als u-förmig, weil die Kurve des korrekten Gebrauchs an ein U erinnert: Von einem hohen »Trefferwert« sinkt die Kurve, um danach wieder anzusteigen.

Erklärt werden kann dieser Prozess so, dass das Kind zunächst die flektierte Form *ging* als Ganzheit übernimmt, speichert und in den passenden Kontexten abruft. Der Übergang zur Übergeneralisierung zeigt an, dass es nun beginnt, die einzelne Form mit anderen vergleichbaren in Beziehung zu setzen und in ein grammatisches System zu integrieren; d.h. es beginnt erst jetzt im eigentlichen Sinne Wortformen zu bilden und nicht als »fertiges Produkt« aus dem Gedächtnis abzurufen. Im dritten Schritt schränkt es dann die Generalisierungen ein und beachtet die Ausnahmen von den Regeln. Diese Beschreibung macht deutlich, dass das Kind dann beispielsweise die Form *ging* auf einer völlig anderen Grundlage als zu Beginn des Erwerbsprozesses produziert und also nur scheinbar zu einem früheren Sprachgebrauch zurückgekehrt ist.

Ein illustratives Beispiel für einen solchen u-förmigen Entwicklungsverlauf im Bereich der Pluralbildung von Nomina liefert ein Junge, der als eines seiner ersten Wörter mit zehn Monaten *Auto* (gesprochen /ato/) produzierte. Sehr schnell gehörte die korrekte Pluralform *Autos* zu seinem aktiven Wortschatz. Ein Jahr später sagte er plötzlich für eine kurze Zeit zu mehreren Autos *Autossen*. Vermutlich baute er jetzt innerlich die Kategorie »Plural« auf und behandelte die ganzheitlich gespeicherte Form *Autos* wie eine Singularform, indem er die Pluralendung *-en* hinzufügte. Diesen doppelten Plural behielt er nur wenige Tage bei, um dann endgültig zur korrekten Form überzugehen.

Zu Beginn des Kapitels habe ich darauf hingewiesen, dass Altersangaben für die Sprachentwicklung immer auf Durchschnittswerten beruhen und daher nicht als Norm für individuelle Entwicklungsverläufe verstanden werden sollten. Das gilt selbstverständlich auch für die Markierung des Grammatikbeginns mit ca. 2 Jahren. Es gibt aber verlässliche Beobachtungen über eine bestimmte Regelmäßigkeit des Beginns der Grammatikentwicklung, die Beziehungen zwischen Wortschatz und Grammatik herstellen. Kinder, deren Wortschatz früh und schnell zunimmt, beginnen auch früher und schneller mit der Grammatikentwicklung. Als kritische Marke werden 50 verschiedene, aktiv beherrschte Wörter angegeben. Anschaulich kann man sich diese Beziehung so plausibel machen, dass mit zunehmendem Wortschatz Organisationsprinzipien notwendig werden, die die Relationen zwischen Wörtern strukturieren. Genau das wird durch Grammatik geleistet.

Wortschatz und Wortbedeutung

Wenn man sich mit der Wortschatzentwicklung von Kindern befasst, sind zunächst einige Vorüberlegungen notwendig. Der Wortschatz eines Menschen verändert sich bis ins Alter hinein ständig, allein schon deswegen, weil in der Sprachgemeinschaft neue Wörter eingeführt und verwendet werden. Man denke z. B. an die *Riesterrente*, das *Handy*, die Kommunikation durch *Mailen* und *kultige* Klamotten. Einige der neuen Wörter gehen dauerhaft in den Wortschatz der Sprache und ihrer Sprecher ein, andere nur vorübergehend.

Eine häufig thematisierte Frage ist die nach dem Umfang des Wortschatzes von Kindern verschiedenen Alters, nicht selten auch im Zusammenhang mit Behauptungen, dass Kinder heute mit geringeren sprachlichen Fähigkeiten und einem kleineren Wortschatz in die Schule kämen als vor einigen Jahrzehnten. Gerade im Zusammenhang solcher Zuschreibungen sollte Folgendes bedacht werden:

Zwischen Erwachsenen unterscheidet sich der Umfang des individuellen Wortschatzes erheblich, und das gilt auch für Kinder. Darüber hinaus ist der passive Wortschatz, also die Wörter, die man versteht, stets größer als der aktive, also die Wörter, die man selbst verwendet. Ingram (1989) stellte bei einigen sprachlich sehr früh entwickelten Kindern im Alter von eineinhalb Jahren einen aktiven Wortschatz von 50, einen passiven von 200 bis 300 Wörtern fest. Bei Angaben über den Wortschatzumfang von Menschen ist also stets anzugeben, ob sie sich auf den aktiven oder den passiven Wortschatz beziehen.

Schließlich ist gerade bei der Erhebung des Wortschatzes kleiner Kinder, auf jeden Fall bis zum Einschulungsalter, zu beachten, dass diese in ihrem sprachlichen Verhalten außerordentlich stark auf den Situationskontext reagieren, sich also z. B. in Testsituationen mit fremden Personen völlig anders verhalten als in vertrauten Kontexten. Daher sind Untersuchungen, die eine große Anzahl von Kindern erfassen und allein schon deswegen in standardisierten Testsituationen durchgeführt werden müssen, in ihrem Aussagewert für den Wortschatz gerade kleiner Kinder kritisch zu beurteilen. Die verlässlichsten Daten zu einzelnen Kindern ergeben solche Studien, die die sprachlichen Äußerungen der Kinder über Jahre hinweg dokumentieren. Die berühmteste Untersuchung dieser Art wurde zu Beginn des 20. Jahrhunderts von dem Psychologenehepaar Clara und William Stern über die Sprachentwicklung ihrer drei Kinder durchgeführt. Solche Datensammlungen, die ein genaues Bild einzelner Kinder zeichnen, werfen allerdings das Problem der Repräsentativität auf, also die Frage, ob der Wortschatz der Kinder repräsentativ für die entsprechende Altersgruppe in der entsprechenden Zeit ist. Dieses Problem darf nicht vernachlässigt werden, da in den Fallstudien zum Spracherwerb über die Forschungsjahrzehnte hinweg eher Kinder aus der Mittelschicht und mit gebildeten Eltern untersucht worden sind als Angehörige anderer gesellschaftlicher Schichten.

Eingedenk der großen individuellen Variation sollen jetzt aber doch einige Zahlen genannt werden. Kauschke (2000) stellte bei insgesamt 40 Kindern die ersten Wörter zwischen 0;9 und 1;9 fest, der Durchschnitt lag bei 1;0. 50 Wörter wurden durchschnittlich mit 1;0 verstanden, aber produziert erst mit 1;6. Aus einer englischen Studie von Bates u. a. (1994) mit fast 2000 Kindern geht hervor, dass im Alter von 1;4 durchschnittlich 44 Wörter produziert wurden, allerdings mit extrem großen individuellen Unterschieden zwischen nur einigen wenigen und 120 Wörtern.

Ein gut belegtes Phänomen ist der sog. Vokabelspurt: Wenn ein Kind ungefähr 50 Wörter aktiv beherrscht, steigt die Zunahmerate des Wortschatzes über einige Monate hinweg steil an, um danach wieder abzuflachen. In vielen Studien wird dafür das Alter zwischen 1;6 und 2;0 angegeben. Es ist aber wieder auf die großen individuellen Unterschiede hinzuweisen. Das Alter des Kindes ist weniger entscheidend als die Trennmarke von ca. 50 beherrschten Wörtern. An dieser Stelle sei noch einmal auf den bereits angesprochenen Zusammenhang zwischen Zunahme des Wortschatzes und Entstehung grammatischer Strukturen hingewiesen.

Zweieinhalbjährige Kinder beherrschen durchschnittlich ungefähr 500 Wörter. Danach gibt es kaum noch verlässliche Dokumentationen über die Wortschatzentwicklung. Butzkamm/Butzkamm (1999) geben für Schulanfänger die Zahl von 5000 Wörtern an.

Auf die Frage, ob Wörter, die zuerst erworben werden, bestimmte Eigenschaften haben, ist festzustellen, dass die meisten Kinder anfangs deutlich mehr Nomina als Verben lernen und dass Wörter für konkrete Gegenstände und Personen überwiegen. Aber auch hier gibt es individuelle Unterschiede.

Als Nächstes kommen wir zur Entwicklung von Wortbedeutungen. Dieser Prozess erstreckt sich über viele Jahre hinweg; da er eng mit der Begriffs- und Denkentwicklung zusammenhängt, dauert er bis in die Pubertätszeit hinein. Hier sollen die Charakteristika der Bedeutungsentwicklung bis ins beginnende Schulalter dargestellt werden. Dabei geht es nicht um die Frage, welche Bedeutungen Kinder im Einzelnen erwerben, sondern darum, wie ihre sprachlichen Bedeutungen in den verschiedenen Entwicklungsphasen strukturiert sind.

Zunächst ist aber noch eine terminologische und inhaltliche Vorklärung notwendig, die zwischen *Bedeutung* und *Begriff* unterscheidet. *Bedeutung* bezieht sich auf den Inhalt einer sprachlichen Einheit, stellt also eine sprachliche Kategorie dar. *Begriff* bezieht sich auf eine Erkenntnisstruktur und stellt dementsprechend eine Kategorie des Denkens dar. Umgangssprachlich wird *Begriff* häufig mit *Wort* gleichgesetzt, wenn z. B. in Quizsendungen »Begriffe« geraten werden sollen, die bestimmte Buchstaben enthalten. Das entspricht aber nicht dem wissenschaftlichen Sprachgebrauch. Begriffe können konkret oder abstrakt sein, als Einheiten des Denkens bestehen sie aber weder aus Buchstaben noch aus Lauten und sind auch nicht nur einem Wort einer einzelnen Sprache, sondern entsprechenden Wörtern in verschiedenen Sprachen zuzuordnen. Der Begriff *Tier* z. B. kann durch bestimmte Merkmale wie ›belebt‹ charakterisiert und durch verschiedene Wörter wie *Tier, animal, dyr* bezeichnet werden.

Bei der Analyse der ontogenetischen Entwicklung sprachlicher Bedeutungen muss stets Klarheit darüber herrschen, ob über Bedeutungen oder Begriffe gesprochen wird. Dass Beziehungen zwischen der Begriffs- und Bedeutungsentwicklung bestehen, ist unstrittig. Welcher Art diese Beziehungen sind, wird jedoch in verschiedenen Erwerbs- und Bedeutungstheorien unterschiedlich beantwortet. Darauf kann hier nicht näher eingegangen werden. Eine gründliche Darstellung und Diskussion der verschiedenen Ansätze bietet Szagun (1996).

Die meisten Erwachsenen haben schon einmal die Erfahrung gemacht, dass kleine Kinder Wörter mit einer weiteren Bedeutung verwenden als die anderen Sprecher der Sprache. Dieser charakteristische Vorgang wird als Überdehnung bezeichnet. Beispielsweise nennt ein Kind alles, was fliegen kann, *Vogel* oder *piep* und fasst dementsprechend auch Flugzeuge darunter. Die Kriterien, nach denen ein Kind Bedeutungen bildet, können bei ein und demselben Kind wechseln. Mal kann es das Sich-in-der-luft-bewegen sein, so dass auch Flugzeuge einbezogen sind, mal das Vorhandensein von Flügeln, so dass auch Engel dazugehören, mal das Rauschen eines Vogelschwarms, so dass auch Meeresrauschen in die Kategorie integriert wird.

Ein weniger auffälliges Phänomen als die Überdehnung ist der entgegengesetzte Prozess, die Unterdehnung oder Überspezifizierung. Damit bezeichnet man eine Einengung der konventionellen Wortbedeutung durch das Kind, wenn es z. B. das Wort *Hund* nur für einen bestimmten Hund verwendet. Nicht selten ist diese Gebrauchsweise mit bestimmten Kommunikationsritualen zwischen Erwachsenen und Kind verbunden, z. B. wenn das Kind auf die Frage *Wo sind die Autos?* zum Fenster läuft und auf die dort geparkten Autos zeigt, obwohl im Zimmer zahlreiche Spielzeugautos vorhanden sind.

Nelson (1996) vertritt die These, dass Kinder sprachliche Bedeutungen in den ersten zwei bis drei Jahren ihrer Entwicklung mit bestimmten Gebrauchs- und Erfahrungskontexten verbinden und erst im Vorschulalter die Bedeutungen über verschiedene Kontexte hinweg verallgemeinern. Die enge Bindung sprachlicher Bedeutungen im Kleinkindalter entspricht ihrem SYMPRAKTISCHEN Sprachgebrauch, der durch eine Verflechtung sprachlicher Äußerungen mit dem nichtsprachlichen Kontext der Sprechsituation charakterisiert ist. Dieser sympraktische Sprachgebrauch wird im nächsten Kapitel ausführlich beschrieben und im Hinblick auf seine Bedeutung für den Sprachanfang untersucht.

Im Vorschulalter fallen Unterschiede zwischen den Wortbedeutungen der Kinder und denen der Erwachsenen weit weniger krass auf als in den frühen Jahren. Der Sprachgebrauch hat sich schon so weit aneinander angenähert, dass viele Erwachsene vermutlich annehmen, es gebe kaum noch Unterschiede zwischen den Bedeutungen der Kinder und ihren eigenen. Nur manchmal merkt man auf, so z. B. als der fünfjährige Lasse seiner Mutter auf dem Heimweg vom Kindergarten empört berichtet, dass die Erzieherin am

Morgen gelogen habe, weil sie gesagt habe, es würde heute nicht regnen, obwohl es nun doch regne. An dieser Äußerung wird deutlich, dass Lasse sich die komplexe Bedeutung des Wortes *lügen* noch nicht vollständig angeeignet hat. Er weiß schon, dass *lügen* bedeutet, etwas zu sagen, das nicht wahr ist. Er hat aber noch nicht erfasst, dass dieses wissentlich geschehen muss, um eine Aussage als Lüge im Gegensatz zum Irrtum bezeichnen zu können. Da es aber nicht in der Macht der Erzieherin steht, das Wetter korrekt vorherzusagen, darf man sie auch nicht der Lüge zeihen.

Dieses Beispiel weist darauf hin, dass mit älteren Kindern bei Abweichungen ihrer Wortbedeutungen von denen der Erwachsenen häufig explizit über die inhaltlichen Unterschiede gesprochen wird. Denn Erwachsene widersprechen dann, etwa in dem Sinne, dass die Erzieherin am Morgen ja nicht habe wissen können, dass es regnen werde, und daher auch nicht gelogen habe. Dagegen spricht man mit einem eineinhalbjährigen Kind, das eine Engelfigur als *piep* bezeichnet, nicht in dieser Weise explizit über die sprachlich ausgedrückten Inhalte; vielmehr nehmen Eltern die Äußerung des Kindes auf und integrieren darin das »richtige« Wort *Engel*.

Das Lügen-Beispiel zeigt, dass Vorschulkinder noch nicht die Bedeutungen aller Wörter, die sie gebrauchen, vollständig beherrschen. Das gilt insbesondere für solche Wörter, die sich auf innere Vorgänge und Zustände von Menschen beziehen, wie *lügen, glauben, wissen, meinen*. Da das Verständnis dessen, dass andere Menschen auf der Basis eigener Gedanken und Gefühle handeln, die sich von denen des Kindes unterscheiden (können), während der Vorschuljahre entsteht und sprachliche Kommunikation dafür wichtig ist, wird dieses Thema in den nächsten Kapiteln ausführlich erörtert.

Hier soll noch auf einige Aspekte der Begriffsentwicklung eingegangen werden, die wichtig für das Verständnis der Entwicklung von Wortbedeutungen bei Kindern sind. Zunächst wieder ein Beispiel:

Der sechsjährige Lasse und die fünfjährige Jutta sprechen über Tiere und Jutta fragt: *Was findest du besser: Affen oder Schimpansen?* Lasse entgegnet: *Das kannst du so nicht sagen, Schimpansen sind Affen.*

Er spricht mit seiner Korrektur an, dass ›Affe‹ den Oberbegriff zu ›Schimpanse‹ bildet. Jutta gebraucht die beiden Wörter jedoch so, als stünden sie für zwei gleichgeordnete Begriffe. Dabei wäre es für Fünfjährige durchaus typisch, wenn Jutta bei anderer Gelegenheit sagen würde: *Schimpansen sind die witzigsten Affen* und dabei – scheinbar – die korrekte Begriffsrelation zugrunde legen würde. Je nach Situation wechselnde Beziehungen zwischen Begriffen herzustellen, ist typisch für Kinder im Vorschulalter und dauert mit Übergängen bis ins Schulalter, bis etwa zum Ende des achten Lebensjahres, an.

Solche Begriffe, die noch nicht in stabilen Relationen zu anderen Begriffen stehen, nennt Wygotski *Alltagsbegriffe* oder auch *Komplexe*. Er beschreibt sie als spontan, erfahrungsbezogen und unsystematisch. Charakteristisch für sie ist, dass sie mit den Erfahrungskontexten, in denen die Kinder sie aufbauen, eng verbunden sind und zu anderen Begriffen nur über diese Erfahrungskontexte vermittelt in Beziehung stehen. Möglicherweise hat Jutta in einem Zoo ein Affengehege mit einem Schimpansenbereich gesehen, der sie besonders faszinierte, so dass sie zwischen Schimpansen und (allen anderen, nicht weiter differenzierten) Affen unterschieden hat und auf diese Weise zu der Nebenordnung kommt.

Lasse dagegen ordnet die beiden Begriffe in ein Begriffssystem ein, das durch die Relationen der Ober-, Unter- und Nebenordnung definiert ist. Selbstverständlich sind die Erfahrungskontexte, in denen er die Tiere kennen gelernt hat, sein Interesse und seine emotionale Beteiligung ebenfalls relevant für die geistige Auseinandersetzung mit diesem Wirklichkeitsbereich. Aber die Beziehung, die er zwischen den Begriffen herstellt, ist nicht durch den subjektiven Erfahrungskontext dominiert, sondern auf die objektiven Relationen innerhalb eines Begriffssystems gerichtet. In diesem Sinne kann man von einer Herauslösung der Begriffe aus dem Erfahrungskontext und somit von einer Dekontextualisierung des Denkens sprechen.

Es ist eine strittige Frage in der Entwicklungspsychologie, ob Veränderungen der begrifflichen Strukturen und die damit einhergehenden Veränderungen des Denkens im Übergang vom Vorschul-

zum Schulalter allein eine Frage der Reifung des Kindes sind oder aber wesentlich durch Schulunterricht und den dort geforderten kognitiven Denkstil herbeigeführt werden. Aber zwei Dinge sind unstrittig: Dass Kinder in Ländern mit allgemeiner Schulpflicht zwischen fünf und sieben Jahren eingeschult werden, hat wesentlich etwas damit zu tun, dass in diesem Alter die angedeutete Veränderung des Denkens in Richtung auf eine Dekontextualisierung möglich wird; darin stimmen die beiden großen Entwicklungspsychologen des 20. Jahrhunderts, Wygotski und Piaget, überein. Darüberhinaus herrscht auch Konsens darüber, dass der Schulunterricht ein dekontextualisiertes Denken fordert und dass dieses für viele Kinder Probleme mit sich bringt (Donaldson 1991).

Wygotski, Donaldson und andere betrachten das Lesen- und Schreibenlernen als besonders wichtig für die entstehende Fähigkeit zur Dekontextualisierung des Denkens. Daher werden Veränderungen von Begriffs- und Bedeutungsstrukturen im Zusammenhang mit Veränderungen sprachlicher Tätigkeiten im Vorschul- und beginnenden Schulalter ein Thema des 9. und 10. Kapitels sein.

Sprachliches Handeln und Textstrukturen

Welche sprachlichen Handlungen Kinder in welchem Alter erwerben, ist wenig erforscht. Wie im nächsten Kapitel dargestellt wird, sind die Strukturen der frühen Erwachsenen-Kind-Interaktion empirisch gründlich untersucht und theoretisch reflektiert worden. Zu Handlungs- und Interaktionsstrukturen zwischen Kindern im Vorschulalter liegen seit kurzem vor allem für Spielkontexte entwicklungsorientierte Untersuchungen vor (Andresen 2002; Bose 2003). Darüber hinaus gibt es zahlreiche Einzelstudien, die die Entwicklung bestimmter Handlungsmuster wie Bitten, Unterstützung einfordern, Streiten sowohl in Interaktion mit Erwachsenen als auch mit Kindern analysieren (z. B. Martens 1978). Es fehlen aber Gesamtdarstellungen, die ähnlich wie zur Laut- und Grammatikentwicklung eine Chronologie möglichst des gesamten Gegenstandsbereichs beschreiben.

Hinsichtlich der Entwicklung von Textstrukturen gilt dieses so nicht. Unter *Text* werden hier satzübergreifende sprachliche Einheiten verstanden, und zwar sowohl mündliche als auch schriftliche. Da sich dieses Buch mit Kindern bis zum beginnenden Schulalter befasst, stehen mündliche Texte im Vordergrund. Wenn von *Text* ohne weitere Attribuierungen gesprochen wird, ist daher stets von gesprochener Sprache die Rede. Wenn schriftliche Texte gemeint sind, wird dies angegeben.

Maya Hickman hat ein umfangreiches Werk vorgelegt, das die Entwicklung der Fähigkeit untersucht, Personen, Raum und Zeit in Texten sprachlich einzuführen und im weiteren Verlauf zu entfalten (Hickman 2003). Sie berücksichtigt dabei typologisch äußerst verschiedene Sprachen wie Deutsch und Chinesisch, so dass Zeitmuster in der Entwicklung von Textstrukturen, die eher durch spezifische Strukturen der Muttersprache als durch die kindliche Entwicklung bedingt sind, besser erkannt und Entwicklungsverläufe von Kindern entsprechend relativiert werden können.

Die Entwicklung sprachlichen Handelns und die Entwicklung von Textstrukturen gehören zum zentralen Gegenstandsbereich dieses Buches; beides wird in den folgenden Kapiteln unter verschiedenen Aspekten thematisiert. Aus diesem Grund und auch weil verlässliches Überblickswissen zum gesamten Bereich des sprachlichen Handelns weitgehend fehlt, werden hier exemplarisch am Gegenstand des Erzählens einige Entwicklungslinien skizziert.

Erzählen und Erzählung erscheinen dafür besonders geeignet, weil sich so beide Perspektiven auf Sprache, die auf dynamische Interaktionsprozesse und die auf das entstehende sprachliche Produkt gerichtete, besonders gut verbinden lassen; und weil Erzählsituationen für die kognitive, emotionale, sprachliche und soziale Entwicklung von Kindern bedeutsam sind. In den weiteren Kapiteln kann dann, an diese Darstellung anknüpfend, das Thema weitergeführt und vertieft werden.

Zunächst ist zu klären, was hier unter Erzählen verstanden wird. Es geht um Erzählungen, die mündlich sind, zur alltäglichen Kommunikation von Kindern in ihren gewohnten sozialen Kontexten gehören und nicht von anderen verfasste Geschichten nacherzählen. Bei der Darstellung orientiere ich mich an dem Erzählen selbst erlebter und damit realer Ereignisse, wobei zu berücksichtigen ist, dass die Grenzen zum Fabulieren und Einflechten fiktionaler Elemente (nicht nur bei Kindern) oft fließend sind.

Kern solcher Erzählungen ist die sprachliche Darstellung eines Ereignisses bzw. einer Ereignisfolge für Zuhörer, wobei gemeinsames Vorwissen über die Ereignisse, Handelnden, Handlungsorte und -zeiten in unterschiedlichem Maße vorhanden sein kann. Zu den unbedingten Voraussetzungen für erfolgreiches Erzählen gehört, dass das erzählte Geschehen einen gewissen Grad an Ungewöhnlichkeit aufweist: Es muss erzählenswert sein, um die Aufmerksamkeit der Zuhörer zu fesseln, und es muss in einer Art und Weise erzählt werden, dass genau dieses deutlich und somit die beabsichtigte Wirkung erzielt wird. Darin unterscheidet sich eine Erzählung von einem Bericht.

Diese Funktionsbestimmungen haben Konsequenzen für die Strukturanforderungen, die die Texte erfüllen müssen, damit das Erzählen inhaltlich verständlich und sozial erfolgreich sein kann. Bevor darauf und auf die Schwierigkeiten, die sich Kindern beim Erzählen stellen, eingegangen wird, soll zuvor auf der Handlungsebene angesetzt werden.

Mündliches Erzählen ist immer interaktiv, weil es mindestens einen Zuhörer bzw. eine Zuhörerin braucht. Nun ist Zuhören kein passives Erdulden, vielmehr sind bestimmte Hörersignale notwendig, damit eine Interaktionssituation aufrecht erhalten und nicht abgebrochen wird. Meng hat Erzähltätigkeiten von Kindergartenkindern untersucht und zu diesem Zweck in einer Längsschnittstudie Dreijährige mit Sechsjährigen verglichen (Meng u.a. 1991). Die dreijährigen Kinder zeigten erst Ansätze zum Erzählen. Sie richteten sich fast ausschließlich an Erwachsene als Zuhörerinnen. Ein bemerkenswerter Befund ist, dass die Kleinen sich nicht nur bei ihren Erzählversuchen fast ausschließlich an die Erzieherinnen als Zuhörerinnen wandten, sondern dass sie darüber hinaus die Zuhörerrolle gegenüber Gleichaltrigen noch nicht kompetent ausfüllten und vom Hörer geforderte Rückmeldungen nicht in angemessener Weise gaben. Dieses Ergebnis fügt sich in das bereits mehrfach erwähnte Entwicklungsmuster, dass Kinder erst im Vorschulalter mit Gleichaltrigen zu interagieren beginnen. Das liegt einerseits daran, dass sie die verbalen und nonverbalen Feinabstimmungen z. B. beim Sprecherwechsel noch nicht beherrschen (Papoušek 1994; s. dazu auch Kap. 3), zum anderen aber vermutlich auch daran, dass Dreijährige Erzählungen sprachlich noch nicht so gestalten können, dass sie die Aufmerksamkeit ihrer Zuhörer fesseln. Erwachsene verhalten sich in entsprechenden Situationen gegenüber kleinen Kindern in zweifacher Weise didaktisch (Wagner 1986; Meng 1991; Becker 2001): Zum einen damit, dass sie auch dann zum Zuhören bereit sind, wenn die Erzählung nur wenig verständlich und mäßig spannend ausfällt. Zum anderen, indem sie fehlende Elemente, die ein Verstehen der Geschichte erschweren, durch Nachfragen hervorlocken, so dass die Geschichte im Grunde zu zweit erzählt wird. Damit ist angesprochen, welche Strukturelemente Erzählungen enthalten müssen, damit sie verständlich und erfolgreich sein können und welche sprachlichen Fähigkeiten dafür gefordert sind.

Kern einer Erzählung ist ein zeitlich strukturiertes Ereignis; daraus folgt, dass Kinder in der Lage sein müssen, zeitliche Relationen sprachlich eindeutig zu formulieren. Jüngere Kinder drücken Zeitabfolgen einfach durch sukzessiv aneinandergereihte Sätze aus. Nach Hickman (2003) beginnen Kinder mit den unterschiedlichsten Muttersprachen erst ab 7 Jahren damit, Zeit und Zeitbeziehungen durch grammatikalische Mittel auszudrücken, und diese Entwicklung dauert bis nach dem 10. Lebensjahr an. Dieser Befund ist nicht zuletzt deswegen interessant, weil – wie im Abschnitt über Grammatikentwicklung dargestellt – deutschsprachige Kinder die entsprechenden grammatischen Formen des Verbs, z. B. Präteritum, bereits mit ca. 4 Jahren erworben haben. Das zeigt, dass es nicht ausreicht, auf der Wort- und Satzebene über Strukturen zu verfügen, um sie auch auf Text- und Handlungsebene funktional und korrekt einsetzen zu können. In diesem Zusammenhang sei daran erinnert, dass solche Satzgefüge, bei denen die Reihenfolge der Teilsätze gegenläufig zur Reihenfolge der dargestellten Ereignisse ist (wie beispielsweise mit *bevor* und *nachdem*), erst zwischen 6 und 10 Jahren beherrscht werden. All dies weist darauf hin, dass zur Beherrschung des Erzählens komplexe grammatische, semantische, pragmatische und kognitive Prozesse miteinander verbunden werden müssen.

Zentral für die Verständlichkeit von Erzählungen ist, dass der Erzähler die Zuhörer ausreichend über die beteiligten Personen, die Handlungsorte und andere situative Bedingungen, die für die Handlung wichtig sind, orientiert. Welche Informationen explizit gegeben werden müssen, hängt vom Vorwissen der Hörer ab, z. B. darüber, wer mit einem bestimmten Eigennamen gemeint ist und in welchen Beziehungen die Personen zueinander stehen. Das erfordert die Fähigkeit, das Vorwissen der Zuhörer einzuschätzen und deren Perspektive auf das Erzählte zu antizipieren, um die Geschichte verständlich zu formulieren.

Nach Hickmans Untersuchung führen Kinder mit indo-europäischen Muttersprachen ab 7 Jahren neue Personen korrekt in den Text ein, während chinesische Kinder die für das Chinesische charakteristischen sprachlichen Mittel mit 10 Jahren beherrschen.

Hickman fasst ihre Untersuchung zur Entwicklung der Textkompetenz von Kindern wie folgt zusammen:

The findings across domains show that discourse-internal uses of linguistic devices are a rather late development, which emerges at about six to seven years of age and continues to evolve until at least ten years of age or even thereafter. (Hickman 2003, S. 324)

Die Beherrschung von Textstrukturen erfordert die Fähigkeit, korrekte Beziehungen zwischen sprachlichen Zeichen innerhalb eines Textes herzustellen, also z. B. den bestimmten Artikel *der*, das Personalpronomen *sie* oder das Lokaladverb *da* erst dann zu gebrauchen, wenn die Bezugsobjekte vorher sprachlich eingeführt worden sind. Für das Schreiben ist das notwendig, weil schriftliche Texte aus sich heraus verständlich sein müssen – schließlich werden sie meist deswegen verfasst, damit andere Personen zu anderen Zeiten und an anderen Orten das Geschriebene verstehen können.

Es ist nicht unwahrscheinlich, dass das Lesen- und Schreibenlernen und die damit verbundene Auseinandersetzung mit den notwendigen sprachlichen Mitteln der Textgestaltung einen wichtigen Beitrag zur Entwicklung der Textkompetenz leistet. Aber Hickmans Befund, dass beispielsweise die deutschen Kinder, die ja erst im siebten Lebensjahr eingeschult werden, mit ca. sieben Jahren im Bereich der Einführung von Personen angemessen vorgingen, deutet darauf hin, dass sich im mündlichen Sprachgebrauch der Vorschuljahre dafür relevante Entwicklungen vollziehen. Die jüngste Altersgruppe, die an Hickmans Untersuchung teilnahm, war vier bis fünf Jahre alt; diese Kinder beherrschten die korrekte Einführung von Personen noch nicht.

Angesichts der hier bislang referierten Forschungsergebnisse ist eine Untersuchung über den Sprachgebrauch von Vorschulkindern beim Rollenspiel von großem Interesse (Andresen 2002). Dort wurde nämlich festgestellt, dass in dieser Spielsituation bereits vierjährige Kinder in der Lage dazu sind, Personen mit sprachlichen Mitteln so einzuführen, dass ihre Identität und ihre Funktion für den Handlungsverlauf klar werden. Wenn Kinder das noch nicht können, scheitern Spielversuche. Denn Rollenspiele leben davon, dass die Spielenden selbst fiktive Identitäten annehmen; darüber hinaus werden häufig auch imaginäre Personen, die nicht durch Kinder oder Puppen repräsentiert werden, in die fiktive Welt eingeführt. Da Rollenspiele interaktive Spiele sind, gelingen sie nur dann, wenn über die fiktiven Bedeutungen Klarheit herrscht. Andernfalls können die Spielenden nicht miteinander kooperieren.

Die linguistischen Analysen zum Rollenspiel zeigen, dass Vorschulkinder dort gerade in Bezug auf textstrukturierende sprachliche Mittel und auf Veränderungen der Beziehungen zwischen Sprache und nichtsprachlichem Kontext in der »ZONE DER NÄCHSTEN ENTWICKLUNG« (Wygotski) handeln, d. h. Fähigkeiten entwickeln, über die sie nach Hickman (2003) als generelle Fähigkeit erst im siebten Lebensjahr verfügen. Besonders bemerkenswert ist daran, dass das in Interaktionen mit anderen Kindern geschieht – die von mir untersuchten Kinder spielten mit Gleichaltrigen. Der Befund ist erstaunlich, wenn man bedenkt, dass Vierjährige gerade erst beginnen, mit anderen gleichaltrigen Kindern sprachlich zu kooperieren. Er fordert zu Fragen und Erklärungen heraus, die im Laufe dieses Buches entfaltet werden sollen.

Kapitel 3 | Vom Guck-Guck-Spiel zum Bilderbuch betrachten

Erwachsenen-Kind-Interaktion im Säuglings- und Kleinkindalter

Daniel Stern spricht in seinem Buch »Die Lebenserfahrung des Säuglings« von einer »Revolution in der Säuglingsforschung« der letzten Jahrzehnte (Stern 2003, S. 62). Damit bezieht er sich auf tiefgreifende Veränderungen in den Forschungsmethoden. Er hätte mit dieser Formulierung aber auch die Forschungsinhalte meinen können, nämlich neue Erkenntnisse über differenzierte Fähigkeiten von Säuglingen. Ein Teil dieser Fähigkeiten soll in diesem Kapitel thematisiert werden.

Es beschreibt, über welche sprachrelevanten sensorischen und motorischen Fähigkeiten Säuglinge nach der Geburt verfügen, wie Erwachsene – daran anknüpfend und sie erweiternd – das Kind von Beginn an in Kommunikation einbeziehen, welche Entwicklungsschritte notwendig sind, bis das Kind gegen Ende des ersten Lebensjahres die ersten Wörter spricht, und wie es in dem Prozess der Interaktion mit anderen Menschen und des Umgangs mit Dingen zur Sprache findet. Darauf aufbauend wird dargestellt, wie das Kind in den folgenden Jahren beim sprachlichen Handeln selbstständiger wird.

Stimme, Blick, Interaktion

Das Gehör ungeborener Kinder wird unter normalen Umständen spätestens in der 32. Schwangerschaftswoche funktionsfähig. Von dieser Zeit an nehmen sie Sprache wahr.[6] Neugeborene ziehen die Stimme der Mutter anderen Stimmen vor und zeigen eine Vorliebe für gesprochene Äußerungen ihrer Muttersprache. Sie können zwischen der Muttersprache und anderen Sprachen unterscheiden, nicht jedoch zwischen einzelnen Nicht-Muttersprachen.

Die bereits pränatal etablierten Erfahrungen mit dem Hören von Sprache ermöglichen es, dass Erwachsene von der Geburt an die Stimme dafür nutzen, eine kommunikative Verbindung mit dem Kind herzustellen und sein Verhalten dadurch zu regulieren.

Sprechen weckt die Aufmerksamkeit schon von Neugeborenen, sie wenden sich z. B. dem Sprechenden zu. Ebenfalls angeboren ist die Fähigkeit, artikulatorische Mundbewegungen nachzuahmen. Auch ohne experimentelle Apparaturen kann man dieses gut beobachten: sieht man einen Säugling direkt an und spricht mit ihm, so beginnt er, Lippen und Zunge deutlich sichtbar zu bewegen.

Kinder sind schon früh zur Verbindung visueller und auditiver Sprechwahrnehmungen fähig, d. h. sie stellen eine Beziehung zwischen gesehenen Artikulationsbewegungen und den gehörten Lauten her. Mit etwa 4 Monaten entdecken die Kinder Übereinstimmungen zwischen Lauten, die sie hören, den dazugehörigen Bewegungen, ihrer eigenen Artikulationsmotorik und den von ihnen selbst imitierend produzierten Lauten.

Die Fähigkeit, der Blickrichtung einer anderen Person zu folgen, ist angeboren. Mit zwei Monaten kann der Säugling den Blickkontakt mit einer Person halten. In zwei Fallstudien von Bruner zur frühen Mutter-Kind-Interaktion waren die Kinder mit fünf Monaten dazu in der Lage, ihre Aufmerksamkeit auf einen Gegenstand zu richten, den die Mütter zwischen sich und ihr Kind hielten (Bruner 1987, S. 56 ff.). Einen Monat später folgten sie mit ihren Augen der Blickrichtung der Mutter, kurz darauf begannen sie ihrerseits, auf diese Weise den Blick der Mutter zu lenken.

Betreffen die bislang hier dargestellten Forschungsergebnisse Fähigkeiten und Verhaltensweisen des Kindes, so ist auch die andere Seite der Eltern-Kind-Kommunikation, nämlich die charakteristischen Verhaltensweisen Erwachsener im Umgang mit Säuglingen, gut erforscht.

Mechthild Papoušek spricht von der »intuitiven elterlichen Didaktik« (Papoušek 1994, S. 31). Diese Formulierung drückt aus, dass Erwachsene sich ihrer Verhaltensweisen gegenüber einem Säugling meist nicht bewusst sind und dass sie mit ihrem Verhalten optimale Möglichkeiten für die Kommunikation mit dem Baby und damit für die Förderung von dessen Entwicklung schaffen.

Welches sind die wesentlichen Elemente der elterlichen Didaktik? Neben dem Blickkontakt ist die Stimme das wichtigste Mittel zur Anbahnung einer Kommunikation mit dem Kind, zur Steuerung seiner Aufmerksamkeit und zur Strukturierung seines Verhaltens. Die Wahrnehmungen des Kindes werden dabei von den Erwachsenen durch spezifische Mittel optimal unterstützt.

So sprechen Erwachsene mit Säuglingen in einer deutlich erhöhten Stimmlage. Besonders markant gestalten sie die Sprachmelodie. Sie differenzieren zwischen verschiedenen Intonationsmustern, die deutlich kontrastieren und jeweils bestimmten Handlungsfunktionen zugeordnet sind, beispielsweise der Herstellung des Blickkontaktes, lobenden oder verbietenden Sequenzen. Die Handlungsfunktionen sind eng verknüpft mit dem Handlungskontext und durch die Einbettung in diesen Kontext erschließbar. Die Wortbedeutungen treten bis zum letzten Drittel des ersten Lebensjahres hinter die Handlungsfunktionen zurück: Das Kind versteht noch keine Wörter, erkennt aber an dem Intonationsverlauf und aus dem Kontext heraus, ob es z. B. gelobt oder ob ihm etwas verboten wird.

Säuglinge verfügen über die angeborene Fähigkeit, zwei aufeinander folgende Ereignisse in einen Zusammenhang miteinander zu bringen. Daher ist es für die Entwicklung des Kindes wichtig, dass Erwachsene schon bald nach der Geburt auf Verhaltensäußerungen des Kindes kontingent, d. h. zeitlich unmittelbar anschließend, antworten. Dazu das Beispiel eines ›Dialogs‹ zwischen einer Mutter und ihrer drei Monate alten Tochter:

Ann: (lächelt)
Mutter: *oh, was für ein feines kleines Lächeln*
ja, ist das nicht fein?
da ist ein feines kleines Lächeln

Ann: (stößt auf)
Mutter: *und was für ein feiner kleiner Hauch
ja, das ist besser, nicht? ja ja*
Ann: (vokalisiert)
Mutter: *da ist ein feines Geräusch*
(Snow 1977, S. 12; zitiert nach Clark 2003. Übers. H. A.)

Die Mutter bezieht das Aufstoßen als körperliche Reflexreaktion in die Interaktion mit ein und behandelt es so, als wäre es wie die anderen Äußerungen des Kindes eine intentionale, kommunikative Handlung.

Eltern binden ihre Kinder früh in Interaktionsrituale ein. Solche Rituale bestehen aus Handlungssequenzen, die in festliegender Abfolge und Form häufig und über lange Zeiträume hinweg wiederholt werden. Durch die Einbettung der Äußerungen in den Kontext und die bekannte Handlungsreihenfolge lernt das Kind allmählich, Beziehungen zwischen den nichtsprachlichen und sprachlichen Handlungen, zwischen seinem eigenen Verhalten und dem der Eltern herzustellen.

Frühe Interaktionsrituale

Eine typische Interaktionsform zwischen Erwachsenen und kleinen Kindern sind Guck-Guck-Spiele, die meist im zweiten Lebenshalbjahr begonnen und in verschiedenen Varianten ausgeführt werden. Die einfachste Variante ist die, den Kopf des Erwachsenen mit einem Tuch zu bedecken, ihn so unsichtbar und durch Wegziehen des Tuches wieder sichtbar zu machen. Dieser Spieltyp erfüllt eine wichtige Funktion für die Entstehung der Objektpermanenz, d. h. des Wissens des Kindes, dass Gegenstände (und Personen) weiterhin existieren, auch wenn sie sich nicht im Blickfeld des Kindes befinden (Piaget 1975a, 1975b)[7]. Hier sollen diese Spiele unter dem Aspekt ihrer Bedeutung für die Interaktionsentwicklung thematisiert werden.

Als Beispiel wähle ich eine erweiterte Variante des Guck-Guck-Spiels, bei der zusätzlich zu den beiden Personen ein Gegenstand einbezogen ist. Die Grundstruktur dieser Variante sieht folgendermaßen aus:

Die Mutter nimmt eine Puppe, bringt sie in das Blickfeld des Kindes, lässt sie unter einem Tuch verschwinden und schließlich wieder auftauchen. Wer solche Spiele aus eigener Erfahrung kennt, weiß, dass die Erwachsenen dabei mit dem Kind intensiv zu sprechen pflegen und dass das Kind die Handlungen seinerseits aktiv mit stimmlichen Äußerungen begleitet. Typisch ist das freudige Jauchzen des Kindes beim Wiederauftauchen der verschwundenen Puppe.

Bruner hat ein solches Spiel und dessen Entwicklung über mehrere Monate hinweg bei zwei Mutter-Kind-Paaren gründlich analysiert (Bruner 1987). Am Anfang stand immer eine Äußerung, die die Aufmerksamkeit der Kinder auf die Puppe lenkte; mit der Zeit bauten die Kinder aufgrund ihrer bisherigen Erfahrungen die Erwartung auf, dass jetzt das Spiel folgen würde. Die Grundstruktur des Spiels besteht aus zwei Komponenten: dem Verschwinden und dem Auftauchen der Puppe. Anfangs trennten die Mütter diese beiden Phasen durch eine stark markierte Pause deutlich voneinander, so dass die Kinder die Struktur erfassen konnten. Diese Pause wurde sowohl sprachlich-stimmlich als auch auf der Ebene des gegenständlichen Handelns akzentuiert.

Die Mütter führten das Guck-Guck-Spiel in das gemeinsame Interaktionsrepertoire ein, als die Kinder sechs Monate alt waren; insgesamt wurde es mit Entwicklung von Varianten, wie z. B. sich selbst zu verstecken, bis zum Ende des zweiten Lebensjahrs gespielt. Mit der Zeit gestalteten die Mütter das Spiel komplexer, indem sie neue Handlungskomponenten und Äußerungen einfügten. Die Reihenfolge der einzelnen Handlungsschritte und die Zuordnung der sprachlichen Äußerungen zum nichtsprachlichen Handeln hielten sie aber konstant. Auf dieser Grundlage konnten die Kinder allmählich den Spielablauf in ihrem Gedächtnis speichern und somit den nächsten Handlungsschritt antizipieren. Sobald dieses für die Mütter erkennbar der Fall war, gaben sie die aktive Rolle an ihr Kind ab, indem sie es dazu aufforderten, selbst die Puppe verschwinden und auftauchen zu lassen. Der Wechsel vom nur passiven zum auch aktiven Handlungspartner fand bei beiden Kindern zwischen 9 und 12 Monaten statt, einer, wie im nächsten Abschnitt dargestellt werden wird, entscheidenden Phase für den Spracherwerb.

Solche Interaktionsrituale sind für die frühe Entwicklung des Kindes in mehrfacher Hinsicht von großer Bedeutung. Mutter und Kind richten ihre Aufmerksamkeit gemeinsam auf einen Gegenstand (die Puppe) und die Handlungen damit. Die Gemeinsamkeit wird durch die Koordination ihrer Blicke, aber auch durch stimmliche Aktivitäten hergestellt. Die Mutter benutzt ihre Stimme, um durch sprachliche Äußerungen die Aufmerksamkeit des Kindes zu erlangen und während des Spiels zu steuern. Von besonderer Bedeutung dafür sind charakteristische Intonationsmuster. Das Kind vokalisiert seinerseits während des Spielablaufs. Bruner stellt fest, dass es zu Beginn, als die Mutter das Interaktionsritual ganz neu einführt, an beliebigen Stellen des Handlungsverlaufs stimmlich aktiv wird. Mit zunehmender Vertrautheit passt es seine Vokalisationen jedoch an die Handlungsstruktur an; zunächst markiert es die Grobgliederung, die Zäsur zwischen dem Verschwinden und Wiederauftauchen der Puppe, nimmt dann aber zunehmend die Feinstruktur auf, so dass beide Partner, die Mutter und das Kind, sich wechselseitig aufeinander und auf die Handlungen mit der Puppe beziehen. Diese Entwicklung führt dann dazu, dass das Kind sukzessive einzelne Handlungsanteile selbst übernimmt, bis die beiden schließlich ihre Rollen vollständig getauscht haben und das Kind agiert, während die Mutter aktiv zuhört und zuschaut.

Betont sei, dass das Kind schon zu Beginn, als es noch lediglich zusieht, verschiedene sensorische und motorische Prozesse miteinander koordiniert. Auf der Ebene der Wahrnehmung sind mit dem Hören und Sehen auditive, visuelle und – über die eigenen Körperbewegungen – kinästhetische Vorgänge beteiligt; im Bereich der Motorik werden mit Arm- und Beinbewegungen die Grobmotorik und mit Blick- und Artikulationsbewegungen die Feinmotorik aktiviert. Die Verhaltenskoordination betrifft sowohl das eigene Verhalten, indem z.B. Blickrichtung, Greifen nach der Puppe und stimmliche Aktivitäten aufeinander abgestimmt werden; sie betrifft aber auch die Koordination mit dem Partner, indem z. B. das Kind in Reaktion auf die erste Äußerung der Mutter den Blick auf die Puppe lenkt.

Betrachtet man die Anbahnung und die Realisierung der Interaktionsrituale, so lassen sich zwei verschiedene Vorgehensweisen erkennen. Einerseits passen sich die Erwachsenen an das Verhalten des Kindes an, und zwar insofern als sie dessen Verhalten zum Ausgangspunkt nehmen, es in Interaktionen einbinden und dadurch erweitern. Das Beispiel von Ann und ihrer Mutter zeigt diese Strategie. Andererseits stecken Erwachsene aber auch einen für das Kind deutlich erkennbaren Interaktionsrahmen ab und geben eine Handlungsstruktur vor, in die das Kind sich mit der Zeit einpasst und die es ihm ermöglicht, selbst als Handelnder aktiv zu werden. Das geschieht bei den von Bruner untersuchten Guck-Guck-Spielen. Beide Vorgehensweisen können gut miteinander verbunden werden, indem Erwachsene zunächst an Verhaltensäußerungen des Kindes anknüpfen, sie kommunikativ aufnehmen und schließlich zu komplexeren Handlungsfolgen expandieren.

Ein allgemeines Kennzeichen der frühen Erwachsenen-Kind-Interaktion ist die Ritualisierung, die Vertrautheit und Überschaubarkeit der Handlungen gewährleistet. Sie verbindet sich häufig mit existenziell notwendigen Handlungen wie Füttern oder Körperpflege, die die Erwachsenen in Form kleiner Spiele erweitern.

Ritualisierte Handlungen, die Sprache als Bestandteil enthalten, sind für die vorsprachliche Anbahnung von Sprache und den Übergang von der vorsprachlichen zur sprachlichen Entwicklung von zentraler Bedeutung. Die ersten Wörter, die ein Kind spricht, entstehen in »Kontexten der gemeinsamen Aufmerksamkeit« (Papoušek 1994, S. 152), wie sie mit den beschriebenen Ritualen gegeben sind. Der Erwachsene hebt das entsprechende Wort durch die beschriebenen Mittel wie Stimmhöhe und vor allem Intonation besonders hervor, und vor dem Hintergrund der vertrauten Handlungen und Gegenstände gelingt es dem Kind, das gesprochene Wort auf einen Gegenstand, z. B. *Puppe* auf die vor Augen befindliche Puppe, oder auf eine Handlung zu beziehen. Um dazu in der Lage zu sein, muss es jedoch einige grundlegende »Entdeckungen« gemacht haben, die Tomasello zusammenfassend als »Neun-Monats-Revolution« bezeichnet (Tomasello 2002).

Die Neun-Monats-Revolution: Sprache wird möglich

Zwischen neun und zwölf Monaten vollziehen Kinder drei Entwicklungsschritte, die zusammengehören und verschiedene Komponenten eines einzigen, für die Sprachentwicklung entscheidenden Prozesses bilden.

Der erste Schritt besteht darin, dass das Kind jetzt seine Aufmerksamkeit im doppelten Wortsinn teilen kann. Es erlangt nämlich die Fähigkeit, seine Aufmerksamkeit gleichzeitig auf eine Person und auf einen Gegenstand zu richten. Vorher konnte es nur entweder auf die Person oder den Gegenstand achten, nicht aber auf beide zugleich. Angewandt auf das oben beschriebene Guck-Guck-Spiel bedeutet das, dass das Kind vor dem neunten Monat, durch die Anrede der Mutter und die Richtung ihres Blicks gelenkt, auf die Puppe guckt, aber nicht gleichzeitig auch der Mutter Aufmerksamkeit schenken kann. Es muss zwischen Mutter und Puppe hin und her wechseln. Erst wenn es gleichzeitig sowohl die Mutter als auch die Puppe zum Gegenstand seiner Aufmerksamkeit machen kann, teilt es seine Aufmerksamkeit mit der Mutter, achten beide gemeinsam auf das Spielzeug. Das Kind kann jetzt also seine Aufmerksamkeit *mit* jemand und es kann sie *zwischen* zwei Beteiligten, Objekt und Partner, teilen.

Die zweite Veränderung besteht darin, dass das Kind erkennt, dass sein Kommunikationspartner mit den lautlichen Äußerungen kommunikative Absichten verfolgt, dass also beispielsweise die Mutter die Aufmerksamkeit des Kindes auf die Puppe lenken will oder dass sich die Äußerung *Wo ist die Puppe?* auf die Puppe bezieht, die den Gegenstand der gemeinsamen Aufmerksamkeit bildet.

Die dritte Veränderung vollzieht das Kind dann, wenn es erkennt, dass es selbst Lautfolgen mit den gleichen kommunikativen

Absichten wie die Mutter gebrauchen kann, also z. B. *Puppe* (bzw. dem Wort angenäherte Laute) zu sagen, um die Mutter auf die Puppe aufmerksam zu machen. Dieser Vorgang ist nicht an Wörter gebunden, sondern beginnt häufig mit Gesten. Eines der frühesten kommunikativ eingesetzten Zeichen ist die Zeigegeste, häufig begleitet durch Äußerungen wie *da, dis.*

Wenn ein Kleinkind an einen Erwachsenen gewandt auf einen Gegenstand zeigt – ob sprachlich begleitet oder nicht – sind alle drei Komponenten des angesprochenen Veränderungsprozesses realisiert: Das Kind zeigt auf den Gegenstand in der Absicht, die Aufmerksamkeit des Partners darauf zu lenken und somit gemeinsame Aufmerksamkeit mit ihm herzustellen. Es handelt also intentional, weil es mit seiner Geste eine Absicht verbindet, und es geht davon aus, dass der andere die Intentionalität versteht und sich entsprechend verhält. Die Handlungsabsicht, die das Kind in einer konkreten Situation mit dem Zeigen verbindet, kann unterschiedlich sein: Es könnte beispielsweise als Hinweis auf ein interessantes Objekt oder als Aufforderung, ihm das Objekt zu geben, gemeint sein. Auf jeden Fall setzt das Gelingen aller dieser verschiedenen Handlungen voraus, dass erfolgreich mit dem Kommunikationspartner gemeinsame Aufmerksamkeit für das Objekt hergestellt worden ist.

Den Prozess des Übergangs zum intentionalen, interaktiven Handeln bezeichnet man als TRIANGULATION, weil eine Dreiecksbeziehung zwischen Kind, Partner und Objekt hergestellt wird. Das Zeichen – ob Geste oder Wort – bildet das Instrument, über das diese Beziehung vermittelt ist und das zur Realisierung der Handlungsintentionen verwendet wird.

Die beschriebenen Veränderungen gegen Ende des ersten Lebensjahrs eröffnen dem Kind neue Möglichkeiten. So kann es jetzt Wünsche in Bezug auf einen Gegenstand ausdrücken, also z. B. einen Apfel zu essen oder einen Schuh anziehen zu wollen. Sich an einen Erwachsenen zu wenden, damit dieser den Wunsch erfüllt, setzt die Fähigkeit zur Triangulation voraus, weil beide in der Lage sein müssen, sich gleichzeitig, über das Zeichen vermittelt, dem Objekt und dem Interaktionspartner zuzuwenden.

Eine für die weitere Entwicklung des Kindes besonders wichtige Fähigkeit entsteht ebenfalls in dieser Zeit und auf der gleichen Grundlage: die Fähigkeit zur Nachahmung von Handlungen[8].

Nun ist Nachahmung ein mehrdeutiger Begriff, weswegen zunächst geklärt werden muss, was hier darunter verstanden werden soll. Gehen wir von einem Beispiel aus: Eine Zeigegeste umfasst eine charakteristische Arm- und Fingerhaltung. Diese Körperhaltung kann als nur körperlicher Vorgang imitiert werden, ohne dass damit die Zeigehandlung nachgeahmt wird. Denn zur Zeigehandlung gehört die Intention, in eine bestimmte Richtung, auf etwas hinweisen zu wollen. Sie umfasst eine Absicht und ein Ziel, zu dessen Erreichung die Körperhaltung eingenommen wird. Ich verwende den Begriff der Nachahmung hier in dem Sinne, dass eine Handlung als Handlung, unter Einschluss von Intention und Ziel, reproduziert wird und nicht nur eine Kopie der äußeren Manifestation der Handlung gegeben wird.

Zum Kopieren von Verhalten im beschriebenen Sinne sind Kinder schon vor dem neunten Monat in der Lage, zur Nachahmung jedoch noch nicht. Denn die Fähigkeit dazu setzt voraus, Intentionalität von Handlungen zu verstehen, und diese Fähigkeit entsteht im letzten Drittel des ersten Lebensjahrs.[9]

Die Fähigkeit zur Nachahmung ist für die weitere Entwicklung des Kindes von zentraler Bedeutung, weil es das Lernen am Vorbild ermöglicht. Dafür ist es keineswegs notwendig und auch kaum der Fall, dass Kindern die Funktionen und Ziele der Handlungen, die sie nachahmen, vollständig durchsichtig sind. Im Gegenteil, Beobachtungen kindlicher Spiele zeigen, dass sie häufig nur einige Elemente der Handlungen herausgreifen und nach ihren eigenen Bedürfnissen und ihrem eigenen Verständnis mit anderen Handlungen verbinden. Beispielsweise gibt es zweijährige Kinder, die nachahmen, wie ihre Eltern schreiben, und dazu mit einem Stift auf einem Stück Papier herumkritzeln. Es ist wenig wahrscheinlich, dass die Kinder Funktionen des Schreibens kennen. Aber sie wissen, dass die Eltern sich nicht nur zufällig so verhalten, und wenn ein Kind nach dem Kritzeln den Zettel in eine Einkaufstasche steckt, weil die

Mutter das so mit dem Einkaufszettel macht, dann akzentuiert das Kind damit einige seiner Erfahrungsinhalte, die es besonders interessant findet, und bringt sie in einen funktionalen Zusammenhang. Ein solches Verhalten setzt ein Verständnis von der Intentionalität menschlicher Handlungen voraus und unterscheidet sich grundsätzlich von einem Kopieren ›ohne Sinn und Verstand‹[10].

Zusammenfassend ist festzuhalten, dass Kinder gegen Ende des ersten Lebensjahrs drei wesentliche Eigenschaften von Sprache praktisch erfassen können: INTENTIONALITÄT, REZIPROZITÄT und REFERENTIALITÄT.

Intentionalität wurde bereits erläutert. Reziprozität bedeutet, dass Handlungsrollen wie Sprecher und Hörer aufeinander zugeordnet sind und von den Handelnden im Wechsel eingenommen werden. Referentialität von Sprache meint die Tatsache, dass ein sprachliches Zeichen sich auf Außersprachliches bezieht, das Wort *Puppe* z. B. auf den Gegenstand Puppe. Grundsätzlich referieren Wörter selbstverständlich nicht auf bestimmte, individuelle Gegenstände. Vielmehr umfasst die Bedeutung des Wortes *Puppe* alle die Merkmale, die Puppen gemeinsam haben, das Wort referiert also auf die Menge aller Puppen. In konkreten Situationen können Wörter dann so gebraucht werden, dass sie auf einen bestimmten Gegenstand referieren, z. B. wenn ein Kind vor einem Schaufenster sagt: *Die Puppe mit den blonden Haaren ist die schönste.*

Erste Wörter

Es gibt Entwicklungsschritte von Kindern, die die Eltern als deutliche Zäsur erleben und auf die sie besonders freudig reagieren. Das erste gesprochene Wort ist ein solcher Meilenstein der Entwicklung.

In diesem Abschnitt soll näher untersucht werden, wie erste Wörter in der Interaktion zwischen Erwachsenen und Kind auftauchen, auf welchen bereits vorsprachlich etablierten interaktiven Erfahrungen dabei aufgebaut wird und wie sie die Interaktion verändern.

Zuvor sind jedoch noch einige inhaltliche und begriffliche Voraussetzungen zu klären.

Woran erkennen Eltern eigentlich, dass das Kind nicht nur sinnlose Silben »babbelt«, sondern das erste Wort produziert? Vielleicht erinnern sich manche Leserinnen und Leser an Situationen, in denen Eltern stolz verkündeten, ihr Kind könne jetzt *Teddy* sagen, obwohl andere nur Silbenfolgen hörten, in denen man bei gutem Willen so etwas wie *dade* erkennen konnte. Die meist am freudigsten begrüßten Wörter *Mama* und *Papa* bestehen aus der Doppelung einer mit der Konsonant-Vokalfolge einfach strukturierten Silbe, einer Lautfolge, die Kinder in der zweiten Hälfte des ersten Jahres massenhaft produzieren, ohne dass diesen Bedeutungen zugeordnet werden könnten. Da kleine Kinder die Laute und Lautverbindungen ihrer Muttersprache nicht von Anfang an korrekt bilden, ist die Frage, wann sie eine Lautfolge als Wort produzieren und woran Erwachsene dieses erkennen, also keineswegs trivial.

Das Kriterium dafür, ob eine Lautverbindung ein Wort einer Sprache repräsentiert, ist erfüllt, wenn dieser Lautung eine bestimmte, beschreibbare Bedeutung zugeordnet ist, wie das im Deutschen z. B. für /bu:x/ (Buch) und /bax/ (Bach) der Fall ist, aber nicht für /bix/. Dementsprechend verfügt das Kind über erste Wörter, wenn bestimmte, in verschiedenen Situationen wiederkehrende Lautverbindungen erkennbare Bedeutungen tragen. Diese einige Zeit lang konstanten, identifizierbaren Lautverbindungen nennt man PROTOLEXEME.

Wie im 2. Kapitel dargestellt, versteht man unter LEXEM die Basiseinheit des Wortschatzes einer Sprache. Von Protolexemen spricht man zu Beginn des Spracherwerbs deswegen, weil frühe Wörter lautlich außerordentlich stark von den Lexemen der Muttersprache abweichen können und im Extremfall lautlich keine Ähnlichkeiten mit dem entsprechenden Lexem aufweisen, wie z. B. /hax/, das ein Kind über längere Zeit hinweg in der Bedeutung *Wurst* gebrauchte.

Protolexeme bezeichnen keineswegs nur Gegenstände oder Personen, wie die Beispiele vielleicht suggerieren. So verwenden Kinder Protolexeme für Handlungen, z. B. um auf sich aufmerksam zu machen oder jemand zu begrüßen. Es gibt Protolexeme, die in einer Sprachgemeinschaft als ammensprachliche Ausdrücke fast vollständig konventionalisiert sind, wie z. B. *dada* (-gehen) oder *heia* (-machen), die von vielen Deutschsprachigen in der Bedeutung »ausgehen, spazieren gehen« und »schlafen« verstanden und gegenüber Kleinkindern so gebraucht werden. Viele Protolexeme teilt das Kind aber nur mit seinen engsten Bezugspersonen, wie bei dem Hach-Beispiel.

Nun ist die Skepsis, ob Eltern nicht vielleicht etwas in die Äußerungen ihres Kindes hinein interpretierten, was dieses noch gar nicht beherrscht, vermutlich häufig begründet. Aber ein solches Verhalten ist typisch für den Umgang mit Kindern an der Schwelle zum ersten Wort und der Sprachentwicklung des Kindes dienlich. An verschiedenen Beispielen wurde gezeigt, dass Erwachsene selbst körperliche Vorgänge von Säuglingen manchmal so behandeln, als seien sie kommunikativ gemeint. Dass dieses Verhalten für die Entwicklung intentionalen Handelns der Kinder wichtig ist, wurde bereits betont. Für die Interpretation von Lautverbindungen als erste Wörter gilt Entsprechendes.

Bruner (1987) analysiert die Einführung erster Wörter beim gemeinsamen »Bücherlesen« von Richard und seiner Mutter. Mit Bücherlesen ist hier das Betrachten von Bilderbüchern gemeint.

Wie das Guck-Guck-Spiel inszeniert die Mutter auch das Bücherlesen als Ritual mit festem Ablaufmuster.

Ein Unterschied besteht darin, dass es hier nicht um einen konkreten Gegenstand, sondern um Bilder in einem Buch geht, dass das gemeinsame Thema also einen höheren Abstraktionsgrad aufweist. Denn anders als Gegenstände selbst, können deren bildliche Darstellungen z. B. nicht durch In-die-Hand- oder In-den-Mund-nehmen haptisch oder oral erkundet werden.

Nachdem Richard seine ersten Protolexeme produziert hat, verändert die Mutter ihr Verhalten in einem wesentlichen Punkt. Im Gegensatz zu vorher unterstellt sie nun, dass er weiß, dass seine produzierten Lautfolgen bedeutungshaltig sind. Deswegen beharrt sie darauf, dass er bei Bildern von bekannten Objekten nicht irgendwelche Laute, sondern Protolexeme produziert. Dabei schraubt sie die Anforderungen nicht zu hoch; wenn Richards Äußerung in etwa der Länge des Lexems entspricht, akzeptiert sie dieses als Antwort.

In der nächsten Phase der Lautentwicklung ihres Kindes, als er die Wörter identifizierbar aussprechen kann, erwartet sie von ihm, dass er das ganze Wort und nicht nur Rudimente produziert. Allerdings bleiben die gestellten Anforderungen immer im Bereich des Spielerischen, sie übt keinen Zwang aus, so dass die positive, zugewandte und somit entwicklungsfördernde Atmosphäre der Lesesituation erhalten bleibt. Ihre fordernde, das Kind aber nicht überfordernde Art wird an einem Auszug deutlich, der aufgenommen wurde, als Richard 1;11 alt war.

Mutter: *Was ist das?*
Kind: *Aus.*
Mutter: *Maus, ja. Das ist eine Maus.*
Kind: *Mehr Maus.* (zeigt auf ein anderes Bild)
Mutter: *Nein, das sind Eichhörnchen. Sie sind wie Mäuse, aber mit langen Schwänzen. Ungefähr.*
Kind: *Maus, Maus, Maus.*
Mutter: *Ja, richtig, das sind Mäuse.*
Kind: *Mäuse, Mäuse.*
(Bruner 1987, S. 73 f.)

Zunächst akzeptiert sie es nicht, als Richard die Eichhörnchen als Mäuse bezeichnet. Als er aber darauf beharrt, schätzt sie ein Insistieren auf dem Wort *Eichhörnchen* offenbar als Überforderung ihres Sohnes ein und bekräftigt seine Bezeichnung der Tiere als *Maus*.

Beobachtungen der frühen Eltern-Kind-Interaktion zeigen, dass Eltern ihre »Ansprüche« an das Verhalten des Kindes an dessen zunehmende Fähigkeiten anpassen. Ein Grundzug der intuitiven elterlichen Didaktik besteht darin, ein wenig mehr vom Kind zu verlangen als es tatsächlich schon einzulösen vermag (Papoušek 1994), also mit ihm in der ZNE (Zone der nächsten Entwicklung) zu handeln.

Das Beispiel von Richard und seiner Mutter weist noch ein anderes Merkmal auf, das typisch für die Interaktion zwischen Erwachsenen und Kleinkindern ist: Das Kind produziert nicht nur einen inhaltlichen Fehler (Eichhörnchen als Mäuse zu bezeichnen), sondern auch Fehler, die die sprachliche Form (Lautung und Grammatik) betreffen, was bei einem knapp Zweijährigen nicht anders zu erwarten ist. Typischerweise geht die Mutter auf den inhaltlichen Irrtum explizit ein, weist Richards Bezeichnung zurück und versucht, ihm entsprechende Informationen über die Tierwelt zu vermitteln. Seine sprachlichen Fehler kommentiert sie dagegen nicht, sondern wiederholt einfach das gemeinte Wort sprachlich richtig und bestätigt ihren Sohn explizit auf der inhaltlichen Ebene. Mit *Maus, ja* zeigt sie ihm, dass sie ihn verstanden und er das Tier richtig identifiziert hat. Entsprechendes geschieht am Ende der Sequenz, wo sie ihn mit *Ja richtig. Das sind Mäuse* bestätigt und damit anzeigt, dass sie die Frage, ob die Tiere nun Mäuse oder Eichhörnchen sind, als Thema nicht weiter verfolgen will, und damit vermutlich den Weg für weitere Entdeckungen im Buch frei macht.[11]

Die Darstellung der Anfänge des Erwerbs von sprachlichen Bedeutungen am Beispiel des Bücherbetrachtens von Richard und seiner Mutter könnte die Vorstellung verstärken, dass Kinder Wörter durch Benennen lernen, also dadurch, dass Erwachsener oder Kind auf etwas zeigt und der Erwachsene dem Kind das dazugehörige Wort sagt. Diese Vorstellung scheint unmittelbar einzuleuchten, erfasst die Situation sprechenlernender Kinder jedoch nur unzutreffend. Da die Frage, wie Kinder zur Sprache kommen, zentral für ein Verständnis von Sprachentwicklung ist, sollen die Anfänge des Sprechens jetzt unter dieser Fragestellung diskutiert werden.

Zeigen, Benennen, Bedeuten

Der Heilige Augustinus meinte, sich an seinen eigenen Spracherwerb erinnern zu können und beschreibt in seinen »Confessiones« den entscheidenden Vorgang: Wenn ein Erwachsener sich einem Gegenstand zuwandte und etwas sagte, nahm das Kind an, dass der

Erwachsene den Namen des Gegenstands aussprach, den es sich dann einprägte.

Viele Erwachsene haben die gleiche Vorstellung darüber, wie ein Kind Wörter erwirbt: Die Erwachsenen zeigen ihm einen Gegenstand und benennen diesen. Und in der Tat scheinen Beobachtungen der Interaktion kleiner Kinder mit Erwachsenen das zu bestätigen, z. B. die geschilderte Szene von Richard und seiner Mutter.

Ganz im Sinne von Augustinus hat der Spracherwerbsforscher William Stern in den dreißiger Jahren des 20. Jahrhunderts die These vertreten, dass das Kind zu Beginn des Spracherwerbsprozesses die Symbolfunktion von Sprache entdecke, weil es nämlich erkenne, dass man jedem Ding ein sprachliches Zeichen zuordnen könne. Gegen diese These hat Wygotski Argumente angeführt, die hier, ausgehend von einem Beispiel, sinngemäß wiedergegeben werden sollen.[12]

Der achtzehn Monate alte Lasse verbringt mit seinen Eltern einen Sommerurlaub an der Nordsee. Auf dem breiten Sandstrand sind regelmäßig Reiter unterwegs, die man schon aus weiter Entfernung hören kann. Nach einigen Tagen sagt Lasse *dock dock,* offensichtlich, um die Eltern auf die Reiter aufmerksam zu machen. Wie er zu diesem Protolexem kommt, ist nicht schwer zu erschließen: er markiert lautmalerisch die charakteristischen Hufgeräusche. Die Eltern haben daher kein Problem, seine Äußerung zu verstehen. Wenige Wochen später, als die Familie wieder zu Hause ist, sieht Lasse Meereswellen abgebildet und sagt *dock dock.* Einige Tage danach sieht er auf einem Fotokalender ein Bild von einem blühenden Rapsfeld mit blauem Himmel darüber. Er zeigt auf das Bild und sagt wieder *dock dock.*

Auf den ersten Blick mag an diesem Beispiel vielleicht als besonders bemerkenswert erscheinen, dass Lasse selbst ein Wort erfindet und nicht Gehörtes nachspricht. Darauf soll hier aber nicht näher eingegangen werden. Diskutiert werden soll sein Verhalten, das Protolexem *dock dock* nicht nur auf Pferd (und Reiter) zu beziehen, sondern es später auf Meerwasser und Rapsfeld mit Himmel zu übertragen. Dieser Prozess ist typisch für sprechenlernende Kinder und wurde im 2. Kapitel im Zusammenhang der Entwicklung sprachlicher Bedeutungen dargestellt.

Eine Erklärung für Lasses Verhalten könnte darin liegen, dass er sich beim Betrachten der Bilder – des Meerwassers und des farblich einem Sandstrand ähnelnden Rapsfeldes – an die Ferien und die Pferde erinnert hat, dass er also an diese denkt, als er *dock dock* sagt.

Ich möchte aber unter Anknüpfung an Wygotski und Bruner eine andere Erklärung vorschlagen. Denn das Beispiel sagt etwas über die Struktur der Wahrnehmung von Kindern im zweiten Lebensjahr und die Beziehung zwischen Wahrnehmung und Sprache in dieser Zeit aus.

In diesem Alter werden Erlebnissituationen als Komplexe wahrgenommen, d. h. dass in Lasses Erinnerung Reiter, Pferde, Himmel, Wasser, Strand und die Lautmalerei zusammengehören. Das Wort kann dann mal den einen, mal einen anderen Aspekt dieser gesamten Situation hervorheben und dann – aus der Sicht Erwachsener – Pferd, Reiter, Himmel, Strand oder Wasser bezeichnen. Wygotski spricht in diesem Zusammenhang mit Rückgriff auf die Gestaltpsychologie von Figur und Hintergrund. Sprache dient dazu, aus dem Situationskomplex einzelne Bestandteile herauszulösen, die somit als Figur hervortreten und sich vom Hintergrund des Komplexes abheben. Das bedeutet, dass die Wahrnehmung von Kindern zu Beginn des Spracherwerbs nicht so strukturiert ist, dass die sprachlich zu benennenden Objekte als solche bereits verfügbar wären. Vielmehr tragen Erwachsene, die Kindern Wörter anbieten, durch diesen Prozess dazu bei, dass die Kinder die wahrgenommene Situation differenzieren.

Wenn nun aber die Wahrnehmung von Kindern und Erwachsenen derart verschieden voneinander sind, so stellt sich die Frage, ob und wie eine sprachliche Verständigung zwischen den ungleichen Partnern überhaupt möglich ist. Es ist die Frage danach, ob beide, wenn sie Wörter gebrauchen, damit die gleichen Bedeutungen verbinden.

Die Erörterung dieses Problems hat eine lange philosophische Tradition, allerdings nicht bezogen auf den Spracherwerb, sondern auf erwachsene Kommunikationspartner. Es ist die Frage, ob und wie sichergestellt werden kann, dass zwei Menschen, die im Gespräch miteinander die gleichen Wörter gebrauchen, auch gleiche Bedeutungen damit verbinden und sich verständigen können.

Ich werde dieses Problem hier im Hinblick auf den Spracherwerb erörtern, weil dabei Grundzüge der frühen Erwachsenen-Kind-Interaktion besonders deutlich werden.[13]

Zunächst wieder ein Beispiel: In der letzten Vorweihnachtszeit wartete ich vor einem weihnachtlich dekorierten Schaufenster auf den Bus zur Universität. Es gesellte sich eine Mutter mit einem Kind im Alter von schätzungsweise zwanzig Monaten dazu. In dem Schaufenster waren mehrere Weihnachtsengel in verschiedenen Größen und aus verschiedenen Materialien arrangiert. In der Mitte stand ein großer Keramikengel mit riesigen Flügeln. Kaum stand das Kind an der Fensterscheibe, sagte es laut: *piep piep,* ohne dabei auf etwas zu zeigen. Trotzdem war es für mich offensichtlich, dass seine Äußerung einem oder mehreren Engeln galt. Nach einer kurzen Pause reagierte die Mutter, indem sie – den großen Engel in der Mitte betrachtend – kommentierte: *Ja, das ist ein Engel.* Der Bus kam und wir wandten uns alle drei von dem Schaufenster und den Engeln ab.

Es wäre ein Leichtes, ausgehend von der Leitfrage, ob Mutter und Kind sich in ihrem kurzen Dialog eigentlich verstanden haben, zahlreiche weitere Fragen zu entwickeln, deren Beantwortung unweigerlich zu der Konsequenz führen würde, dass dieses nicht der Fall war. Solche Fragen wären beispielsweise: Sprachen beide über denselben Gegenstand? Meinte das Kind mit *piep piep* den großen Engel? Meinte es einen bestimmten Engel oder war es von der Vielzahl der Engel fasziniert? Meinte es überhaupt Engel und nicht vielmehr nur deren Flügel? Hielt es die Engel für Vögel, die *piep piep* sagen? Diese Fragen sind nicht nur nicht beantwortbar; vielmehr sind Antworten darauf auch nicht notwendig, um die Anfänge des Spracherwerbs in der Erwachsenen-Kind-Interaktion zu verstehen.

Stattdessen soll der Blick darauf gerichtet werden, was in diesem Dialog offensichtlich gelungen ist, worin Mutter und Kind übereinstimmen.

Beide gingen offenbar davon aus, dass sie miteinander kommunizieren können. Das Kind zeigte auf die Äußerung der Mutter hin keinerlei Anzeichen von Unwillen oder Protest, die darauf hindeuten würden, dass es sich nicht verstanden fühlte. Die Mutter – und auch ich als unbeteiligte Beobachterin – konnte unschwer eine Beziehung zwischen der Äußerung des Kindes und den Engeln im Schaufenster herstellen, weil in der deutschen Baby- und Ammensprache *piep piep* schon nahezu konventionalisiert für ›Vogel‹ steht und eine Verbindung zwischen Vögeln und Engeln aufgrund der Flügel nahe liegt. Zudem guckte das Kind in das Fenster hinein, das mit seinen festen Begrenzungen den Deutungsrahmen für die Mutter klar absteckte. Obwohl sie nicht wusste, worauf genau das Kind mit seiner Äußerung verwies, waren ihre Deutungsmöglichkeiten also nicht beliebig. Damit war eine Grundlage für die sprachliche Kommunikation zwischen Mutter und Kind gelegt, die – so muss man aus dem, was über Spracherwerbsprozesse bekannt ist, folgern – ausreicht, um ein Gelingen zu ermöglichen.

Bruner beschreibt detailliert, wie Richard und seine Mutter beim gemeinsamen Bilderbuchbetrachten während des gesamten zweiten Lebensjahres des Kindes Bedeutungen »aushandeln« (Bruner 1987, S. 58 ff.). Dabei führt die Mutter, entsprechend den Fähigkeiten des Kindes, zunehmend Differenzierungen ein, ist aber stets bereit, einen Schritt zurückzugehen, wie in dem zitierten Beispiel bei der Frage, ob Mäuse oder Eichhörnchen abgebildet seien.

Mit seiner Analyse macht Bruner deutlich, dass die Aneignung sprachlicher Bedeutungen durch das Kind nicht nur die Dimension der Herstellung von Beziehungen zwischen dem gesprochenen Wort und dem, worauf es referiert, umfasst, sondern dass es in der Tat, wie in dem Triangulationsprozess von Tomasello dargestellt, um eine dreistellige Relation geht: die Gesprächspartner gehören konstitutiv dazu.

Wir dürfen wohl schließen, daß die Meisterung des Bedeutens durch das Kind ebenso sehr von der Bewältigung der Gesprächsregeln abhängt, wie von der individuellen Fähigkeit, Wahrnehmungen mit Lauten und mit in-

neren kognitiven Repräsentationen der Welt zu verknüpfen. Denn wie wir gesehen haben, hat ›Bedeuten‹ nicht nur mit der Beziehung zwischen Zeichen und Bezeichnetem zu tun, sondern auch mit zwischenmenschlichen Strategien zur gegenseitigen Abstimmung der Bezeichnungen. Das Anfangsparadigma für all dies ist die gemeinsame Ausrichtung der Aufmerksamkeit. (Bruner 1987, S. 75)

Wenn es den Kommunikationspartnern gelingt, ihre Aufmerksamkeit auf den gleichen Wirklichkeitsausschnitt zu richten, dann ist damit eine notwendige Voraussetzung für Kommunikation erfüllt. In der frühen Eltern-Kind-Interaktion handeln Partner miteinander, deren Wissen, Fähigkeiten, Wahrnehmungs- und Denkstrukturen extrem unterschiedlich sind und die daher nicht über die gleichen sprachlichen Bedeutungen verfügen können. Das steht aber einem gemeinsamen Handeln und einer Verständigung nicht im Wege.

Unter diesem Aspekt betrachtet, gewinnt die »intuitive elterliche Didaktik« noch einmal ein besonderes Gewicht. Eltern beginnen schon gleich nach der Geburt, das Kind in Interaktionen einzubeziehen, und legen damit vor dem Sprachbeginn Grundlagen für eine ›Gesprächsdidaktik‹, die später weitergeführt wird und zentral für die Sprachentwicklung ist. Dass ein Großteil der frühen Interaktionen in Kommunikationsritualen abläuft, erfüllt eine wichtige Funktion. Damit gestalten Eltern einen überschaubaren Rahmen für die gemeinsame Interaktion, der es ermöglicht, deutlich zu akzentuieren, auf welchen Aspekt des gemeinsamen Handlungskontextes die Aufmerksamkeit jeweils fokussiert wird.

Weder das Kind vor dem Schaufenster noch Lasse fügten ihre sprachlichen Äußerungen in ein Interaktionsritual ein, sondern sie lenkten die Aufmerksamkeit ihrer Eltern auf selbst gewählte Aspekte einer neuen Wahrnehmungssituation. Aber der Bezugsrahmen war in beiden Fällen klar, und aufgrund vorangegangener Interaktionserfahrungen konnten Erwachsene und Kinder gemeinsam über das »Dritte«, den jeweiligen Referenzbereich der kindlichen Äußerungen, miteinander kommunizieren. Ob die Eltern glauben, dass das Kind Flügel, Engel, Reiter, Strand oder andere, für die Erwachsenen als abgegrenzte Wahrnehmungsobjekte vorhandene Einheiten der Realität benennt, das Kind hingegen aber verschiedene, wechselnde Aspekte der Wahrnehmungskomplexe akzentuiert, scheint für eine gelingende Interaktion und die weitere Sprachentwicklung nebensächlich zu sein. Wichtig ist, dass Kinder und Erwachsene durch die gemeinsame Interaktion eine Grundlage für die Entstehung und altersgemäße Veränderung des Bedeutungshandelns schaffen.

Sympraktischer Sprachgebrauch

Die Arm- und Fingergeste des Menschen, der unser Zeigefinger den Namen verdankt, kehrt nachgebildet im ausgestreckten ›Arm‹ der Wegweiser wieder und ist neben dem Sinnbild des Pfeiles ein weit verbreitetes Weg- oder Richtungszeichen. (Bühler 1982, S. 79)

Die sprachbegleitete Zeigegeste des Kindes markiert besonders deutlich den Übergang von der vorsprachlichen zur sprachlichen Kommunikation. In diesem Kapitel wurde bislang herausgearbeitet, wie wichtig es ist, dass Erwachsene und Kind in der gemeinsamen Interaktionssituation ihre Aufmerksamkeit miteinander koordinieren. Lenkung und Teilung der Aufmerksamkeit sind nicht einfach vorhanden, sondern werden in einem Entwicklungsprozess, der auf angeborenen menschlichen Fähigkeiten aufbaut, mit bestimmten Mitteln hergestellt. Eines davon ist die Zeigegeste.

Wenn Kinder, die in einer deutschsprachigen Umgebung aufwachsen, das Zeigen sprachlich begleiten, dann geschieht das meist mit dem Wort *da*. Dieses Wort kann von Kommunikationspartnern nur dann verstanden werden, wenn sie sehen, wohin der Finger zeigt. Denn die Bedeutung des Wortes liegt genau darin, dass es auf einen Ort hinweist, der sprachlich nicht ausgedrückt ist, sondern situativ erschlossen werden muss. Aufgrund dieser Bedeutungseigenschaft nennt man solche Wörter ZEIGWÖRTER oder auch DEIKTISCHE Wörter.

Beim sprechenlernenden und zeigenden Kind, das erst über wenige Wörter verfügt, ist die Geste unbedingt notwendig, damit das Kind sich verständlich machen kann. In diesem Sinne bilden Wort, Geste und situativer Kontext eine Einheit, die durch die gemeinsame Interaktion zwischen dem Kind und seinen jeweiligen Kommunikationspartnern gebildet wird. Der Sprachgebrauch, das Äußern und das Verstehen des Wortes *da* ist Teil der gemeinsamen Handlungspraxis, die verbale und nonverbale Kompontenten enthält. Diese Art des Sprachgebrauchs nennt man SYMPRAKTISCH[14].

Sympraktischer Sprachgebrauch ist nicht an Gesten gebunden. Die oben diskutierte Szene vor dem Schaufenster ist ein Beispiel dafür, wie bestimmte Bedingungen der konkreten Handlungssituation eine Deutung der kindlichen Äußerung ermöglichen, ohne dass das Kind dabei auf etwas zeigt.

Kinder gebrauchen bis zum Ende des Kleinkindalters Sprache ausschließlich sympraktisch. Diese Behauptung soll im Folgenden an einigen Beispielen plausibel gemacht und diskutiert werden.

Bislang wurden nur Äußerungen von Kindern besprochen, die jeweils aus einem Wort bestanden. Das könnte die Vermutung nahe legen, dass sympraktischer Sprachgebrauch an solche rudimentären, noch nicht grammatisch gegliederten Äußerungen gebunden sei. Daher soll als Nächstes ein Beispiel von einem zweijährigen Kind analysiert werden, dessen Äußerung zwar noch deutlich von dem entsprechenden korrekten Satz abweicht, aber eindeutig grammatische Formen enthält und die Struktur eines einfachen deutschen Hauptsatzes aufweist.

Da wa der Taun umpalln, sagt Florian, als er von einem Besuch bei den Großeltern nach Hause kommt. Die Mutter hat keine Schwierigkeiten, den Satz in »korrektes« Deutsch zu transformieren. Aufgrund ihrer Kenntnis seiner Aussprache und seiner Vereinfachungen grammatischer Formen erkennt sie den Satz: *Da war der Zaun umgefallen.* Mit der Vergangenheitsform des Hilfsverbs gibt Florian zu verstehen, dass er über ein zurückliegendes Ereignis spricht. Man kann hier den Ansatz zu einer Erzählung erkennen. Offensichtlich möchte der Junge seiner Mutter ein aufregendes Erlebnis mitteilen und Kern dieses Erlebnisses ist der Einsturz eines Zauns. Diese Analyse des Satzes scheint der zuvor aufgestellten Behauptung, Kleinkinder verwendeten Sprache ausschließlich sympraktisch, zu widersprechen. Denn schließlich spricht Florian über ein vergangenes Geschehen, über eine zurückliegende Handlungssituation, und folglich kann seine Äußerung selbst nicht mit dem Kontext der aktuellen Sprechsituation verflochten sein.

Bei genauerer Betrachtung fällt jedoch auf, dass er seine Äußerung so formuliert, als wäre dieses der Fall, als könnte seine Mutter durch eigene Anschauung oder durch gemeinsames Vorwissen über den Ort, über den er spricht, erschließen, worauf das Wort *da* verweist und welcher Zaun gemeint ist. Diese Voraussetzung war in dem konkreten Fall aber nicht erfüllt. So reagiert die Mutter auf Florians Äußerung, indem sie nachfragt, wo das denn geschehen sei und welchen Zaun er meine. Florian müsste jetzt explizit durch entsprechende Wortwahl wie *in Omas Garten* oder *auf dem Spielplatz* der Mutter die notwendige Information geben. Dazu aber reichen seine sprachlichen und kognitiven Fähigkeiten noch nicht aus. Er wiederholt einfach seine erste Äußerung, bis die Mutter nach mehrmaligen Bemühungen den Verständigungsversuch aufgibt und das Thema wechselt.

Hier liegt also der Fall vor, dass das Kind über eine Situation spricht, die nicht mit der Sprechsituation identisch ist. Es spricht darüber aber so, als sei der Kontext, auf den es sich sprachlich bezieht, aktuell vorhanden, als könne die Mutter das *da* ohne weitere Erläuterungen identifizieren. Das Verhalten von Florian kann man sich in der Weise veranschaulichen, dass er die erlebte Situation als ein inneres Bild vor Augen hat und dass er sich auf die Orte und Gegenstände dieses Bildes bezieht.

Die Mutter kennt aber diesen Kontext nicht, so dass Florian ihr durch entsprechende sprachliche Formulierungen erst ermöglichen müsste, eine Vorstellung davon aufzubauen. Das bedeutet, dass er bei dem Formulierungsvorgang differenzieren müsste zwischen seiner inneren Vorstellung der entsprechenden Situation einerseits und den Wörtern, die er zu deren Darstellung verwendet, andererseits. Er müsste also Sprache und situativen Kontext voneinander trennen. Aber er wiederholt nur den für ihn eindeutigen, weil kontextbezogenen, Wortlaut mehrmals.

Dieses Beispiel zeigt, wie ein Kleinkind einerseits schon dabei ist, die Bindung seines Sprechens an die aktuelle Sprechsituation zu überwinden, indem es über etwas Vergangenes spricht und damit Sprache nicht mehr nur auf präsente Gegenstände und Handlungen bezieht. Andererseits gebraucht es Sprache aber so, dass die Kenntnis des Kontextes, auf den sie sich bezieht, vorausgesetzt wird. Es gelingt ihm noch nicht, Wörter gedanklich von den Gegenständen, Orten und Handlungen, für die sie stehen, abzulösen und in diesem Sinne autonom zu gebrauchen. In seiner Vorstellung verweist das Wort *da* auf den Ort des Geschehens, ist mit ihm verbunden. Daher bleibt sein Sprechen dem sympraktischen Sprachgebrauch verhaftet.

Um Missverständnisse zu vermeiden, sei darauf hingewiesen, dass nicht nur Kinder, sondern auch Erwachsene Sprache sympraktisch gebrauchen. Bühler führt in diesem Zusammenhang als Beispiel den Kaffeehausgast an, der *einen Schwarzen* ordert (Bühler 1982, S. 157). Dass er etwas bestellen möchte, ist durch den Ort und die Rollen des Kellners und des Gastes hinreichend klar und muss nicht sprachlich formuliert werden. Das Gleiche gilt – zumindest in Wien, wo Bühler lebte – dafür, dass mit der Bestellung ein Kaffee gemeint ist. Versprachlicht wird hier nur die Information, die nicht als durch den Situationskontext bereits bekannt vorausgesetzt werden kann. Anders als kleine Kinder verwenden Erwachsene Sprache aber nicht ausschließlich sympraktisch, sondern können sprachliche Äußerungen formulieren, deren Bedeutung nicht nur durch einen Rekurs auf den Kontext der Sprechsituation verständlich ist.

Daher ist anzunehmen, dass Kinder während ihrer Sprachentwicklung die Beschränkung auf den sympraktischen Sprachgebrauch überwinden. Im Vorschulalter vollziehen Kinder in bestimmten Interaktionssituationen wichtige Schritte in diese Richtung.

Spätestens beim Schreiben- und Lesenlernen müssen sie dann den sympraktischen Sprachgebrauch überschreiten können, weil schriftliche Texte ohne Rückgriff auf den Kontext der Schreibsituation aus sich selbst heraus verständlich sein müssen.

Interaktion, Sprache und Kontext in den ersten Lebensjahren

Eine Voraussetzung dafür, dass Kinder die ersten Wörter sprechen können, ist die, dass sie bereits in der vorsprachlichen Entwicklungsphase gelernt haben, ihre Aufmerksamkeit gemeinsam mit einem Kommunikationspartner auf Gegenstände und Vorgänge zu richten. Diese Fähigkeit entsteht im letzten Viertel des ersten Lebensjahrs. Mit der Triangulation, also der gleichzeitigen Beachtung des Partners und eines gemeinsamen Referenzobjekts, erfasst das Kind die Intentionalität und Referentialität sprachlichen Handelns, nämlich dass sprachliche Äußerungen auf Nichtsprachliches verweisen und dass der Sprecher sich in genau dieser Absicht an seinen Interaktionspartner wendet.

Wenn diese Entwicklung stattfindet, verfügt das Kind bereits über monatelange Erfahrungen der Interaktion mit seinen Eltern, da diese gleich nach der Geburt beginnen, den Säugling in Interaktionen einzubinden. Charakteristisch für die frühen Interaktionen ist deren Ritualisierung. Diese erfüllt für die Sprachentwicklung wichtige Funktionen, weil die stereotype Zuordnung sprachlicher Äußerungen zu den nichtsprachlichen Handlungen und Handlungsgegenständen es dem Kind ermöglicht, die referentielle Beziehung zwischen beidem zu erfassen. Indem die Erwachsenen solche Interaktionsrituale einführen, stecken sie einen überschaubaren Rahmen für das gemeinsame Handeln ab, in dem sich das Kind orientieren und auf einen eingegrenzten Ausschnitt seiner Umwelt konzentrieren kann.

Der direkte, augenfällige Verweis sprachlicher Äußerungen auf den situativ gegebenen Kontext ist notwendig, damit das Kind mit dem Sprechen beginnen kann. Auch wenn die sprachlichen Fähigkeiten der Kinder schnell zunehmen und sie schon bald grammatisch strukturierte längere Äußerungen produzieren, bleibt ihr Sprachgebrauch bis zum Ende des Kleinkindalters sympraktisch. Dem entspricht auf der Ebene der Interaktion, dass die Strukturierung des gemeinsamen Handelns bis zu der gleichen Zeit im Wesentlichen von Erwachsenen geleistet wird. Rutter/Durkin (1987) stellten in einer Längsschnittuntersuchung fest, dass Kinder erst im dritten Lebensjahr dazu in der Lage waren, selbstständig, ohne Unterstützung Älterer, den Sprecherwechsel einzuleiten.

Erwachsene kommunizieren mit Säuglingen und Kleinkindern in einer spezifisch auf deren Wahrnehmungs- und Lernmöglichkeiten hin ausgerichteten Art und Weise. Zu den typischen Mitteln dieser elterlichen Didaktik gegenüber Säuglingen gehören das Sprechen in einer höheren Stimmlage und charakteristische Intonationsmuster. Zentral ist das dialogische Prinzip: Bereits mit einem Neugeborenen spricht die Mutter so, als könne das Kind sie verstehen und als handele es sich bei seinen körperlichen Äußerungen um intentionale Kommunikationsbeiträge. Damit wird die Grundlage für den dialogischen Wechsel gelegt, der kennzeichnend für sprachliche Interaktion ist. Darüber hinaus beginnt das Wechselspiel von gegenseitiger Vorgabe und Anpassung, indem die Mutter das Verhalten des Kindes aufnimmt und in Interaktionsmuster integriert, in die sich dann später das Kind aktiv einpasst.

Die beschriebenen Verhaltensweisen werden sowohl von Frauen als auch von Männern praktiziert. Wissenschaftliche Untersuchungen zeigen, dass selbst Erwachsene, die sich vorgenommen haben, mit ihrem Baby »ganz normal« zu sprechen, in der tatsächlichen Kommunikation die charakteristischen Verhaltensweisen realisieren (Papoušek 1994). Gelman/Schatz (1977) stellten fest, dass bereits vierjährige Kinder mit Babies deutlich anders sprachen als mit älteren Kindern und Erwachsenen.

Das Repertoire der frühen elterlichen Didaktik ist so reichhaltig, dass keineswegs jeweils alle Mittel ausgeschöpft werden müssen, um die kindliche Entwicklung zu fördern. Es genügt, wenn einige davon realisiert werden (Papoušek 1994).

Es ist auch plausibel anzunehmen, dass in der Evolution des Menschen solche Verhaltensweisen genetisch verankert wurden, die es ermöglichen, dass sich zwei in ihren Voraussetzungen und Möglichkeiten so unterschiedliche Personen wie ein Neugeborenes und ein Erwachsener aufeinander abstimmen, und so Grundlagen für soziales Lernen schaffen.

Tomasello (2002) hält die der »Neun-Monats-Revolution« zugrundeliegende Fähigkeit des Kindes, andere Menschen und sich selbst als intentional Handelnde zu erkennen, für angeboren; er sieht darin die entscheidende gattungsspezifische genetische Disposition, die Menschen von allen anderen Lebewesen unterscheidet. Diese Fähigkeit ermöglicht Sprache, interaktiven Austausch und das Lernen von anderen. Indem Kinder von Älteren im kommunikativen Austausch lernen, können sie sich kulturelle Produkte und Praktiken, die über Jahrtausende hinweg von früheren Generationen entwickelt worden sind, aneignen: Kein Kind muss heute das Rad, einen Hammer, Zahlen, Schrift oder Computer neu erfinden. All dieses können Kinder durch ihre Fähigkeit, in Interaktion mit anderen zu lernen, voraussetzen und für neue Entdeckungen darauf aufbauen.

Die Sprachanfänge unterstützen

Können die dargestellten wissenschaftlichen Erkenntnisse über die frühe Eltern-Kind-Interaktion und deren Bedeutung für den Spracherwerb zu Empfehlungen für die Unterstützung des Sprachanfangs führen? Oder macht die Feststellung, die Mittel der intuitiven elterlichen Didaktik seien so vielfältig, dass auch bei Fehlen einiger dieser Mittel die Förderung des Kindes gewährleistet sei, Überlegungen dazu überflüssig?

Meines Erachtens ist es gerade angesichts tief greifender Wandlungen der Bedingungen, unter denen Kinder aufwachsen, sehr wohl sinnvoll, sich über die Charakteristika der frühen Interaktionen, die den Spracherwerb strukturieren und stützen, klar zu werden und somit zu wissen, worauf besonders zu achten ist.

Das soll anschaulich durch einen Vergleich des Vorlesens mit dem Kassettenhören verdeutlicht werden. Diese beiden Situationen eignen sich gut für einen Vergleich, weil es dabei oberflächlich betrachtet um das Gleiche geht: Ein(e) Erwachsene(r) liest aus einem Kinderbuch vor und Kinder hören zu.

Das Vorlesen bildet eine überschaubare, deutlich abgegrenzte Handlungssituation, in der Vorleser und Zuhörer aufeinander achten und sich gemeinsam auf die Geschichte konzentrieren. Vorlesen ist nur scheinbar monologisch, denn die Dynamik dieser Handlung ist dialogisch geprägt: Der Zuhörer gibt mimisch, gestisch und verbal Rückmeldungen, an denen sich der Vorlesende orientiert. Er passt seine Mimik, Gestik und Intonation an die aktuelle Situation und die Zuhörer an, was als Unterstützung des Sprachverständnisses gerade bei Klein- und Vorschulkindern von großer Bedeutung ist.

Auch inhaltlich kann über das Gelesene gesprochen werden: Fragen, Vorlieben, Abneigungen und Ängste des Kindes im Zusammenhang mit bestimmten Textpassagen können aufgenommen und integriert werden.

Hörkassetten dagegen werden von professionellen Sprechern besprochen, so dass die phonetische und intonatorische Qualität in der Regel besser sein wird als beim Vorlesen durch ungeschulte Eltern. Es fehlt aber völlig das dialogische Element. Das Kind hat nur den gehörten Text, ohne gestische und mimische Unterstützung, ohne interaktive Rückmeldungen, also insgesamt ohne Anpassung des Sprechens an die konkrete Situation. Die Anforderungen an die Konzentrationsfähigkeit der Zuhörer sind enorm und überfordern gerade kleine Kinder schnell, so dass diese innerlich abschalten, sich ›berieseln‹ lassen und so eher lernen, wegzuhören, als genau hinzuhören.

In diesem Zusammenhang sei an zweierlei erinnert, nämlich zum einen daran, dass schon wenige Wochen alte Säuglinge bei der Sprachwahrnehmung verschiedene sensorische Modalitäten wie die auditive Wahrnehmung des Gesprochenen und die visuelle Wahrnehmung der Artikulationsbewegungen des Sprechers miteinander verbinden können. Beim Vorlesen in der Face-To-Face-Situation besteht im Gegensatz zum Kassettenhören ebenfalls die Möglichkeit derartiger multisensorischer Wahrnehmungen, und es spricht vieles dafür, dass das Sprachverständnis auch von etwas älteren Kindern dadurch unterstützt wird. Zum anderen sei daran erinnert, dass kleine Kinder Sprache sympraktisch verwenden. Das gilt nicht nur für die Sprachproduktion, sondern auch für das Sprachverstehen. Der nonverbale Kontext unterstützt oder ermöglicht erst das Verstehen sprachlicher Äußerungen. Auch dieses fehlt beim Kassettenhören, so dass auch aus diesem Grunde eher das Weg- als das Hinhören eingeübt werden kann.

Mit dieser Gegenüberstellung der beiden Vorlese-Situationen sollen das Kassettenhören oder überhaupt die Nutzung audio-visueller Medien keineswegs verteufelt oder für generell schädlich erklärt werden. Wenn ein Kind in verlässlichen, überschaubaren, seinen Entwicklungsmöglichkeiten angepassten Interaktionen mit anderen aufwächst, so wird sich ein dosiertes Kassettenhören – wenn es denn Vergnügen daran findet – kaum nachteilig auswirken. Problematisch wird es aber dann, wenn Medien die dynamische Interaktion mit konkreten Partnern ersetzen (sollen).

Und schließlich: Das Vorlesen ist eine Situation der intensiven gegenseitigen Zuwendung, die Geborgenheit vermittelt. Kinder lieben Rituale. Alles das, was in diesem Kapitel unter der Perspektive der Funktion für die Sprachentwicklung beschrieben worden ist – Wiederholung und Erweiterung von Handlungen, Verbindung von Sprache, Bewegung, Körperbezug und interaktivem Austausch – macht Spaß und wird von den Kindern eingefordert. Es ist nicht schwer, das Vergnügen zu realisieren.

Kapitel 4 | Das spannende vierte Jahr

Vom Kleinkind zum Vorschulkind

Jetzt werden sie langsam vernünftig. Mit dieser auf einem Spielplatz im Gespräch mit anderen Müttern beiläufig geäußerten Feststellung fasste eine Mutter treffend die Veränderungen zusammen, die sie – wie viele Eltern – an ihrer dreijährigen Tochter wahrnahm. Die Entwicklungspsychologie setzt für diese Zeit den Übergang vom Kleinkind- zum Vorschulalter an, und wenn man sich mit unterschiedlichen Aspekten kindlicher Entwicklung befasst, ist es geradezu verblüffend, wie häufig das vierte Lebensjahr als Jahr des Umbruchs genannt wird. Im Alltag weist ein zunächst äußerliches Datum ebenfalls darauf hin: In Deutschland nehmen viele Kindergärten Kinder ab dem Alter von drei Jahren auf. Das heißt einerseits, dass man die Kinder für fähig und bereit hält, in Gruppen mit anderen Kindern und für einige Zeit ohne ihre vertrauten Bezugspersonen zurechtzukommen; für die Kinder bedeutet das, dass sie einen ersten Schritt aus dem bekannten, mit wenigen anderen Menschen geteilten sozialen Milieu hinausgehen und sich in eine neue Umwelt hineinwagen.

In diesem Kapitel sollen entwicklungsbedingte Veränderungen im vierten Lebensjahr, insoweit sie mit Interaktion, Sprache und sozialer Kognition zusammenhängen, dargestellt werden. Dabei liegt das Ziel hier zunächst in der Beschreibung der beobachteten Veränderungen. Die folgenden Kapitel befassen sich dann jeweils mit einzelnen Aspekten der thematisierten Entwicklungen im Vorschulalter.

Spielen mit anderen, Selbstbeschäftigung und Experimentieren mit Sprache

In den vorangegangenen Kapiteln wurde wiederholt erwähnt, dass Kinder im vierten Lebensjahr mit anderen Kindern zu interagieren beginnen. Besonders deutlich wird das in der Spielentwicklung. Denn es entsteht das Rollenspiel als ein interaktives Spiel zwischen Kindern. Schon Wygotski hat die These vertreten, dass dieser Spieltyp für die Entwicklung im Vorschulalter von besonderer Bedeutung sei (Wygotski 1981). Im 5. Kapitel wird aufgezeigt werden, dass dies gerade auch für die sprachlich-interaktive Entwicklung gilt.

Zunächst sind einige inhaltliche und terminologische Klärungen notwendig. Unter Rollenspiel verstehe ich Spiele, in denen Kinder mit anderen zusammen in Rollen fiktiv, also mit vorgestellten Bedeutungen, handeln. Davon abzugrenzen sind Symbolspiel, Als-Ob-Spiel und Fiktionsspiel; diese drei Bezeichnungen verwende ich als Synonyme. Auch diese Spiele sind durch den Umgang mit fiktiven Bedeutungen charakterisiert, jedoch gehören Interaktivität und Rollenhandeln nicht zu den konstitutiven Merkmalen. Das Rollenspiel ist also eine bestimmte Art des Symbol-, Fiktions- oder Als-Ob-Spiels.

Das Symbolspiel beginnt wesentlich früher als das Rollenspiel. Piaget beschreibt, wie seine Tochter Jaqueline bereits mit 1;3 in erkennbar spielerischer Absicht ein Wäschestück mit ausgefransten Rändern nimmt, das eine gewisse Ähnlichkeit mit ihrem Schlafkissen aufweist, und damit Schlafen simuliert (Piaget 1993, S. 128 ff.). Das Tuch symbolisiert also ihr Schlafkissen, und sie tut so, als ob sie schlafe. Piaget stellt eine enge Beziehung zwischen der Entstehung des Symbolspiels und dem Beginn des Spracherwerbs her. Die Entstehung des Rollenspiels dagegen setzt auch Piaget für das vierte Lebensjahr an (Piaget 1993, S. 179 ff.).

Nach Oerter (1993) erfüllt das sog. Parallelspiel im Übergang vom Kleinkind- zum Vorschulalter eine wichtige Funktion als Vorläufer des Rollenspiels. Im Parallelspiel spielen Kinder nicht miteinander, sondern jedes handelt für sich allein. Aber sie beobachten sich gegenseitig und imitieren die Handlungen des anderen (Oerter 1993, S. 96 ff.). Parallelspiele werden auch später noch gespielt, aber in der genannten Übergangsphase sind sie besonders wichtig, weil die Kinder mit diesen Spielen beginnen, ihr Verhalten mit dem anderer zu koordinieren, indem sie gleichzeitig die gleichen Handlungen ausführen und sich in dieser Weise an einander anpassen. In Andresen (2002, S. 83 ff.) habe ich ein Parallelspiel von zwei Jungen im Alter von 3;4 und 3;11 Jahren detailliert analysiert und mit Rollenspielen verglichen. Dort wird deutlich, dass die Kinder im Parallelspiel ihr Verhalten zwar koordinieren, aber nicht komplementär und miteinander handeln. In dem Beispiel simulieren beide Kinder nebeneinander ein Telefongespräch, beobachten sich gegenseitig und wiederholen die sprachlichen Äußerungen des anderen teilweise wörtlich; sie sprechen aber nicht miteinander, sondern jeder für sich mit derselben vorgestellten Freundin am anderen Ende der Leitung.

Die Dreijährigen, die in die genannte Untersuchung einbezogen wurden, zeigen noch eine andere Art der gegenseitigen Beachtung beim Spielen, ohne dass sie zusammen handeln, indem sie nacheinander die gleichen Handlungen mit den gleichen Gegenständen ausführen.

Festzuhalten ist, dass Kinder im vierten Lebensjahr beginnen, ihr Verhalten an andere Kinder anzupassen und darauf folgend, dann auch miteinander zu handeln.

Eine zweite, ebenfalls besonders auffallende, auf den ersten Blick vielleicht zur Interaktionsentwicklung gegenläufig wirkende Neuerung liegt darin, dass Kinder zunehmend fähig werden, sich allein zu beschäftigen, z. B. etwas mit Lego zu bauen oder zu puzzeln. Beobachtet man sie in solchen Situationen, so wird man feststellen, dass die Kinder dabei häufig mit sich selbst sprechen, indem sie laut darüber nachdenken, wie sie ihre Handlungsziele am besten erreichen, oder sich selbst Anweisungen geben, was als Nächstes zu tun ist. Diese Art von Selbstgesprächen wird in der Entwicklungspsychologie als egozentrisches Sprechen bezeichnet.

Wygotski betrachtet die Entstehung des egozentrischen Sprechens zu Beginn des Vorschulalters als Anfang der intellektuellen Funktion von Sprache. In den 30er Jahren des 20. Jahrhunderts haben sich Wygotski und Piaget in einer berühmt gewordenen wissenschaftlichen Kontroverse miteinander über die Funktion des egozentrischen Sprechens für die kindliche Entwicklung auseinandergesetzt. Darauf wird das 6. Kapitel näher eingehen. Dort soll auch die Frage geklärt werden, ob die Entstehung des egozentrischen Sprechens tatsächlich – wie es den Anschein hat – einer anderen Entwicklungslinie folgt als die Interaktionsentwicklung oder ob beides plausibel unter einen allgemeineren, für das Vorschulalter charakteristischen Veränderungsprozess subsummiert werden könnte.

Eine weitere Veränderung von Kindern im vierten Lebensjahr besteht darin, dass viele der Sprache ein ganz neues Interesse entgegenbringen. Das zeigt sich in kritischen Kommentaren zu einzelnen Wörtern, wie z. B: ›Heuschrecken‹ – warum heißen die mit ›Schreck‹? Die müssen ›Schnecken‹ heißen! Ich hab schon mal gesagt ›Heuschnecken‹. (Weisgerber 1994, S. 89). Das Interesse für Sprache zeigt sich auch im Einfordern oder Anbieten von Worterklärungen, wie z. B. *Die Rumregatta heißt so, weil da die Schiffe immer rumfahren*. Und schließlich manifestiert es sich in Sprachspielen wie z. B. beim Erfinden von Reimen oder bei Umbenennungsspielen, in denen Wortbedeutungen vertauscht werden und das Kind bespielsweise das Wort *Messer* mit der Bedeutung ›Gabel‹, das Wort *Gabel* mit der Bedeutung ›Löffel‹ usw. gebraucht.

Veränderungen im Umgang mit Sprache zeigen sich aber auch im Sprachgebrauch, ohne dass Sprache explizit kommentiert wird. Denn viele Kinder beginnen in dieser Zeit, Wörter, die sie vorher korrekt gebraucht haben, zu ›verballhornen‹, wie z. B. einen Tomahawk als *Tomatenhacker* zu bezeichnen oder die gymnastische Übung Spagat ernsthaft, also nicht in sprachspielerischer Absicht, *Spaghetti* zu nennen.

In diesen Haltungen zu Sprache lassen sich zwei zunächst widersprüchlich erscheinende Tendenzen feststellen. Einige der zitierten Beispiele stehen dafür, dass die Kinder der Sprache grundsätzlich eine durchsichtige Sinnhaftigkeit unterstellen und daher nicht mehr ohne weiteres bereit sind, Wörter wie z. B. Tomahawk, deren Lautungen keine Einsicht in die Bedeutungen zulassen, einfach in ihren Sprachgebrauch zu übernehmen. Stattdessen verändern sie die Wörter so, dass sie von der Bedeutung her durchsichtig und in diesem Sinne – wie Semiotiker und Linguisten sagen – motiviert sind. Manche Kinder betreiben solche Veränderungen derart intensiv, dass man den Eindruck gewinnt, sie jagten einer durchschaubaren Sinnhaftigkeit von Sprache regelrecht hinterher.

Auf der anderen Seite entdecken sie mit solchen Spielen wie dem Umbenennungsspiel aber auch, dass Gegenstände nicht notwendigerweise so benannt werden müssen, wie das Kind es aus der eigenen Sprache kennt, sondern dass die Beziehung zwischen Lautung und Bedeutung willkürlich, d. h. arbiträr, und nur durch den Gebrauch in einer Sprachgemeinschaft entstanden ist. Denn genau dieses Charakteristikum von Sprache nutzen die Kinder aus, wenn sie selbst Lautungen und Bedeutungen neu und nach eigenem Belieben einander zuordnen.

Allerdings könnten beide Tendenzen, die Unterstellung von semantischer Durchsichtigkeit und Motiviertheit einerseits und von ARBITRARITÄT und beliebiger Veränderbarkeit andererseits Ausdruck desselben Entwicklungsprozesses sein. Das Beispiel des kritischen Kommentars von Weisgerbers Tochter zu der Bezeichnung *Heuschrecke* weist m. E. in diese Richtung, dass nämlich beides, die Entdeckung der Arbitrarität von Sprache durch eigenmächtige Umbenennungen und der Wunsch, Wörter sollten von der Bedeutung her durchschaubar und daher gerade nicht beliebig sein, zusammengehören könnte. Denn in beidem kommt zum Ausdruck, dass das Kind merkt, dass Bedeutung und Gebrauch von Wörtern nicht inneren Notwendigkeiten gehorchen und von den Sprechern verändert werden können.

Mit ihren Kommentaren zu Sprache und den Umbenennungsspielen machen Kinder Sprache zum Gegenstand des Denkens und Sprechens. Da das Lesen- und Schreibenlernen ebenfalls Vergegenständlichung von Sprache erfordert, werden Sprachspiele und Reflexionen über Sprache im 9. und 10. Kapitel, die sich im Zusammenhang des Schriftspracherwerbs mit Vergegenständlichung und Bewusstwerdung von Sprache befassen, näher betrachtet.

Eine weitere Art von Sprachspielen ist das Spielen mit Gesprächskonventionen. GESPRÄCHSKONVENTIONEN regeln verbale

Interaktionen. Teilweise werden sie explizit formuliert, wie z. B. mit der Ermahnung »Lass den andern erst ausreden, bevor du selbst zu sprechen beginnst!«. Die meisten Gesprächskonventionen bleiben jedoch implizit. Die Interaktionspartner folgen ihnen, ohne dass sie sich dessen bewusst sind.

Garvey stellte in einer Untersuchung mit Kindern zwischen 2;10 und 5;7 Jahren fest, dass einige Kinderpaare sich damit vergnügten, in spielerischer Absicht gegen bestimmte (implizite) Gesprächskonventionen zu verstoßen. Besonders beliebt war es, die Regel, Widerspruch gegen eine Behauptung begründen zu müssen, außer Kraft zu setzen. Das Spiel bestand darin, dass Behauptungen und deren Verneinungen in schnellem Wechsel aufeinanderfolgten. Ein anderes Spiel bestand in der Verletzung der Regel, dass man Informationsfragen nur zu Sachverhalten stellt, die einem nicht bekannt sind. Die Kinder hatten Spaß daran, eine Folge von Fragen nach Offensichtlichem zu produzieren.

Dass Vorschulkinder mit Gesprächskonventionen spielen, ist aus mehreren Gründen bemerkenswert. Denn Kinder beherrschen erst gegen Ende des Kleinkindalters die grundlegenden Interaktionsregeln selbstständig, so dass sie von der unterstützenden, die Interaktion absichernden Tätigkeit der Erwachsenen unabhängig werden. Dass sie dann schon fast zeitgleich in der Kommunikation mit anderen Kindern spielerisch einzelne Gesprächskonventionen außer Kraft setzen, ohne dass dieses die Kooperation bedroht oder gar zusammenbrechen lässt, ist erstaunlich. Daher werden solche Spiele im 5. Kapitel, das sich mit der Interaktion zwischen Vorschulkindern befasst, näher betrachtet, und zwar vorrangig unter der Frage, welche Mittel die Kinder dabei einsetzen, um die Kooperation abzusichern.

Die bislang beschriebenen Veränderungen während des vierten Lebensjahrs sind im alltäglichen Umgang mit Kindern augenfällig, und Leserinnen und Leser werden die gegebenen Beispiele unschwer durch eigene ergänzen können. Es vollziehen sich mit dem Übergang zum Vorschulalter aber auch Veränderungen, die sich zwar im Verhalten der Kinder manifestieren, die aber vielleicht weniger auffallen und weniger in einzelnen, konkreten Äußerungen und Handlungen greifbar sind. Daher bedarf es der Darstellung wissenschaftlicher Experimente und Analysen, um sie beschreiben zu können.

»Theory of mind«: Meinen, wissen, glauben

Zeigt man einem dreijährigen Kind einen Schwamm, der wie ein Stein aussieht, und fragt es, was das sei, so wird man – nicht verwunderlich – die Antwort *ein Stein* erhalten. Gibt man dem Kind nun den Schwamm in die Hand, so dass es erfahren kann, dass das Aussehen trügt, und stellt die Frage *Ist das wirklich ein Stein oder vielleicht ein Schwamm?*, ergänzt durch eine Frage, ob der Gegenstand wirklich das ist, wonach er aussieht, so wird man feststellen, dass das dreijährige Kind darauf beharrt, dass Aussehen und tatsächliche Identität übereinstimmen, gleichgültig, ob es sich für Stein oder Schwamm entschieden hat. Vierjährige erfassen dagegen, dass Erscheinung und Identität des Gegenstands verschieden sind.

Versuche wie der gerade beschriebene gehören zu einem Zweig der Entwicklungspsychologie, in dem in den letzten Jahren intensiv geforscht worden ist und der auch in deutschsprachigen Arbeiten als »THEORY OF MIND«-Forschung bezeichnet wird, häufig in der Abkürzung ToM-Forschung. Bei Übersetzungen ins Deutsche ist die Terminologie nicht einheitlich; teils wird ToM als »Theorie des Geistes« (Tomasello 2002), teils als »Theorie des Denkens« übersetzt (Astington 2000)[15]. Das Forschungsgebiet befasst sich mit der Entwicklung der Vorstellungen von Kindern über innere Zustände und Vorgänge von Menschen. Der Begriff *Theorie* in ToM bezieht sich auf diese kindlichen Vorstellungen; von der Entwicklung der ToM zu sprechen, meint daher die Entwicklung der kindlichen Vorstellungen und nicht die Entwicklung der wissenschaftlichen Theorie davon.

In diesem Forschungsgebiet werden üblicherweise zwei Typen von Experimenten durchgeführt, nämlich zum einen »Erscheinungs-Wirklichkeits-Aufgaben« (»appearance-reality tasks«), zu denen das beschriebene Beispiel gehört, und zum anderen falsche-Überzeugungs-Aufgaben (»false belief tasks«), für die im Folgenden zwei Beispiele dargestellt werden sollen.

In einer Versuchsanordnung sieht die Versuchsperson, wie ein Kind (Maxie) ein Stück Schokolade in einen Schrank legt, den Raum verlässt und ihn kurz darauf wieder betritt. Während seiner Abwesenheit hat eine andere Person die Süßigkeit an einen anderen Ort gelegt. Die Versuchsperson wird gefragt: *Wo guckt Maxie zuerst nach der Schokolade?* Dreijährige nennen typischerweise den tatsächlichen Ort, an dem die Schokolade liegt, von dem Maxie jedoch nichts wissen kann. Ältere Kinder verstehen hingegen, dass Maxie aus guten Gründen glaubt, dass die Süßigkeit dort liegt, wo er sie selbst hingelegt hat, dass also seine Annahme über einen Sachverhalt anders ist als der Sachverhalt selbst.

In einem anderen Experiment der falschen-Überzeugungs-Aufgaben wird der Versuchsperson eine Smarties-Schachtel (die dem Kind als eine solche bekannt ist) gezeigt und das Kind wird gefragt, was da drin sei. Entsprechend dem Aussehen der Schachtel antworten die Versuchspersonen in der Regel *Smarties*. Dann wird die Schachtel geöffnet, und es stellt sich heraus, dass sie Buntstifte enthält. Die Versuchsperson wird dann gefragt, was ihr Freund wohl in der Schachtel vermuten würde. Dreijährige antworten darauf: *Stifte*. Auch auf die Frage, was es selbst anfangs, vor dem Öffnen der Schachtel, darüber angenommen habe, geben Kinder bis drei Jahren wahrheitswidrig diese Antwort. Allerdings lügen sie dabei nicht, sondern sind tatsächlich davon überzeugt, dieses vorher gesagt zu haben.

Allen drei beschriebenen Reaktionen ist gemeinsam, dass die Dreijährigen nicht dazu in der Lage sind, zwischen »den-Anschein-haben« bzw. »glauben, dass etwas der Fall ist« und dem, was tatsächlich der Fall ist, zu unterscheiden. Sie können nicht erfassen, dass beides gleichzeitig möglich ist, dass also etwas aussehen kann wie ein Stein, in Wirklichkeit aber ein Schwamm ist, oder dass jemand glaubt, ein Gegenstand liege an einem bestimmten Ort, obwohl dieser Gegenstand tatsächlich woanders liegt. In der Vorstellung der bis zu drei Jahre alten Kinder müssen Schein und Sein, müssen Glauben, was sei, und das, was tatsächlich ist, zusammenfallen. Vereinfacht könnte man sagen: sie können den Widerspruch noch nicht denken.

Die jüngeren Kinder erkennen also nicht, dass Annahmen über Tatbestände der Welt von diesen Tatbeständen verschieden sind und auch nicht notwendigerweise mit ihnen übereinstimmen müssen: Die Schokolade liegt in der Schublade; Maxie glaubt aber (zu Recht), dass die Schokolade im Schrank liegt. Wenn Annahmen über die Realität und die Realität selbst einander widersprechen, wird es offensichtlich, dass Menschen auf der Basis von Annahmen oder Vorstellungen über die Realität handeln. Aber menschliches Handeln beruht immer auf inneren, psychischen, Annahmen und Vorstellungen. Denn hätte Maxie gesehen, wie jemand die Schokolade in die Schublade legte, und hätte er entsprechend dieses Wissens später dort nachgeschaut, so hätte er selbstverständlich auch auf der Basis seiner Vorstellung über die Platzierung der Schokolade gehandelt. Der Unterschied zu dem Versuch läge nur darin, dass die innere – oder auch: mentale – Repräsentation mit der Realität übereinstimmt, wohingegen das im Versuch nicht der Fall ist.

Dieses Beispiel, das typisch für die Experimente mit Kindern in der ToM-Forschung ist, könnte die Vorstellung suggerieren, dass mentale Grundlagen von Handlungen stets den Charakter statischer, möglicherweise sogar abbildhafter Repräsentationen von Zuständen und Ereignissen aufweisen.[16] Dass dieses aber eine zu enge Vorstellung ist, kann man sich aufgrund eigener Handlungserfahrungen und eigenen Handlungswissens schnell deutlich machen.

Wenn wir jemanden auf der Straße ansprechen, um nach dem Weg zu fragen, so gehört zu dieser Handlung zweifellos die Absicht, dadurch eine bestimmte Information zu bekommen. Die Handlungsabsicht oder -intention ist ebenso fraglos innerpsychisch, also mental, ohne dass sie aber die Vorstellung oder das Abbild von irgendetwas Außerpsychischem darstellt. Das Beispiel zeigt, dass zu den mentalen Grundlagen von Handlungen neben mentalen Repräsentationen auch mentale Vorgänge gehören.

Darüber hinaus sind Handlungen mit psychischen Zuständen wie beispielsweise Gefühlen verbunden, und diese sind für das Verstehen kommunikativer Handlungen wesentlich. Wenn ein Kind aus der Schule nach Hause kommt und erzählt: *Wir haben heute mit Bruchrechnen angefangen,* so ist es ein großer Unterschied, ob das Kind das freudig-erwartungsvoll, gelangweilt oder ängstlich sagt, und es ist wichtig, dass die Mutter (oder wem auch immer die Neuigkeit mitgeteilt wird) die Gefühlslage erkennt und dementsprechend darauf reagiert.

Zusammenfassend ist also festzuhalten, dass Handlungen auf mentalen Repräsentationen von Sachverhalten und Ereignissen beruhen und mit mentalen Vorgängen und Zuständen verbunden sind.

»Sachverhalte« und »Ereignisse« beziehen sich aber nicht nur auf die physische Welt wie z. B. die Lokalisation einer Tafel Schokolade oder die Konsistenz eines steinähnlichen Schwammes, sondern mentale Vorgänge fallen selbst ebenfalls darunter. Dass Maxie glaubt, die Schokolade liege im Schrank, ist in dem bewussten Experiment eben der Sachverhalt, den es zu erkennen gilt. Genau darum geht es im Zusammenhang der Entwicklung der ToM von Kindern. Die Frage ist, ob bzw. in welchem Alter Kinder antizipieren können, wie andere Menschen auf der Grundlage ihres spezifischen Wissens, ihrer mentalen Voraussetzungen, handeln. Dieses gelingt nur dann, wenn die Kinder wissen, dass Handlungen auf mentalen Grundlagen beruhen und dass diese zwischen Menschen verschieden sein können, dass also der andere nicht unbedingt von den gleichen Voraussetzungen ausgeht wie ich selbst.

Die Frage, in welchem Alter Kinder in entsprechenden Experimenten in der beschriebenen Weise angemessen reagieren, ist in Abhängigkeit von der Komplexität der Anforderungen jeweils unterschiedlich zu beantworten. Jedoch gelangt Nelson (1996) auf der Basis einer sorgfältigen Analyse einschlägiger Arbeiten zu der Aussage, dass sich im vierten Lebensjahr grundlegende Veränderungen in der ToM von Kindern vollziehen.

Der zentrale Unterschied besteht in Folgendem: Vor der Veränderung im vierten Lebensjahr handeln Kinder selbstverständlich auf der Grundlage ihrer mentalen Repräsentationen, Vorgänge und Zustände. Im 3. Kapitel habe ich im Zusammenhang der sog. Neun-Monats-Revolution gesagt, dass Kinder in diesem Alter erfassen, dass ihre Interaktionspartner intentional handeln und dass sie selbst dies in gleicher Weise tun können.

Auch wenn es auf den ersten Blick vielleicht so erscheinen mag, steht diese Behauptung nicht in einem Widerspruch zu den jetzt referierten Ergebnissen der ToM-Forschung. Um diese Behauptung zu begründen, soll noch einmal auf das vorangegangene Kapitel zurückgegangen werden. Im Zusammenhang der Erläuterung intentionalen Handelns wurde die Unterscheidung zwischen Imitation und Nachahmung am Beispiel der Zeigegeste eingeführt. Um die charakteristische Arm- und Fingerhaltung als Geste und nicht einfach nur als eine Körperhaltung zu deuten, ist es notwendig, die Intention des Zeigenden, einen anderen auf etwas aufmerksam machen zu wollen, zu verstehen. Wenn ein Kind die Geste nachahmt, so überträgt es diese Absicht in das eigene, somit intentionale Handeln. Das unterscheidet nachahmendes Handeln von einem bloß äußerlichen Kopieren der Körperhaltung. Wenn das knapp einjährige Kind seine Handlungspartner als intentional Handelnde versteht, so ist dieses Verständnis an den praktischen Vollzug von Handlungen gebunden, an den konkreten, interaktiven Austausch mit den Partnern, in denen es wirksam wird. Das erfordert nicht die darüber hinausgehende Einsicht, dass Menschen auf der Grundlage mentaler Repräsentationen handeln und dass diese, wie auch die Handlungsintentionen, bei verschiedenen Menschen unterschiedlich sein können.

Wenn ein zweijähriges Kind *Mama Saft* sagt in der Absicht, von der Mutter Saft zu bekommen, die Mutter die Äußerung aber missversteht als Hinweis darauf, dass sie selbst Saft trinkt, so bemerkt das Kind selbstverständlich, dass es sein Ziel nicht erreicht, und es wird versuchen, das zu ändern. Das Kind erfasst aber nicht, dass die Mutter die Äußerung falsch verstanden hat, es wird also keine Rückschlüsse auf innere Prozesse der Mutter ziehen. Dass Kinder dieses

Alters beim gemeinsamen Handeln innere Prozesse der Interaktionspartner noch nicht berücksichtigen, wird in einer vielen Eltern bekannten Reaktion deutlich: Fragt man auf die Äußerung eines zweijährigen Kindes nach mit der Bemerkung, dass man sie nicht verstanden habe, so ist die typische Reaktion, dass das Kind seine Äußerung wörtlich, aber lauter als vorher wiederholt. Das verweist darauf, dass es das Problem auf das direkt wahrnehmbare, lautliche Ereignis bezieht und nicht auf mentale Vorgänge.

Die entscheidende Veränderung in der ToM, die sich nach Nelson im vierten Lebensjahr vollzieht, besteht darin, dass die jüngeren Kinder zwar wie alle anderen Menschen auch auf der Basis mentaler Repräsentationen, Vorgänge und Zustände handeln, dass sie aber von dieser Tatsache selbst noch keine Repräsentationen aufgebaut haben. Darauf deutet beispielsweise die oben referierte Beobachtung hin, dass Kleinkinder in den Versuchen zur falschen Überzeugung später wahrheitswidrig behaupten, sie hätten von Anfang an die richtige Vermutung geäußert. Ihnen scheinen ihre eigenen früheren, zwar falschen, aber doch nahe liegenden Antworten nicht mehr verfügbar zu sein, wenn sie erfahren haben, wie die Dinge tatsächlich sind, dass also z. B. Buntstifte und nicht Smarties in der Schachtel sind.

Die älteren Kinder haben dagegen schon Repräsentationen über Repräsentationen aufgebaut, sowohl ihrer eigenen als auch der Handlungspartner. Man kann sich das Verhältnis zwischen den – wie Astington (2000, S. 31 f.) es formuliert – Repräsentationen erster und zweiter Ordnung als Schichtung zweier verschiedener Ebenen vorstellen: Die erste Ebene wird durch mentale Repräsentationen von Sachverhalten und Ereignissen der Welt, sowie durch Intentionen und psychische Zustände, wie beispielsweise Gefühle, gebildet. Die Repräsentationen der zweiten Ebene beziehen sich auf die erste Ebene, sie sind also Repräsentationen der beim Handeln aktivierten Repräsentationen von Sachverhalten und Ereignissen, der Handlungsintentionen und der inneren Zustände der Handelnden.

Auch diese Gedankenfigur soll durch ein Beispiel veranschaulicht werden. Stellen wir uns zwei Kinder im Sandkasten vor und nennen sie Anton und Lisa. Sie bauen zusammen eine Burg und wollen sie mit Antons neuer, bunter Papierfahne schmücken. Als Lisa sie in die Hand nimmt und auf die Burgspitze setzen will, zerreißt die Fahne. Wenn Anton so klein ist, dass er die oben beschriebenen entscheidenden Veränderungen der ToM noch nicht vollzogen hat, dann kann er gewissermaßen nur auf der Ebene 1 agieren und wird dementsprechend Lisa als Handelnde, die die Fahne zerrissen hat, ausmachen und möglicherweise eine Bestrafung einfordern. Wenn die Mutter nun versucht, ihm klar zu machen, dass Lisa das nicht absichtlich, sondern aus Versehen gemacht habe, so wird ihm das gleichgültig sein, weil er nicht auf die Ebene 2 wechseln und Lisas Handlungsintentionen thematisieren kann. Zerrissen ist zerrissen und Lisa hat Schuld! Um zwischen einer absichtlichen und einer versehentlichen Zerstörung zu unterscheiden, müsste er auf der zweiten Ebene agieren und die mentalen Prozesse der ersten Ebene zum Gegenstand machen können.

Die Beispiele, die in diesem Abschnitt für das Handeln auf der Grundlage einer ToM gegeben worden sind, lassen erkennen, dass die Fähigkeit, anderen Menschen mentale Repräsentationen und Vorgänge als Handlungsbasis unterstellen zu können, für die Kommunikation außerordentlich wichtig ist. Kleinen Kindern gegenüber verhält man sich nachsichtig, wenn sie dies bei ihrem Handeln noch nicht berücksichtigen. Aber von Älteren erwartet man das, und ein Verstoß kann nicht nur zu Missverständnissen, sondern darüber hinaus zu nachhaltigen persönlichen Verstimmungen führen. Das bedeutet, dass eine gelingende Entwicklung der ToM außerordentlich wichtig für das psycho-soziale Leben der Heranwachsenden ist.

Für die Veränderungen der ToM im vierten Lebensjahr werden in Abhängigkeit von den jeweils zugrunde gelegten theoretischen Ansätzen verschiedene wissenschaftliche Erklärungen vorgeschlagen (dazu z. B. Astington 2000; Nelson 1996; Tomasello 2002). Mir erscheinen solche Erklärungen am einleuchtendsten und fruchtbarsten, die auf Annahmen über Veränderungen mentaler Repräsentationen in der kindlichen Entwicklung zurückgehen. Daher werden die hier beschriebenen Veränderungen der ToM im 7. Kapitel, das sich mit mentalen Repräsentationen von Sprache befasst, erneut thematisiert.

Kleinkinder und Vorschulkinder im Vergleich

Bis etwa zum Ende des dritten Lebensjahres interagieren Kinder mit Erwachsenen oder deutlich älteren Kindern, die die gemeinsame Interaktion strukturieren. Der Sprachgebrauch der Kinder ist sympraktisch, d. h. die sprachlichen Äußerungen sind verflochten mit nichtsprachlichen Handlungen und verweisen auf den allen Handlungspartnern präsenten nichtsprachlichen Kontext. Interaktionsrituale sind in der frühen Entwicklungsphase von besonderer Bedeutung, weil damit ein überschaubarer, vertrauter Handlungsrahmen abgesteckt wird, der dem Kind die Orientierung erleichtert und den Kontextbezug der sprachlichen Äußerungen deutlich erkennbar werden lässt. Der Ritualisierung entspricht, dass die Kinder vorwiegend mit einigen wenigen, vertrauten Bezugspersonen zusammen handeln.

Im vierten Lebensjahr beginnen Kinder auch mit anderen, gleichaltrigen Kindern zu interagieren, was vermuten lässt, dass sie jetzt selbst dazu in der Lage sind, die Interaktion zu strukturieren. Für ihre soziale Welt bedeutet das, dass sie die vertraute, mit einigen wenigen Bezugspersonen geteilte Handlungssphäre, ein Stück weit überschreiten. Das Kind wird selbstständiger.

Beides – die Hinwendung zu anderen Kindern wie auch die Hinwendung zu größeren sozialen Handlungszusammenhängen – manifestiert sich im Rollenspiel. Denn Rollenspiele werden überwiegend mit anderen Kindern gespielt – dass Erwachsene manchmal einbezogen werden, widerspricht dem nicht –, und in diesen Spielen geht es um das Handeln in gesellschaftlich definierten Rollen: Mutter und Kind, Ärztin und Patient, Feuerwehrleute, Piloten... Die Kinder orientieren sich damit an der Erwachsenenwelt und auf ihre eigene Zukunft hin.

Auch eine andere Entwicklung im vierten Lebensjahr ist mit größer werdender Selbstständigkeit verbunden. Das Kind wird zunehmend fähig, sich allein zu beschäftigen. Sprachlich schlägt sich das in der Entstehung des egozentrischen Sprechens nieder, mit dem das Kind seine eigenen Handlungen strukturiert und steuert. Es kann jetzt allein, z. B. beim Konstruktionsspiel, relativ komplexe Handlungen planen und sukzessive ausführen. Auch darin zeigt sich die wachsende Unabhängigkeit von Erwachsenen, denn Kleinkinder bedürfen auch beim gegenständlichen Handeln der strukturierenden Unterstützung durch Erwachsene.

Mit dem Übergang zum Vorschulalter entwickeln viele Kinder ein Interesse für Sprache. Dabei sind insbesondere zwei Tendenzen zu beobachten: Sie nehmen sprachliche Ausdrücke, z. B. Wörter, nicht mehr einfach nur hin, sondern geben durch Erklärungen, Fragen und Kritik zu erkennen, dass sie an die Begründbarkeit und Durchsichtigkeit von Wörtern glauben. Darüber hinaus beginnen Kinder, mit Sprache zu experimentieren, sie probeweise zu verändern.

Versuchen die Kinder, in Bezug auf Sprache gewissermaßen hinter das an der Oberfläche Wahrnehmbare zu schauen, also darauf, was sich hinter oder in den Wörtern verbergen könnte, so geschieht Vergleichbares in Bezug auf die Handlungen von Menschen. Die ToM-Forschung zeigt, dass Kinder im vierten Lebensjahr zu entdecken beginnen, dass sie selbst und auch die anderen aufgrund von Vorstellungen und Annahmen über die Welt und darüber hinaus mit bestimmten Absichten handeln. Damit entdecken sie, dass hinter äußerlich gleichen Handlungen und Äußerungen ganz Verschiedenes stehen kann und die Handlungen und Äußerungen dementsprechend verschiedene Bedeutungen haben können. So macht es einen Unterschied, ob das Glas versehentlich oder mutwillig zerbrochen wurde, ob der Freund sagt, er glaube oder er wisse, dass morgen der Nikolaus komme.

Alle in diesem Kapitel beschriebenen Veränderungen haben gemeinsam, dass das Kind zunehmend Macht über seine eigenen Handlungen und damit eine gewisse Unabhängigkeit von dem konkreten, gegebenen Kontext der aktuellen Handlungssituation gewinnt. Darin sieht Wygotski die charakteristischen Veränderungen des Vorschulalters, deren Anfänge sich im vierten Lebensjahr vollziehen.

Wie experimentelle Untersuchungen und Beobachtungen belegen, werden die Interessen des Kindes zunehmend nicht mehr allein durch die Situation an sich, sondern durch den Sinn der jeweiligen Situation für das Kind, durch die Bedeutung, die das Kind dieser Situation beimißt, determiniert. Es kommt zu einer ersten, affektiv gefärbten Verallgemeinerung, zu einer Verlagerung und Umschaltung der Interessen.

(...) denn in allen Tätigkeitsformen des Vorschulkindes entsteht ein ganz spezifisches Verhältnis zwischen Denken und Handlung. Das Kind erlangt die Fähigkeit, eine Idee darzustellen, vom Gedanken zur Situation und nicht wie bisher von der Situation zum Gedanken zu gelangen. Gleichgültig ob man die Spiele des Kindes, seine Zeichnungen oder seine Arbeit betrachtet – überall und in allem wird man auf diese ganz neue Beziehung zwischen dem Denken und dem Handeln des Kindes treffen. (Wygotski 1987, S. 263f.)

Kapitel 5 | Kinder entdecken Kinder

Spiel, Interaktion und Sprachgebrauch zwischen drei und sechs Jahren

Die vielleicht auffallendste neue Entwicklung im Übergang zum Vorschulalter ist, dass Kinder mit anderen gleichaltrigen Kindern zu interagieren beginnen. Analysen von Interaktion zwischen Gleichaltrigen sind vor allem deswegen interessant, weil in ihnen das, was die Kinder interaktiv können, besonders deutlich hervorzutreten verspricht. Denn man kann annehmen, dass dort nicht wie in der frühen Erwachsenen-Kind-Interaktion oder der Interaktion mit deutlich älteren Kindern der eine Partner den Hauptbeitrag dazu leistet, dass die Interaktion zustande kommt und aufrecht erhalten bleibt. Das schließt nicht aus, dass lokal Ungleichgewichte zwischen den Handlungsanteilen der jeweiligen Partner herrschen, die sich aber während der gesamten Interaktion ausgleichen.

Dieses Kapitel untersucht die Interaktion zwischen Vorschulkindern. Es beginnt mit dem Rollenspiel, weil Rollenspiele interaktiv sind, zu Beginn des Vorschulalters entstehen und von vielen Forschern übereinstimmend als für diese Entwicklungsphase typische und besonders wichtige Spielform verstanden werden.[17]

Im Zentrum dieser Spiele steht die Erzeugung von Fiktion: Die Kinder handeln in einer vorgestellten Situation; sie übernehmen eine Rolle und deuten Gegenstände und Handlungen im Spiel um. Daher setzt die Analyse bei der Erzeugung fiktiver Bedeutungen an und untersucht, wie Kinder Sprache bei der Erzeugung von Fiktion einsetzen und wie sie das Spiel interaktiv entfalten.

Erzeugung fiktiver Bedeutungen im Rollenspiel

Ingrid (3;10) und Hilde (4;2) spielen in der Puppenecke ihres Kindergartens Mutter und Kind:[18]

Hilde: *Mama ich mache jetzt ein Spiegelei*
Ingrid: *Du kannst ja schon kochen Du bist ja schon so viel größer ich geh mal zum Baby*
Hilde: *Ähp ich bin ja schon sechs*
Ingrid: *Was hast du Kind?*
Hilde: *Jetzt gehst du wohl zum Baby und jetzt schreit das ja?*

Die beiden Mädchen agieren in ihren Rollen; dieser Dialog und die gleichzeitigen nichtsprachlichen Handlungen könnten fast alle auch von einem echten Mutter-Kind-Paar realisiert werden. Allerdings würde eine Mutter nicht unbedingt ein sechsjähriges Kind für »groß« genug halten, um selbst zu kochen. Hier zeigt sich die Kinderperspektive; aus der Sicht einer knapp Vierjährigen ist man mit 6 vielleicht schon fast erwachsen.

Betrachtet man die sprachlichen Formulierungen, so fällt die letzte Äußerung von Hilde auf. Sie wäre in einer Realsituation nicht angemessen und wenig wahrscheinlich. Hilde verlässt hier kurzfristig den Spielrahmen und schlägt außerhalb der Spielhandlung einen nächsten Handlungsschritt vor. Das Wort *wohl* markiert dabei den fiktiven Charakter der Handlung. Solche Markierungen sind typisch für Rollenspiele, andere formelhafte Wendungen, die die gleiche Funktion erfüllen, sind *aus Spaß, nicht in echt*. In einigen Gegenden Deutschlands gebrauchen Kinder dafür auch den Konjunktiv, z. B. *du wärst jetzt der Vater* als Rollenzuweisung. In meinem Material von norddeutschen Kindern kommt dieses jedoch nicht ein Mal vor, was sicherlich damit zusammenhängt, dass in der norddeutschen Umgangssprache der Konjunktiv selten gebraucht wird.

Bevor die sprachlichen Mittel, mit denen Kinder beim Rollenspiel Fiktion erzeugen, näher untersucht werden, soll ein zweiter Ausschnitt aus Hildes und Ingrids Spiel wiedergegeben werden.[19]

H: *Aus Spaß ist der Papa hm wohl gestorben und Pa hm Oma und Opa sind weg . hier Mama*
I: *Oma und Opa sind heute Nacht weggegangen weil die keine Lust mehr haben die mussten einkaufen und geht weit*

H: (...)
I: (...) *Die sind heute krank die sind heute krank die können heut nicht kommen aber da kommt ja bestimmt deine Tante da kommt dann deine Tante gleich*
H: *Ja*
I: *Deine Tante ist da Tante ist da . Maria Maria oh (...)*
H: (...)
I: *Die Tante ist da die Tante von dir (...) Maria ist da Maria ist da sie ist da schon machst mal auf?*
H: *Deng Maria? Ist keiner da*
I: *Ich ruf mal Maria an . aus Spaß ist das wohl unser Telefon . hallo ja also ja Maria kommst du heute ja? Kommst du gleich gut gut tschüß . (...)*
H: (...) *du hast mit dem Bügeleisen gesprochen .*
I: *Was?*
H: *Du hast ja mit dem Bügeleisen gesprochen*
I: *Ja (...) ich kann ja ein Bügeleisen zaubern*

. = Pause

(...) = unverständliche Lautäußerung

Mit der ersten Äußerung *aus Spaß ist der Papa wohl gestorben und Oma und Opa sind weg* bringt Hilde eine neue Spielidee ein, indem sie eine neue Situation entwirft. Die Formulierung *aus Spaß* in dem gegebenen Zusammenhang zeigt deutlich, dass sie nicht die wörtliche Bedeutung des Wortes *Spaß* im Sinn hat, sondern dass sie sie als formelhafte Wendung zur Markierung des fiktiven Charakters der vorgeschlagenen Situation verwendet. In Übereinstimmung damit kommentiert Ingrid diese für Außenstehende doch recht drastisch wirkende Formulierung nicht weiter. Die folgende Äußerung von Hilde *Hier Mama* ist Teil der Spielhandlung; das Mädchen gibt ihrer Partnerin eine Tasse. Sie schafft es also, unmittelbar nacheinander in der Perspektive des vierjährigen Kindes über das Spiel zu sprechen und in der Perspektive ihrer Rolle das Spiel fortzusetzen. Ingrid nimmt dann den Vorschlag auf und spinnt den Faden weiter, indem sie eine Begründung für die Abwesenheit der Großeltern (die einige Zeit vorher in der Gestalt zweier Puppen in das Spiel eingeführt und an den gedeckten Kaffeetisch gesetzt worden waren) gibt und eine Tante erfindet, die kommen wird. Nachdem Hilde diesen Vorschlag mit *ja* akzeptiert hat, gehen beide Mädchen ins Spiel hinein und setzen die vermeintliche Ankunft der Tante in Szene. Der Wechsel auf die Spieleben wird zum einen stimmlich deutlich, indem die Kinder ihre Stimmhöhe leicht verändern. Kinder markieren beim Rollenspiel nicht nur die einzelnen Rollen durch charakteristische Sprechausdrucksweisen, sondern differenzieren damit auch, ob sie innerhalb oder außerhalb des Spiels handeln (Bose 2003, S. 295 ff.). Zum anderen wird der Wechsel auf die Spielebene durch den Inhalt der sprachlichen Formulierungen deutlich.

Hilde erfindet nun in ihrer Spielidentität die Komplikation, dass die Tante entgegen der Ankündigung gar nicht vor der Tür stehe, was Ingrid dadurch aufnimmt und kontert, dass sie Maria anrufen will und dieses auch innerhalb des Spielrahmens sagt. Da in der Spielecke kein Telefon vorhanden ist, nimmt sie ein Kinderbügeleisen in die Hand und deutet es mit *aus Spaß ist das wohl unser Telefon* in ein Telefon um. Die Markierung des fiktiven Charakters der neuen Bedeutung durch *wohl* und *aus Spaß* zeigt, dass sie für die Umdeutung kurzfristig aus dem Spiel hinausgeht und über das Spiel spricht. Danach taucht sie sofort wieder ins Spiel ein und simuliert ein Telefongespräch mit der Tante. Aber Hilde hat offensichtlich die Umdeutung nicht nachvollzogen und sagt in empörtem Ton *du hast mit dem Bügeleisen gesprochen*. Damit bringt sie Ingrid dazu, ihr Handeln zu erklären, was dieser mit der – wie ich finde sehr treffenden – Formulierung *ich kann ja ein Bügeleisen zaubern* auch gelingt.

Gerade diese Entwicklung der Interaktion zeigt deutlich, dass es für Hilde noch nicht selbstverständlich ist, dass Gegenstände für das Spiel umgedeutet werden (können). Ältere Kinder haben solche Probleme bei relativ offensichtlichen Umdeutungen nicht mehr. Für sie würde es ausreichen, ein Bügeleisen ans Ohr zu halten und ein Telefongespräch zu simulieren.

Auf der Grundlage der Analyse einer Vielzahl von Rollenspielen bin ich mir sicher, dass bei jüngeren Vorschulkindern, die gerade erst mit Rollenspielen beginnen, die explizite Umdeutung durch eine sprachliche Äußerung nicht nur für den jeweiligen Spielpartner, sondern auch für das Kind, das die Umdeutung vornimmt, wichtig ist. Auch Ingrid braucht die explizite Formel, um das Bügeleisen zu »verzaubern«. Erst dadurch vollzieht sich in ihrer Vorstellung die Verwandlung in ein Telefon. Demnach hat Sprache also eine zentrale Bedeutung für die Erzeugung von Fiktion im Rollenspiel.

Die Beschreibung der beiden Ausschnitte aus dem Spiel von Hilde und Ingrid zeigt, dass die Kinder zwischen zwei Handlungsebenen hin und her wechseln: innerhalb des Spiels sprechen und handeln sie in ihren Rollen, außerhalb des Spiels sprechen sie in ihrer echten Identität über das Spiel.

Es lassen sich drei verschiedene Funktionen der Äußerungen über das Spiel erkennen: Sie dienen dazu, den fiktiven Charakter der Spielbedeutungen und -handlungen zu markieren, und erleichtern den Kindern somit die Orientierung darüber, ob sie in der realen oder in der vorgestellten Welt agieren. Darüber hinaus planen die Kinder mit diesen Äußerungen außerhalb des Spielrahmens den weiteren Spielverlauf, unter Einschluss der expliziten Verteilung und Übernahme von Rollen (z. B. *Ich bin wohl der Vater und du der Hund*). Selbstverständlich kommt es dabei auch zu Auseinandersetzungen, wenn die Beteiligten unterschiedliche Spielideen und konkurrierende Rollenwünsche haben. Und schließlich erzeugen die Kinder mit diesen Äußerungen fiktive Bedeutungen, wie z. B. bei der Umdeutung des Bügeleisens in ein Telefon.

Meist erfüllt ein und dieselbe Äußerung zwei oder auch drei dieser Funktionen gleichzeitig, wie z. B. die Beschreibung der Situation, dass der Vater gestorben und die Großeltern abwesend seien, mit der eine neue Spielsequenz eingeleitet und geplant wird und gleichzeitig die Orientierung über den fiktiven Charakter der Situation gegeben wird.[20]

Metakommunikation und Spiel

Kommunikation über Kommunikation wird als METAKOMMUNI-KATION bezeichnet. Selbstverständlich ist Metakommunikation auch Kommunikation. Wie im 4. Kapitel im Zusammenhang der Entwicklung der »theory of mind« kann man auch hier mit den Begriffen ›erste‹ und ›zweite‹ Ordnung arbeiten. Kommunikation stellt die Kommunikation erster Ordnung dar und Metakommunikation die Kommunikation zweiter Ordnung; Kommunikation über Metakommunikation wäre dann Kommunikation dritter Ordnung, weil sie sich mit Metakommunikation befasst.

Im Alltag kommt Metakommunikation häufig vor. Äußerungen wie *Wie meinst du das? Sprich lauter! Warum guckst du mich so vorwurfsvoll an?* sind metakommunikativ, weil sie andere kommunikative Handlungen zum Gegenstand haben, die beiden ersten verbale, die dritte nonverbale Handlungen.

Der britische Biologe und Kommunikationsforscher Gregory Bateson hat Mechanismen und Funktionen von Metakommunikation im Alltagshandeln erforscht und mit seinen Veröffentlichungen Impulse auf verschiedene wissenschaftliche Disziplinen ausgeübt.[21] Unter anderem hat er die Funktion von Metakommunikation für Spiel analysiert. Da seine Arbeit grundlegend ist, wird sie im Folgenden kurz referiert, um dann anschließend Metakommunikation beim Rollenspiel und dessen Bedeutung für die Sprachentwicklung zu thematisieren.

Damit stehen wir zwei Besonderheiten des Spiels gegenüber: (a) daß die im Spiel ausgetauschten Mitteilungen oder Signale in gewissem Sinne unwahr oder nicht gemeint sind; und (b) daß das, was mit diesen Signalen bezeichnet wird, nicht existiert. (Bateson 1983, S. 248)

Auf der Ebene des nonverbalen Verhaltens wird beispielsweise bei der spielerischen Simulation eines Schlags durch die Art der Ausführung und die begleitende Körpersprache ausgedrückt: Dieser Schlag ist kein Schlag. Diese Botschaft ist in sich widersprüchlich, also paradox, weil in der Aussage die Existenz von etwas (dem Schlag) vorausgesetzt und gleichzeitig verneint wird. Ein Reiz des Spiels besteht genau darin, dass alle Mitspieler so tun sollen, als ob die Handlungen ernst gemeint wären; gleichzeitig müssen sich aber alle dessen bewusst sein, dass es Spiel ist. Sonst drohen Kommunikationsprobleme.

Bei Rollenspielen von Kindern kann man die Paradoxie sehr gut beobachten. Wie wir an den Beispielen festgestellt haben, markieren die Kinder einerseits deutlich, dass sie fiktiv handeln. Garvey (1978) spricht davon, dass Rollenspiele vor allem an den Stellen des Übergangs von der Realität in das Spiel und umgekehrt geradezu »überladen« mit Markierungen des fiktiven Charakters wirken. Andererseits ist es für spielende Kinder eminent wichtig, dass innerhalb des Spiels so getan wird, als glaubten alle, dass das Rollenhandeln »echt« sei. Sie erfahren es als Kränkung und Zerstörung des Spiels, wenn z. B. die Illusion, dass sie als Feuerwehrleute in einem Feuerwehrauto zu einem Einsatz unterwegs seien, durchbrochen wird, indem sie selbst als Kinder und das Fahrzeug als simpler Pappkarton thematisiert werden.

Mit ihren metakommunikativen Äußerungen grenzen die Kinder offensichtlich Handlungen innerhalb und außerhalb des Spiels deutlich voneinander ab. Außerhalb des Spiels sprechen sie als Kinder über das Spiel und vergewissern sich gegenseitig, dass das Spielhandeln fiktiv ist. Innerhalb des Spielrahmens können sie dann so tun, als ob die fiktiven Bedeutungen real seien. Gleichzeitig klärt die Metakommunikation, wie die einzelnen Gegenstände, Handlungen und Personen im Spiel zu deuten sind, was wichtig ist, damit das Spiel gemeinsam realisiert werden kann. Denn wenn beispielsweise eine Puppe von dem einen Kind als Baby, von dem anderen jedoch als Vater umgedeutet wird, entsteht unweigerlich Konfusion und kooperatives Handeln wird unmöglich. Von kooperativem Handeln aber lebt das Rollenspiel.

Bateson gebraucht für die Beschreibung des Verhältnisses von Metakommunikation über das Spiel zur Kommunikation innerhalb des Spiels das Bild von einem Rahmen und dem umrahmten Bild.

Die Metakommunikation gleicht dem Rahmen, der die Kommunikation, die dem Bild entspricht, als Fiktion charakterisiert. Innerhalb des Rahmens können die Spielenden dann so agieren, als glaubten sie, die Spielbedeutungen seien nicht fiktiv.

Im Computerzeitalter drängt sich das Bild des Fensters im Fenster auf. Man stelle sich eine konkrete Handlungssituation zweier spielender Kinder zu einer bestimmten Zeit, an einem bestimmten Ort, mit bestimmten Gegenständen vor. Denken wir beispielsweise an Hilde und Ingrid in der Puppenecke ihres Kindergartens an einem Wintermorgen in Flensburg. Als Betrachter nehmen wir diese Szene als erstes Fenster wahr. Mit ihren metakommunikativen Äußerungen über die Spielsituation, die festlegen, dass der Vater gestorben und die Großeltern abwesend seien, eröffnen die beiden Mädchen nun ein zweites Fenster, das sie zwischen ihre Handlungen im Spiel und den realen Kontext schieben. Wenn sie im Spiel auf Gegenstände dieses realen Kontextes zurückgreifen, dann tun sie das mit den Bedeutungen, die dem neuen, von ihnen eingeblendeten Fenster zugeordnet sind. Entsprechend dieser bildlichen Vorstellung würde Ingrid mit ihrer expliziten Umdeutung des Bügeleisens zwischen den konkreten Gegenstand und ihr eigenes Handeln also die neue Bedeutung schieben, die im Spiel gelten soll.

Die Umdeutung vollzieht sie sprachlich, durch die Äußerung *aus Spaß ist das wohl unser Telefon*. Das heißt, dass der Rahmen, der zwischen den konkreten Gegenstand und das Handeln im Spiel geschoben wird, sprachlicher Art ist. Das geht mit einer Ablösung des Wortes vom Gegenstand einher. Das Wort hat – um an Ingrids Ausdrucksweise anzuknüpfen – die Kraft, den Gegenstand zu verzaubern. Damit es dieses leisten kann, muss es vom Gegenstand getrennt werden können.

Mit solchen expliziten Umdeutungen vollziehen Kinder zu Beginn des Vorschulalters tief greifende Veränderungen in ihrem Umgang mit Sprache. Denn wie im 3. Kapitel dargestellt, gebrauchen Kleinkinder Sprache sympraktisch, also untrennbar verflochten mit dem nichtsprachlichen Kontext. Der sympraktische Sprachgebrauch hat eine Entsprechung im Sprachdenken von Kleinkindern.

Denn sie betrachten Wörter als Eigenschaften der bezeichneten Gegenstände: So wie ein Ball rund ist, so heißt er auch *Ball*. Das bedeutet, dass in den Vorstellungen von Kleinkindern Wort und Gegnstand untrennbar zusammengehören. In diesem Sinne operieren die Kinder noch nicht mit sprachlichen Zeichen, sondern mit »Wort-Gegenstands-Komplexen« (Wygotski). Dieser Gedanke wird im 7. Kapitel, das sich mit der Entwicklung mentaler Repräsentationen befasst, wieder aufgenommen.

Bei Umdeutungen im Rollenspiel nutzen Kinder Wörter, um Bedeutungen von Gegenständen zu verändern. Die sprachliche Formel verwandelt in ihrer Vorstellung z. B. ein Bügeleisen in ein Telefon. Paradoxerweise gelingt ihnen das zu Beginn ihrer Rollenspielentwicklung gerade deswegen, weil das Denken des Kleinkindes, dass das Wort eine Eigenschaft des Gegenstandes sei, noch nachwirkt. Das Aussprechen des Wortes lässt den Gegenstand in ihrer Vorstellung aufscheinen, genau darin liegt die Zauberkraft. Indem die Kinder die Umdeutungen vollziehen, überwinden sie gleichzeitig dieses frühe Denken, weil sie die Wörter von den Gegenständen ablösen.

Einführung fiktiver Personen in das Spiel

Im 2. Kapitel wurde unter Bezug auf Hickman (2003) berichtet, dass Kinder beim Erzählen beispielsweise handelnde Personen erst ab 7 Jahren angemessen einführen. »Angemessen« heißt in diesem Zusammenhang sowohl für Zuhörer verständlich als auch textlich korrekt: eine bislang noch nicht genannte Person wird also z. B. mit *ein Jogger kam um die Ecke* und nicht mit *der Jogger kam um die Ecke* oder gar nur mit *er* eingeführt. Die Fähigkeit, neue Personen angemessen erstmals zu erwähnen, erfordert vom Sprecher die Fähigkeit, von seinen eigenen Kontextinformationen zu abstrahieren, also z. B. nur selbst zu wissen, wer mit *er* gemeint ist. Vielmehr muss er sich auf die Beziehungen der sprachlichen Ausdrücke im Text konzentrieren können, also die Person durch ein Nomen bezeichnen, bevor das Pronomen gebraucht wird.

Im 2. Kapitel habe ich darauf hingewiesen, dass Kinder im Rollenspiel, anders als in anderen Sprechsituationen, schon mit vier Jahren dazu in der Lage sind, handelnde Personen verständlich und korrekt einzuführen. Diese Aussage soll hier, ausgehend von dem Spiel der beiden Mädchen, belegt und diskutiert werden.

Bevor die Einführung fiktiver Personen beim Rollenspiel näher betrachtet wird, muss kurz darauf eingegangen werden, mit welchen sprachlichen Mitteln generell auf Personen Bezug genommen werden kann. Dafür ist zwischen drei Typen sprachlicher Ausdrücke zu unterscheiden: Eigennamen (z. B. *Maria*), bezeichnende Lexeme (z. B. *Jogger*) und Pronomina (z. B. *er*). Alle drei sind grundsätzlich erweiterbar durch Hinzufügungen, wie z. B. *deine Tante Maria, ein Jogger mit riesigen Füßen* oder *er, den ich übrigens schon von früher kannte*. Die letzte Formulierung ist in gesprochener Sprache allerdings eher selten und bei Vorschulkindern kaum zu erwarten.

Im Zusammenhang unserer Fragestellung ist vor allem wichtig, dass Pronomina auf andere sprachliche Ausdrücke verweisen, z. B. *der Jogger ... er* oder mit Unterstützung durch nonverbale Information direkt auf in der Sprechsituation anwesende Personen zeigen, z. B. *er hat meine Sandburg kaputt gemacht*. Wer gemeint ist, wird dann durch Zeigen mit dem Finger oder durch die Blickrichtung verdeutlicht. Das direkte Zeigen auf den außersprachlichen Kontext ist ein Merkmal des sympraktischen Sprachgebrauchs.

Eine linguistische Analyse zu der Frage, wie Personen ins Rollenspiel eingeführt werden und wie die Kinder sich im weiteren Verlauf der Interaktion auf die bereits eingeführten Personen beziehen, richtet daher besondere Aufmerksamkeit darauf, wie die Ersterwähnung sprachlich formuliert ist und wie die Kinder Personalpronomina gebrauchen. Für die Untersuchung der Sprache von Vorschulkindern ist besonders interessant, ob sie Pronomina weiterhin wie im Kleinkindalter nur deiktisch auf den außersprachlichen Kontext zeigend verwenden oder ob sie sich auf andere sprachliche Ausdrücke beziehen. Wenn das zweite der Fall ist, muss analysiert werden, ob die Verweise korrekt und verständlich sind.

Betrachten wir unter diesen Fragestellungen den Ausschnitt des

Spiels von Hilde und Ingrid. Außer den beiden Kindern und ihren Rollen als Mutter und Tochter, die ganz zu Beginn des Spiels, etwa 15 Minuten vor dem hier zitierten Ausschnitt, geklärt worden sind, werden insgesamt vier Personen thematisiert: *der Papa, Oma und Opa* und *deine Tante*. Von diesen vier imaginären Personen waren zwei, nämlich die Großeltern, vorher schon erwähnt worden, der Vater und die Tante kommen in dieser Spielpassage neu hinzu.

Es wurde bereits angesprochen, dass die Einführung einer neuen Person in einen Text mit dem Gebrauch des bestimmten Artikels *der* nicht angemessen ist, weil dieser voraussetzt, dass die Person bereits vorher erwähnt wurde. Betrachtet man aber den inhaltlichen Zusammenhang, in dem Hilde den Vater einbringt, nämlich ein Mutter-Kind-Spiel, so ist die Formulierung angemessen. Es gibt nur einen Papa für das Kind, und da hier nur zwei Kinder miteinander spielen, kann vorausgesetzt werden, dass der zu diesem Mutter-Kind-Paar gehörende Vater gemeint ist.

Besonders interessant ist die Formulierung *deine Tante*. Sie ist außerhalb des Spielrahmens, auf der Ebene der Metakommunikation, situiert und wird von Ingrid, die die Mutter spielt, an Hilde gerichtet. Diese Formulierung ist deswegen so interessant, weil in ihr zum Ausdruck kommt, dass Ingrid zwischen der Perspektive der Spielmutter und der Perspektive der Spieltochter unterscheidet, denn die Tante der Tochter ist ja nicht gleichzeitig auch die Tante der Mutter. Sowohl nach den Ergebnissen von Hickmann zur Sprachentwicklung von Kindern als auch nach entwicklungspsychologischen Stufenmodellen, beispielsweise dem Modell von Piaget, wäre anderes zu erwarten, nämlich, dass Ingrid nur aus ihrer eigenen Perspektive heraus handelt.[22] Auch diese Formulierung liefert also einen Hinweis darauf, dass Vorschulkinder beim Rollenspiel in der Zone der nächsten Entwicklung handeln.

Betrachtet man den Gebrauch von Personalpronomina durch die beiden Mädchen, so ist offensichtlich, dass die Pronomina sich in eindeutiger Weise auf zuvor genannte Personen beziehen, also korrekt gebraucht werden.

In Andresen (2002) habe ich Rollenspiele mehrerer Kinder unter den hier angesprochenen Fragestellungen analysiert. Durchgängig zeigt sich, dass die Kinder in diesem Handlungskontext Personen angemessen und differenziert einführen und dass dies auch für den Gebrauch von Personalpronomina gilt. Das bestätigt Ergebnisse amerikanischer Untersuchungen (Pellegrini 1982, 1984, 1985 a).

So kommt es vor, dass ein Kind ein Telefonat mit einer abwesenden Person simuliert, mit dieser über die anwesende Spielpartnerin spricht, zwischendurch dann aber auch die Spielpartnerin anredet und ihr Informationen über die Telefonpartnerin gibt (vgl. z. B. Andresen 2002, S. 130 ff.). Dabei wechseln die Personen, auf die sich die Personalpronomina *wir, du, sie* bzw. *er* beziehen, ständig, je nachdem, mit wem das Kind gerade spricht. Schon vierjährige Kinder schaffen es, die Pronomina korrekt und eindeutig zu gebrauchen und somit die Perspektivwechsel, die teilweise in einem vorgestellten Handlungsfeld vorgenommen werden, systematisch zu vollziehen.

Dagegen zeigen die schon mehrfach angesprochenen Untersuchungen von Hickmann (2003), dass Kinder erst ab sieben Jahren Personen zuverlässig angemessen in Texte einführen können. Vorschulkinder handeln im Rollenspiel also sprachlich in der Zone der nächsten Entwicklung und antizipieren Fähigkeiten, die als situationsübergreifende Fähigkeiten erst im beginnenden Schulalter vorhanden sind. Das bedeutet, dass vierjährige Kinder in der gemeinsamen Interaktion ihre Entwicklung gegenseitig fördern können, dass sie dazu also nicht nur auf die Interaktion mit deutlich älteren Personen angewiesen sind.

Dieses Ergebnis ist vor allem deswegen erstaunlich, weil die Kinder in diesem Alter ja gerade erst beginnen, mit anderen Kindern zu interagieren. Daher soll als Nächstes die Struktur der Interaktion beim Rollenspiel betrachtet werden.

Interaktion beim Spiel

Sowohl K. Garvey (1984) als auch I. Bose (2003) haben Rollen- und Konversationsspiele von Vorschulkindern daraufhin untersucht, wie die Kinder den Sprecherwechsel bewältigen. Im 3. Kapitel ist darauf hingewiesen worden, dass die Möglichkeiten zur interaktiven Kooperation zwischen zwei Handlungspartnern in starkem Maße davon abhängen, dass der dialogische Wechsel zwischen Sprechen und Hören gelingt. Es wurde dann im Einzelnen beschrieben, wie Mütter diesen Wechsel schon kurz nach der Geburt anbahnen; darüber hinaus wurde mehrfach darauf hingewiesen, dass Kinder noch bis zum Ende des Kleinkindalters darauf angewiesen sind, dass Erwachsene die Strukturierung vornehmen.

Wenn die Feinabstimmung beim Sprecherwechsel unter Erwachsenen nicht gelingt, so führt das meist zu Irritationen über den jeweiligen Gesprächspartner. Wird zu lange gewartet, entsteht – gerade zwischen nicht miteinander vertrauten Personen – eine als peinlich empfundene Sprechpause, manchmal bis hin zum Eindruck der Kommunikationsverweigerung. Setzt der Hörer dagegen zu schnell ein, wenn der Sprecher seinen Beitrag noch nicht beendet hat, so wird das meist als unhöfliche Unterbrechung, bis hin zum aggressiven Wortabschneiden, verstanden.

Wegen der grundlegenden Bedeutung der Organisation des Sprecherwechsels ist die Frage, wie Vorschulkinder diese bewältigen, für Untersuchungen der Interaktionsentwicklung von besonderem Interesse.

Es lassen sich aufschlussreiche Übereinstimmungen zwischen Boses Untersuchung zu deutschsprachigen und Garveys Untersuchung zu englischsprachigen Kindern feststellen. Nur in 5 bis 6 Prozent der Sprecherwechsel kommt es zu Überlappungen! Bose schlussfolgert:

Die hier beobachteten Vorschulkinder halten sich also an die Konversationsregel ›Es spricht immer nur einer‹. (Bose 2003, S. 208)

Wenn Überlappungen vorkommen, dann können sie entweder Zeichen einer besonders intensiven und kooperativen Interaktion oder einer konflikthaften, konfrontativen Interaktion sein. Allerdings scheint nach Boses Untersuchung die konflikträchtigste und verletzendste Strategie die zu sein, lange Pausen einzulegen und die Äußerung des Partners damit scheinbar zu ignorieren. Darauf werde ich später zurückkommen.

Ein anderes wichtiges Ergebnis ist, dass die beobachteten Kinder den Sprecherwechsel nach den gleichen Mustern organisieren wie Erwachsene und dass dieses schon zu Beginn des Vorschulalters der Fall ist. Das bedeutet, dass mit dem Beginn der Interaktion zwischen gleichaltrigen Kindern der Sprecherwechsel kompetent bewältigt wird. Umgekehrt kann man spekulieren, dass die Kinder erst dann miteinander zu interagieren beginnen, wenn sie die grundlegenden Organisationsprinzipien beherrschen. Diese Erkenntnis ist meines Erachtens keineswegs trivial; denn es wäre auch möglich, dass jüngere Kinder in gemeinsamer Interaktion erst nach und nach einzelne Mittel des Sprecherwechsels einsetzen und erst nach einem längeren Entwicklungsprozess die Organisation wie Erwachsene komplett bewältigen.

Unter diesem Aspekt der Entwicklung von Interaktion zwischen gleichaltrigen Kindern wird nun das Parallelspiel interessant. Im vierten Kapitel ist diese Spielform als Vorläufer des Rollenspiels kurz erwähnt worden.

Charakteristisch für das Parallelspiel ist, dass die Kinder einander beobachten und gleichzeitig die gleichen Handlungen ausführen, dass sie aber nicht miteinander handeln. Nach Oerter (1993) sind Parallelspiele für die kindliche Entwicklung gerade im Übergang zum Vorschulalter besonders wichtig, weil die Kinder ihre Handlungen schon miteinander koordinieren, ohne dass es jedoch zu Kooperation kommt.

In Andresen (2002) ist ein Transkript eines Parallelspiels von zwei Jungen im Alter von 3;4 und 3;11 wiedergegeben. Die beiden sitzen nebeneinander in einer Spielecke, in der sich zwei nicht ans Netz angeschlossene Telefone befinden. Jonathan (3;4) nimmt das eine Telefon in die Hand und beginnt zu wählen. Marius (3;11) nimmt den anderen Apparat und wählt ebenfalls. Marius legt dann seinen Hörer auf, um ihn danach schnell wieder abzunehmen. Jonathan macht es ihm nach. Beide wiederholen diese Handlungen; Marius beginnt mit *Hallo* zu simulieren, dass er mit jemand telefoniert, woraufhin Jonathan Gleiches tut und eine Amanda am anderen Ende der Leitung anspricht. Amanda ist der Name eines gleichaltirgen Mädchens, das beide Jungen kennen und mit dem zusammen Jonathan eineinhalb Stunden zuvor in der gleichen Spielecke gefilmt worden war. Das Spiel entwickelt sich dann folgendermaßen:

J	M
nimmt H auf	nimmt H auf
hallo wer ist da? tüß	
legt H auf	
	wer ist da? da tüß
	legt H auf
lacht	
nimmt H auf *hallo dada*	nimmt H auf
knallt H auf haut auf T	*dada*
	knallt H auf
autschi bautschi	
haut auf T	
	autschi bautschi
	haut auf T

beide lachen

H = Hörer
T = Telefon

Marius wiederholt Jonathans Äußerungen wörtlich und führt die gleichen nonverbalen Handlungen aus wie dieser, zeitlich kurz versetzt. Bei dem simulierten Telefongespräch spielt der Inhalt kaum eine Rolle, vorrangig sind das Aufnehmen und Ablegen des Hörers sowie stereotype Begrüßung und Verabschiedung. Im weiteren Verlauf des Spiels steigern die Jungen das Tempo kontinuierlich, wobei sie sich mit ihren Handlungen zeitlich immer stärker aneinander anpassen, bis sowohl die verbalen als auch die nonverbalen völlig synchron ablaufen. Während des gesamten Spiels wechselt die Initiative, mal imitiert Jonathan Marius, mal geschieht es umgekehrt.

Die Handlungskoordination besteht vor allem in der zeitlichen Anpassung ihrer Handlungen, dem Blickkontakt und darin, dass die Kinder sich gegenseitig ihr Vergnügen durch lautes Lachen und intensive Mimik mitteilen. Vor dem Hintergrund der Ausführungen über die Bedeutung des angemessenen Timings beim Sprecherwechsel für eine gelingende Interaktion verdient die zeitliche Abstimmung der beiden Kinder besondere Beachtung. Diese ›trägt‹ das gemeinsame Spiel und gewährleistet die Fortsetzung der Kommunikation.

Die Jungen koordinieren also ihre Handlungen, sie kooperieren aber nicht miteinander. Kooperation wäre dann gegeben, wenn sie gemeinsam, mit jeweils komplementären Handlungen, ein Thema entwickeln würden. Da jedes Kind über einen Telefonapparat verfügt, sind die Voraussetzungen für ein Spiel, bei dem sie miteinander sprechen, erfüllt. Diese Möglichkeit nutzen sie nicht, sondern simulieren stattdessen jeder für sich, mit einem anderen, vorgestellten Partner zu telefonieren. Dass sie weder kooperativ noch komplementär handeln, wird sprachlich daran deutlich, dass sie sich nicht gegenseitig ansprechen und die vorangegangene Äußerung des Partners inhaltlich weiterführen, sondern lediglich die Äußerung des anderen wiederholen.

Parallelspiel kann vermutlich deswegen eine wichtige Funktion für die Vorbereitung kooperativer Interaktion mit Gleichaltrigen erfüllen, weil die Kinder dabei einen wichtigen Teilaspekt, nämlich die gegenseitige zeitliche Abstimmung, ausprobieren und üben können, ohne auch die inhaltliche Ebene kompetent gestalten zu müssen.

Rollenspiele dagegen leben zentral von komplementärer und kooperativer Interaktion. Die Spielinhalte sind das Wesentliche und werden anders als in der Interaktion zwischen Jonathan und Marius miteinander entwickelt. Die in den verschiedenen Kapiteln abgedruckten Spielausschnitte zeigen exemplarisch, dass die Kinder sowohl innerhalb des Spiels als auch auf der Ebene der Metakommunikation über das Spiel angemessen auf den jeweils vorangegangenen Beitrag des Partners Bezug nehmen. Wenn sie das nicht können, wird Rollenspiel unmöglich. In den Flensburger Videoaufnahmen beginnen erst die Vierjährigen kooperativ zu handeln, und in der gleichen Altersgruppe beginnt auch erst das Rollenspiel. Die Dreijährigen praktizieren dagegen Parallelspiel oder zeitlich versetztes Imitationsspiel.

Innerhalb der Rollenspiele halten sich die Kinder an rollentypische Handlungsmuster; eine Mutter z. B. darf dem Kind etwas verbieten, aber nicht umgekehrt. Wenn Kinder ihre Rollen akzeptiert haben, akzeptieren sie in der Regel auch solche Asymmetrien. Außerhalb des Spiels aber, wenn sie über das Spiel sprechen, handeln sie gleichberechtigt.

Spiel und Ritual

Das parallele Telefonspiel der beiden Jungen weist alle Merkmale ritualisierten Spiels auf, wie Garvey (1978) sie beschrieben hat. Zentral dafür sind schnelle, rhythmische Sprecherwechsel, wobei beide Partner im gleichen Tempo den Turn übernehmen, und Wiederholung und Variation von Handlungen nach bestimmten Mustern (Garvey 1978, S. 133 ff.). Der Ritualcharakter der von Garvey beobachteten Spiele liegt nicht darin, dass – wie in der frühen Eltern-Kind-Interaktion – bestimmte Handlungsfolgen über Monate, manchmal auch über Jahre hinweg wiederholt werden und dem Kind dadurch bekannt sind. Vielmehr entwickeln Kinder im Vorschulalter spontan, auch mit ihnen bislang unbekannten Partnern, ritualisierte Spiele. Deren Ritualcharakter wird durch den Interaktionsrhythmus und die Wiederholungen während der aktuellen Interaktion gebildet.

In Garveys Videoaufnahmen von insgesamt 48 Kindern zwischen 2;10 und 5;7 Jahren finden sich auch Spiele mit Gesprächskonventionen, die meist ritualisiert waren. Einige davon sollen hier näher betrachtet werden, um im Anschluss daran die Frage zu erörtern, welche Funktion Wiederholung und rhythmischer Sprecherwechsel in solchen Spielen für die Kommunikation unter Vorschulkindern haben könnten.

Besonders beliebt war der spielerische Verstoß gegen die Konvention, beim Widerspruch gegen eine Behauptung des Partners diesen Widerspruch begründen zu müssen und nicht einfach nur eine Behauptung dagegenzusetzen. Das ist zum Beispiel der Fall bei einem Dialog zwischen einem Mädchen (3;6) und einem Jungen (3;7):

M: *(...) Nein du bist schon bei den Schlangen*
J: *Nein bin ich nicht*
M: *Du auch*
J: *Nein ich nicht*
(Garvey 1978, S. 134f.)

Dieser Dialog wurde mit insgesamt neun Wechselreden durchgeführt.

Für Spiele mit Gesprächskonventionen ist charakteristisch, dass die Kinder mit ihren rhythmisierten Sprecherwechseln das Grundgerüst dialogischer Interaktion aufrecht erhalten und gegen andere Gesprächsregeln verstoßen. Inhalte scheinen völlig beliebig zu sein. Es geht nicht darum, *was* behauptet und entsprechend verneint wird, sondern es geht darum, *dass* (irgend) etwas behauptet und verneint wird, und dass man dieses miteinander tut. Mit den zeitlich aufeinander abgestimmten dialogischen Wechseln sichern die Kinder den Interaktionsrahmen und zeigen sich gegenseitig Kooperativität an. Spiele, die Normen verletzen, stehen immer in der Gefahr, als ernst gemeint und somit als Zeichen fehlender Kooperationsbereitschaft oder gar Aggressivität missverstanden zu werden. Indem die Kinder grundlegende Strukturelemente dialogischer Interaktion konstant halten, schaffen sie die Möglichkeit, innerhalb dieses festen Rahmens andere, für das Handlungsmuster eigentlich auch konstitutive Elemente auszulassen oder zu verändern, ohne dass dieses zu Kommunikationskonflikten führt.

Selbstverständlich stellt sich die Frage, ob die Kinder die genannten Konventionen tatsächlich spielerisch, also absichtlich, verletzen, oder ob sie sie im Grunde einfach noch nicht beherrschen.

Dann wäre es nicht gerechtfertigt, von Spiel zu sprechen. Garvey setzt sich mit dieser Frage auseinander und führt zwei Argumente für die Einordnung der entsprechenden Interaktionen als Spiel an. Zum einen zeigen die Kinder die für Spiel typischen gestischen, mimischen und lautlichen Begleitsignale, wie z. B. Lachen. Zum anderen hat sie in ihrem Videomaterial Beispiele dafür, dass dieselben Kinder in anderen Zusammenhängen die entsprechenden Konventionen befolgen, also z. B. Widerspruch begründen.

Beide Argumente sind stichhaltig, so dass zusammenfassend festgehalten werden kann, dass Kinder im Vorschulalter spielerisch soziale Konventionen, die sprachliche Interaktion regeln, durchbrechen können. Allerdings gibt die Forschungslage keine Auskunft darüber, ob solche Spiele bei Vorschulkindern weit verbreitet sind, ob sie also ähnlich wie Rollenspiele als alterstypische Spielform gelten können. Das muss hier offen gelassen werden.

Aber selbst dann, wenn Spiele mit Gesprächskonventionen unter Vorschulkindern nicht weit verbreitet sein sollten, ist es sinnvoll, sich mit ihnen zu befassen. Denn dass solche Spiele in diesem Alter überhaupt vorkommen, weckt Erstaunen angesichts der Tatsache, dass die Kinder andere gleichaltrige Kinder als Interaktionspartner gerade erst entdecken und bis vor kurzem bei der Strukturierung von Interaktionen noch auf die Unterstützung von Erwachsenen angewiesen waren. Darüber hinaus tragen Analysen solcher Spiele zur Klärung der Frage bei, welche kommunikativen Mittel Kinder zur Aufrechterhaltung ihrer Kooperation überhaupt einsetzen.

Diese Untersuchung soll jetzt noch erweitert werden durch die Betrachtung zweier Interaktionssituationen, in denen ein Zwillingspaar einmal im Rollenspiel einen Streit inszeniert, ein anderes Mal aber sich ernsthaft streitet. Da hier – anders als in den Spielen mit Gesprächskonventionen – die Inhalte nicht mehr nebensächlich sind, kann die Kooperation zwischen den beiden sowohl auf der Ebene der Interaktionsstrukturen als auch auf der Ebene der inhaltlichen Argumentation analysiert werden.

Gespielter und echter Streit zweier Schwestern

Die Zwillinge Katja und Susann spielen im Alter von 4;0 miteinander Kellnerin und Schulkind, zwei Rollen, die zum festen Repertoire der beiden Schwestern gehören.[23] Im Rahmen des Spiels kommt es zu einem fiktiven Streit, der miteinander gelöst wird. Etwa zehn Minuten nach Beendigung des gespielten Streits kommt es zu einem weiteren Streit, der zwar innerhalb des Spielrahmens entsteht, aber so heftig wird, dass die Kinder aus dem Spiel ausbrechen und ihn als ›echten‹ Streit fortsetzen.

Beide Streitsituationen unterscheiden sich krass voneinander. Beim fiktiven Streit haben die beiden Mädchen jeweils gleiche Handlungsanteile, während beim echten Streit ein zunehmendes Ungleichgewicht entsteht. Die Situation eskaliert nicht zuletzt dadurch, dass Susann, die die Kellnerin spielt, sich der Kommunikation scheinbar entzieht und sich bis zu 30 Sekunden lang Zeit lässt, bis sie nach Beendigung des Redebeitrags von Katja den Turn übernimmt. Während dieser Zeit wendet sie sich ab und befasst sich mit diversen rollentypischen Tätigkeiten. Damit wird der Interaktionsfluss massiv unterbrochen und die demonstrierte Missachtung der Schwester steigert deren Wut nachhaltig.

Das Ungleichgewicht zwischen den beiden Handelnden, das den echten vom fiktiven Streit unterscheidet, zeigt sich auf allen Ebenen der Interaktion. Verbal argumentieren beide in der fiktiven Streit-Situation partnerorientiert und mit Begründungen ihrer jeweiligen Position. Dagegen dominieren in der realen Situation Nein-Doch-Sequenzen (als Vorwurf und Zurückweisung) ohne Begründungen. Das Muster entspricht dem oben zitierten Beispiel Garveys, allerdings mit dem zentralen Unterschied, dass die Kinder ihre Äußerungen ernst meinen.

Der Sprechausdruck der Mädchen markiert in dem gespielten Streit die jeweiligen Rollen, während in der späteren Situation beide Kinder im doppelten Sinne aus der Rolle fallen. Sie zeigen ihren realen Sprechausdruck in emotional-erregter Weise und steigern sich schließlich bis hin zum Schreien und Weinen. Ihre Körperhaltungen sind im ersten Fall entspannt und einander zugewandt, in der zweiten Situation jedoch gespannt, teilweise wendet Susann sich ab, und schließlich eskaliert die Situation sogar zum gegenseitigen Schlagen.

Mit dem bei Garvey abgedruckten Konversationsspiel und den beiden Szenen von Katja und Susann liegen drei Interaktionen zwischen Vorschulkindern vor, in denen die Kinder verbal Auseinandersetzungen austragen. Die Interaktionen weisen eine Reihe von Gemeinsamkeiten und Unterschieden auf, die einander vergleichend gegenübergestellt werden sollen. Dabei wird nur die sprachliche Ebene berücksichtigt; die nonverbale Kommunikation muss hier außen vor bleiben, weil Garvey kaum Angaben darüber macht und somit die Vergleichsgrundlage fehlt. Der Übersichtlichkeit halber gibt Tabelle 1 den Vergleich auf der Grundlage verschiedener Merkmale in einer Matrix wieder.

	Spiel mit Gesprächskonventionen	Rollenspiel Streit	Echter Streit
Spiel	+	+	−
flüssig	+	+	−
rhythmisch	+	−	−
Wiederholungen	+	−	−
inhaltsfokussiert	−	+	+
begründend	−	+	−
partnerbezogen	+	+	−
ausgewogene Sprechanteile			
zeitlich	+	+	−
inhaltlich	+ −	+	−

Die Merkmale müssen kurz erläutert werden. ›Flüssig‹ betrifft den Fortgang der Interaktion, also ob beim Sprecherwechsel oder innerhalb eines Sprecherbeitrags längere Pausen auftreten. ›Rhythmisch‹ bezieht sich auf übereinstimmende Zeittakte beim Sprecherwechsel, wobei die Wechsel wegen der Kürze der Äußerungen relativ schnell aufeinander folgen. ›Wiederholungen‹ meint wörtliche oder leicht variierte Wiederholungen von Äußerungen, die der Partner oder man selbst vorher gemacht hat. ›Inhaltsfokussiert‹ erfasst, ob für die Kinder der Gegenstand der Auseinandersetzung im Zentrum des Interesses steht. ›Begründend‹ hebt auf die Argumentationsstruktur ab, ob nämlich für Behauptungen Begründungen gegeben werden. Mit ›Partnerbezogen‹ ist gemeint, ob die Kinder den vorangegangenen Beitrag des anderen aufnehmen und sich durchgängig mit den eigenen Beiträgen an den Partner wenden. ›Ausgewogene Sprechanteile‹ wird in zeitlicher und inhaltlicher Dimension differenziert. Das erste Merkmal bezieht sich darauf, ob die Sprechanteile zeitlich in etwa übereinstimmen; das zweite Merkmal gibt an, ob beide Kinder inhaltlich vergleichbar argumentieren oder ob beispielsweise das eine Kind versucht, Begründungen zu geben, das andere aber nicht.

Nach der in der Matrix dargestellten Analyse ist das Konversationsspiel flüssig, rhythmisch strukturiert, partnerbezogen und durch Wiederholungen und zeitlich ausgewogene Sprecheranteile charakterisiert. Der Inhalt ist nebensächlich, Begründungen für Behauptungen werden nicht gegeben. Das ist auch zu erwarten, geht es den Kindern nach Garvey doch gerade darum, die Konvention, Widerspruch begründen zu müssen, zu durchbrechen. Das Rollenspiel zwischen Kind und Kellnerin ist ebenfalls flüssig, partnerbezogen und bei den Sprecheranteilen zeitlich und inhaltlich ausgewogen. Anders als das Konversationsspiel ist es weder rhythmisch noch durch Wiederholung strukturiert, aber inhaltsfokussiert; über diesen Inhalt setzen die Kinder sich argumentierend, begründend, auseinander. Der Streit zwischen Katja und Susann ist für fast alle Merkmale negativ markiert. Die einzige Ausnahme davon bildet die Fokussierung auf den Inhalt. Wiederholungen kommen an einer Stelle des Dialogs vor, sind aber nicht charakteristisch für die gesamte Interaktion.

Der Vergleich dieser drei Interaktionen liefert einige interessante Einblicke in die Bedingungen kooperativen Handelns der Kinder.

Der echte Streit hat mit dem gespielten gemeinsam, dass es den

Kindern in beiden Fällen um den Inhalt, den Gegenstand des Streits, geht. Im ersten Fall streiten sie darüber, ob die Kellnerin dem Kind Geld gibt, im zweiten Fall geht es darum, wer eine bestimmte Tasse bekommt. Interessant ist, dass die Kinder im Rollenspiel den Streit sowohl inhaltlich als auch bezogen auf die Interaktionstruktur so inszenieren, dass Kooperation aufrechterhalten bleibt und sie sich schließlich auch einigen können. Sie streiten so, wie man sich streiten sollte Das zeigt, dass sie die entsprechenden Konventionen kennen und ihnen folgen können. Zehn Minuten später gelingt ihnen das nicht mehr, vermutlich deshalb, weil hier das jeweils eigene Interesse an der Tasse so stark ist und ihr Handeln so dominiert, dass es kurzfristig das gemeinsame Interesse am Rollenspiel verdrängt.

Die beiden Dialoge, die von Garvey bzw. Bose als Spiel klassifiziert worden sind, stimmen in den Merkmalen überein, die eine gleichberechtigte, gemeinsame Fortentwicklung der Interaktion erfassen. Sie differieren in der Bedeutung des Streitinhalts für die Interaktion und in den Merkmalen, die für ritualisierte Kommunikation zwischen Kindern charakteristisch sind, nämlich schneller, zeitlich angepasster Sprecherwechsel und Wiederholungen. Das bestätigt die oben aufgestellte These, dass genau diese Mittel beim Konversationsspiel die Kooperativität anzeigen und sicherstellen, weil die inhaltliche Dimension wegen der speziellen Spielintention in diesem Fall wegfällt.

Garvey betont den beobachtbaren Zusammenhang von Ritual, Rhythmus und Wiederholung und vermutet, dass Wiederholung und rhythmische Strukturierung des Verhaltens der Kontrolle dienen.

Kinder genießen Wiederholung augenscheinlich als Selbstzweck, auch wenn sie allein sind, aber in einer intimen sozialen Situation dient Wiederholung als Grundlage und Gerüst für kontinuierliche Interaktion. Inhaltlich ist solche Interaktion relativ anspruchslos. Sie bedarf keiner neuen Themen, Ideen oder Meinungen. In den Ritualen kontrolliert jedes Kind sehr genau das Verhalten des anderen, und diese Regulierung ist aus sich heraus befriedi-

gend – eine Form des Meisterungsspiels, bei dem das, was gemeistert wird, die Kontrolle der eigenen Aktionen und der des Partners ist. Aber diese Erklärungen sind nur Spekulationen; wir wissen nicht, warum Kinder Rituale benutzen, aber wir wissen, daß sie es tun, und wir wissen auch einiges darüber, wie sie es tun. (Garvey 1978. S. 143)

Sprachlich-interaktive Spiele im Vorschulalter

Zusammenfassend kann festgehalten werden:

- Vorschulkinder schaffen es im Spiel, kompetent und selbstständig ihre Interaktion zu strukturieren. Das bedeutet insbesondere, den Sprecherwechsel angemessen zu vollziehen, was die Koordination zahlreicher verbaler und nonverbaler Teilprozesse erfordert. Untersuchungen zur Entwicklung im Säuglings- und Kleinkindalter zeigen, dass die Grundlagen dafür in der frühen Erwachsenen-Kind-Interaktion gelegt werden. Dieser Prozess beginnt bereits in der vorsprachlichen Phase und erfährt mit der »Neun-Monats-Revolution« eine entscheidende Veränderung, weil dadurch Sprache möglich wird. Mit den zunehmenden Fähigkeiten des Kindes geben Erwachsene in der gemeinsamen Interaktion immer mehr Anteile der Strukturierungsarbeit an das Kind ab. Aber die notwendigen komplexen »Feinabstimmungen« bei der sprachlichen Interaktion können Kinder erst gegen Ende des dritten Lebensjahres bewältigen. Untersuchungen zur Entwicklung sprachlichen Handelns, z. B. des Erzählens (vgl. Kapitel 2), zeigen, dass Kinder zunächst Teilkomponenten komplexer Sprachhandlungen – wiederum in der Kommunikation mit Erwachsenen – erwerben. Das Parallelspiel schließlich zeigt, dass Kinder im Übergang zum Vorschulalter sich zunächst beobachtend und nachahmend aneinander anpassen.

- Erstaunlicherweise gibt es Kinder, die bereits zu Beginn des Vorschulalters die für sie neuen Handlungsmöglichkeiten spielerisch verändern, indem sie absichtlich bestimmte, eigentlich verbindliche Konventionen verletzen. Mit dieser vorsichtigen Formulierung wird eine Verallgemeinerung der referierten empirischen Beobachtungen von Garvey vermieden. Denn die Forschungslage lässt es nicht zu, abgesichert zu behaupten, dass Spiele mit Gesprächskonventionen typisch für Vorschulkinder seien. Trotzdem ist eine Analyse der Strukturen von Spielen mit Gesprächskonventionen aufschlussreich. Sie zeigt nämlich, dass die Kinder sich vor allem durch die rhythmische Inszenierung des Sprecherwechsels gegenseitig ihrer Kooperativität vergewissern. Das deutet auf zweierlei hin: Zum einen verweist es darauf, dass sie die schon vorsprachlich etablierten, Vertrauen und Sicherheit gebenden Mittel der frühen Eltern-Kind-Interaktion auch untereinander zur Sicherung der Kommunikation einsetzen. Zum anderen zeigt es, dass Rhythmus als motorisches Organisationsprinzip, das verschiedene Bewegungsvorgänge wie beispielsweise das Sprechen und die Ganzkörpermotorik strukturiert, auch bei solchen Interaktionsspielen eine wichtige Funktion übernimmt. Wahrscheinlich hilft es den Kindern, die verschiedenen motorischen, sensorischen, sprachlichen, kognitiven und emotionalen Komponenten der komplexen Spielsituation zu integrieren. Wiederholung und Rhythmisierung, die charakteristisch für ritualisiertes Spiel sind, schaffen Überschaubarkeit und Sicherheit. In diesem Zusammenhang sei erneut auf die Bedeutung der Formate in der frühen Eltern-Kind-Interaktion hingewiesen, die ebenfalls durch Wiederholung Handlungen vorhersagbar machen. Im Vorgriff auf spätere Kapitel ist anzumerken, dass der silbisch strukturierte Sprechrhythmus für die Anfänge des Lesen- und Schreibenlernens von Bedeutung ist.

– Im Rollenspiel, das zu Beginn des Vorschulalters entsteht, bemühen sich die Kinder, rollenkonform Handlungs- und Gesprächskonventionen zu befolgen. Das betrifft die inhaltliche Ebene, wie beispielsweise im Spiel von Hilde und Ingrid, als der mögliche Verstoß gegen rollenangemessenes Handeln der ›Tochter‹ von der Mutter ausdrücklich mit dem Hinweis auf deren Alter akzeptiert wird. Das betrifft aber auch die typischen Sprechweisen z. B. von gespielten Kindern, Männern und Frauen (Bose 2003); und es betrifft strukturelle Aspekte rollenspezifischer Interaktionsmuster, wie z. B. komplementäre Handlungen von Arzt und Patient. Anders als bei den Spielen mit Gesprächskonventionen kann es entwicklungspsychologisch als gesichert gelten, dass Rollenspiele für Vorschulkinder typische Spiele sind. Untersuchungen zu unterschiedlichen Zeiten und in unterschiedlichen Kulturen zeigen das (Wygotski 1981; Elkonin 1980; Schwartzman 1978; Oerter 1993).

– Im Zentrum von Rollenspielen steht die Erzeugung von Fiktion: Sprache fungiert dabei als zentrales Mittel. Durch metakommunikative Äußerungen grenzen die Kinder Fiktion und Realität voneinander ab, nehmen Umdeutungen vor und planen die Spielhandlung. Linguistische Analysen zeigen, dass Kinder im Rollenspiel sprachlich in der Zone der nächsten Entwicklung (ZNE) handeln und dass sich ihr Sprachgebrauch in diesen Spielen grundlegend vom Sprachgebrauch im Kleinkindalter unterscheidet. Sie überwinden damit die Beschränkung auf das sympraktische Sprachhandeln und sie müssen es auch überwinden, um gemeinsam, interaktiv, mit vorgestellten Bedeutungen umgehen zu können. Denn mit den expliziten Umdeutungen schaffen sie für ihr Handeln innerhalb des Spiels einen Rahmen, der sprachlich konstituiert wird und festlegt, welche Bedeutungen die Handlungen, Gegenstände und Personen im Spiel repräsentieren sollen. Gleichzeitig überwinden sie damit die Vorstellung von Kleinkindern, dass Wörter Eigenschaften von Gegenständen und daher untrennbar mit diesen verbunden seien.

Sowohl die Spiele mit Gesprächskonventionen als auch die Rollenspiele zeigen, dass Vorschulkinder in der Lage sind, Handlungsstrukturen und Handlungsnormen aus ihren Erfahrungen ›herauszufiltern‹. Denn sonst wäre ihnen weder die gezielte, in spielerischer Absicht vollzogene Verletzung einzelner Handlungskonventionen möglich, noch die Realisierung rollentypischen Handelns. Dass Kinder schon früh zu weitgehenden Abstraktionsleistungen fähig sind, indem sie komplexe Erfahrungssituationen strukturiert wahrnehmen und dieses in eigene Handlungen umsetzen, ist bereits für das Säuglingsalter durch entsprechende Untersuchungen gut belegt (Bruner 1987, Papoušek 1994, Stern 2003). Im Zusammenhang mit Rollenspielen im Vorschulalter wirft die angesprochene Beobachtung die Frage auf, wie sich im Rollenspiel Nachahmung von Realhandlungen und Neuschöpfung im fantasievollen Handlungsentwurf zueinander verhalten.

Nachahmung und Neuschöpfung im Rollenspiel

Viele Erwachsene sehen in Rollenspielen von Kindern vor allem die Nachahmung bestimmter Personen. Es gibt auch Wissenschaftler, die diesen Aspekt des Rollenspiels betonen. Und in der Tat: Wird man Zeuge von Rollenspielen zwischen Kindern, deren Erfahrungsumfeld man kennt, so registriert man oft verblüfft, wie genau Tonfall oder Ausdrucksweisen bestimmter Personen in den Spielen wiederzuerkennen sind. Für die Bedeutung der Nachahmung spricht auch die Tatsache, dass jüngere Vorschulkinder besonders häufig Familienspiele – z. B. Mutter und Kind – inszenieren und damit an ihre realen sozialen Erfahrungen anknüpfen (Garvey 1978; Andresen 2002).

Gegen die Dominanz der Nachahmung in Rollenspielen sprechen aber einige andere Beobachtungen. Unter den Zwillingspaaren, deren Spiele Bose untersucht hat, ist ein Mädchenpaar, zu dessen festem Rolleninventar ein Ehepaar (Annikja und Andree) gehört. Bose hat das Gesprächsverhalten und die Sprechausdrucksweisen der beiden Rollenfiguren untersucht und mit Analysen typisch männlichen und typisch weiblichen Kommunikationsverhaltens von Erwachsenen verglichen. Es zeigt sich, dass die beiden Kinder verblüffend genau Geschlechterstereotype treffen. Streckenweise wirken die Dialoge des ›Ehepaars‹ wie von Loriot verfasste Gespräche zwischen Eheleuten, in denen karikierend bestimmte Kennzeichen des weiblichen und des männlichen Parts herauskristallisiert werden. Es ist höchst unwahrscheinlich, dass diese Typisierung als Nachahmung real erlebter Dialoge entstanden ist. Vielmehr akzentuieren und überzeichnen sie – auf der Basis ihrer Erfahrungen – bestimmte, kontrastierende Verhaltensweisen von Männern und Frauen, was über Nachahmung weit hinausgeht.

Die beiden Mädchen, die diese Szenen spielen, sind schon sechseinhalb Jahre alt, haben das Vorschulalter also gerade hinter sich. Aber Analysen von Rollenspielen zeigen, dass auch jüngere Kinder nicht vorrangig bestimmte Personen imitieren, sondern vielmehr ihre Vorstellungen über das typische Handeln eines Vaters, einer Ärztin oder eines Kindes umsetzen. Das zeigt sich nicht zuletzt in der Anrede innerhalb des Spiels: Als Eheleute reden sie sich nicht selten mit *Mann* und *Frau* an, Hunde werden häufig *Hund* oder *Hundi* genannt, Kinder *Kind* oder *Kindi*. In der Realität sind solche Anreden eher selten. Besonders deutlich wird die typisierende Darstellung, wenn Kinder-Rollen gespielt werden. Die Kinder verkörpern niemals sich selbst, sondern die Rolle ›Kind‹ mit den Handlungsregeln, die die Spielenden für charakteristisch halten. Wygotski sagt in diesem Zusammenhang, dass zwei Schwestern, die Schwestern spielen, so handeln, wie in ihrer Vorstellung Schwestern handeln (sollten) und nicht wie sie selbst sich in der entsprechenden Situation verhalten würden. Die Beispiele des gespielten und des echten Streits zeigen das deutlich.

Dass Rollen mit Typisierung und Abstraktion von realen Erfahrungen verbunden sind, erklärt Wygotski mit folgenden Worten:

Das Wesen des Spiels besteht darin, daß es die Erfüllung von Wünschen ist, jedoch nicht von einzelnen Wünschen, sondern von verallgemeinerten Affekten. Das Kind wird sich in diesem Alter seiner Beziehungen zu Erwachsenen bewußt, es reagiert auf sie affektiv, jedoch verallgemeinert es im Unterschied zum frühen Kindesalter diese affektiven Reaktionen (ihm imponiert z. B. die Autorität des Erwachsenen überhaupt usw.). (Wygotski 1981, S. 132)

Das verweist wie andere, bereits genannte Kennzeichen des Rollenspiels darauf, dass Vorschulkinder sich im Gegensatz zu Kleinkindern, die im Wesentlichen mit einigen wenigen vertrauten Personen umgehen, weiteren sozialen Räumen mit komplexeren Handlungskonstellationen zuwenden.

Kinder knüpfen im Rollenspiel an ihre konkreten Erfahrungen an und orientieren sich bei der Spielgestaltung an ihnen bekannten Personen. Aber der Kern des Spiels liegt nicht im Nachahmen von Bekanntem, sondern im Erobern von Neuem.

Betrachtet man einzelne Spielhandlungen genauer, so wird dies schnell deutlich. Nicht selten spielen die Kinder gefährliche Situationen, die für sie vermutlich angstbesetzt sind und sie deswegen beschäftigen, die sie aber kaum selbst erlebt haben dürften. Und sehr häufig wird die Grenze zum Fantastischen und Unwahrscheinlichen überschritten, wobei die neuen Wendungen völlig selbstverständlich in Handlungen eingebaut werden, die recht realitätsnah sind. Beispielsweise reagiert die fünfjährige Barbara als Mutter auf ein von dem gleichaltrigen Peter in der Baby-Rolle gelegtes imaginäres Feuer, indem sie imaginäres Wasser in ihrer Einkaufstasche entdeckt und damit löscht. Zwei sechjährige Jungen kommen während ihres Mann-und-Frau-Spiels auf die Idee, sich gegenseitig im Backofen zu braten. Die Beispielliste ließe sich mühelos fortsetzen.

Die Überlegungen zum Verhältnis von Nachahmung und Neuschöpfung im Rollenspiel führen zu der Frage, worin das zentrale Motiv für die Entstehung von Rollenspielen zu Beginn des Vorschulalters liegt. Diese Frage wird uns auch in den folgenden Kapiteln noch beschäftigen. Auf der Grundlage des bisher Erarbeiteten kann jetzt aber schon eine erste Antwort gegeben werden. Dabei stütze ich mich wieder auf Wygotski.

In dem abgedruckten Zitat spricht Wygotski von verallgemeinerten Affekten bzw. Wünschen. Um die alterstypische Entwicklung von Vorschulkindern zu verstehen, ist wieder ein Vergleich zu Kleinkindern nützlich. Die Wünsche von Kleinkindern richten sich auf Elemente der aktuellen Handlungssituation, also z. B. ein Eis zu bekommen, nicht schlafen gehen zu wollen und Ähnliches. Solche Wünsche zielen auf sofortige Erfüllung und können auch nicht aufgeschoben werden. Selbstverständlich haben auch Vorschulkinder (und Erwachsene) nach wie vor solche konkreten Wünsche; aber im Vorschulalter entsteht eine neue Kategorie von Wünschen, die mit der von Wygotski thematisierten Fähigkeit zur zunehmenden Verallgemeinerung zusammenhängt. Denn das Kind möchte nun nicht mehr nur einzelne Handlungen ausführen oder einzelne Gegenstände bekommen, sondern es möchte handeln wie ein Arzt, eine Mutter, eine Reitlehrerin. Es ist völlig klar, dass solche Wünsche nicht nur nicht sofort, sondern auch in absehbarer Zeit nicht erfüllt werden können. Es entsteht also ein Spannungsverhältnis zwischen Wunsch und Wirklichkeit. Aber anders als das Kleinkind, das bei Nichterfüllung seiner auf die gegenwärtige Handlungssituation gerichteten Wünsche wütend oder frustriert reagiert, ist das Vorschulkind nicht mehr nur auf die sofortige Einlösung der Wünsche angewiesen, um handeln zu können.

Vorschulkinder lösen das angesprochene Spannungsverhältnis durch die Erzeugung von Fiktion: Sie transformieren ihre Wünsche in Rollenspiele. Nach Wygotski entsteht die Fantasie während des Spielens; sie ist nicht etwa vorgängig da und wird dann im Spiel ausagiert, sondern aus dem starken affektiven Bedürfnis, die Beschränkungen des kindlichen Daseins aufzuheben und wie Erwachsene zu handeln, entsteht das Spiel. Die Fiktion wird dann gemeinsam mit anderen Kindern während des Spiels erzeugt und weiterentwickelt.

Dieser Gedanke Wygotskis, dass nämlich die Motivation zum Rollenspiel auf einem starken emotionalen Bedürfnis beruht, welches die spielenden Kinder miteinander teilen, und dass dieses Bedürfnis eine enorm wirksame Antriebskraft für die Gestaltung des Spiels und die Erzeugung von Fiktion bildet, liefert meines Erachtens den Schlüssel für ein Verstehen der Bedeutung von Rollenspielen für die kindliche Entwicklung.

Das Bedürfnis, in vorgestellten Rollen mit umgedeuteten Gegenständen in fiktiven Situationen zu handeln, führt dazu, dass der Handlungskontext nicht mehr als gegeben und bekannt vorausgesetzt werden kann. Also müssen die Kinder miteinander über die neuen Bedeutungen kommunizieren. Mit den sprachlichen Umdeutungen trennen sie Wörter und Gegenstände von einander. Auf diese Weise überwinden sie im Spiel den sympraktischen Sprachgebrauch. Vermutlich ist die gemeinsame, starke Motivation zum Rollenspiel auch dafür verantwortlich, dass Kinder schon zu Beginn des Vorschulalters die komplexen Anforderungen, die das Spiel sprachlich und kognitiv an sie stellt, in der Interaktion mit Gleichaltrigen überhaupt bewältigen können.

Es wurde festgestellt, dass Vorschulkinder beispielsweise mit der korrekten sprachlichen Einführung neuer Personen bzw. Rollen in das Spiel und dem korrekten Gebrauch von Personalpronomina den sprachlichen Fähigkeiten, die sie in anderen Situationen zeigen, um einige Jahre voraus sind, also in der Zone der nächsten Entwicklung (ZNE) handeln. Die Notwendigkeit, sprachlich explizit Bedeutungen zu klären, resultiert aus dem Bedürfnis zum fiktiven Handeln. Also ist letztlich die emotionale Motivation zum Spiel eine Triebkraft für die Sprachentwicklung im Vorschulalter.

Kapitel 6 | Die eigenen Handlungen steuern

Egozentrisches Sprechen
und Metakommunikation beim Spiel

In der Zusammenfassung am Ende des 4. Kapitels wurde als das Gemeinsame der Veränderungen, die sich im vierten Lebensjahr vollziehen, festgestellt, dass die Kinder zunehmend Macht über die eigenen Handlungen gewinnen, indem sie eine gewisse Unabhängigkeit vom konkreten, gegebenen Kontext der aktuellen Handlungssituation erlangen. Die Veränderungen in dieser Zeit bilden die Grundlage für die weitere Entwicklung während der Vorschuljahre, die wiederum Voraussetzungen für das Schulalter schafft.

Dieses Kapitel befasst sich mit Entwicklungen während des Vorschulalters. Zunächst werden Veränderungen des Rollenspiels zwischen vier und sechs Jahren dargestellt. Danach wird der Blick auf das egozentrische Sprechen gerichtet, mit dem das Kind seine eigenen Handlungen, z. B. im Konstruktionsspiel, steuert. Beide Entwicklungen scheinen zunächst wenig miteinander zu tun zu haben, weil Rollenspiel interaktiv, egozentrisches Sprechen aber monologisch ist. Jedoch lohnt sich ein Vergleich. Denn beide Entwicklungslinien zusammengenommen gewähren Einblicke in die Entstehung sprachlicher und kognitiver Fähigkeiten, die charakteristisch für das Vorschulalter sind und Fundamente für das schulische Lernen, gerade auch für den Schriftspracherwerb, legen können.

Veränderungen des Rollenspiels im Vorschulalter

Zuerst soll das Handeln mit Gegenständen beim Rollenspiel betrachtet werden (Garvey 1978; Elkonin 1980; Andresen 2002). Zu Beginn des Vorschulalters verwenden Kinder auch im Spiel Gegenstände tendenziell eher in ihrer realen Funktion. Thematisches Spielzeug wie Puppengeschirr oder Arztkoffer für Kinder leisten

Entsprechendes. Es folgt dann eine Zeit, in der die Kinder Gegenstände umdeuten und nach ihren Wünschen und Bedürfnissen im Spiel einsetzen, wie es beispielsweise Ingrid mit dem zum Telefon umgedeuteten Bügeleisen tut. Zum Ende des Vorschulalters geht gegenständliches Handeln im Rollenspiel zurück, die Spiele werden stärker personenorientiert und Umdeutungen weichen weiter als vorher von den realen Gebrauchsfunktionen der Gegenstände ab.

Als Nächstes werden Rollen betrachtet. Die beobachteten Veränderungen sollen exemplarisch an den in Andresen (2002, S. 144 ff.) veröffentlichten Ergebnissen aufgezeigt werden.

In dem dort analysierten Videomaterial spielen die Dreijährigen überhaupt noch keine Rollenspiele. Wie im vorangegangenen Kapitel dargestellt, kooperieren sie nicht miteinander, sondern realisieren Parallelspiele oder zeitlich versetzte Imitationsspiele. Zur Übernahme von Rollen kommt es dabei nicht. Zwar handeln die Dreijährigen teilweise fiktiv, wie z. B. Marius und Jonathan in dem beschriebenen Parallelspiel, in dem sie ein Telefongespräch mit einer dritten Person simulieren. Aber das fiktive Handeln der dreijährigen Kinderpaare ist stark an die vorhandenen Gegenstände und deren reale Funktionen gebunden: Ein Telefon regt zu einem vorgestellten Telefonat an, ein Kochtopf zum fiktiven Kochen. Es gibt keine Anzeichen dafür, dass die Kleinen sich dabei aus der gegebenen Situation herausfantasieren. All dem entsprechend kommt es auch nicht zu expliziter Metakommunikation über fiktive Bedeutungen.

In dem Flensburger Untersuchungsmaterial beginnen sowohl kooperatives Handeln zwischen den Kindern als auch explizite Metakommunikation mit dem Rollenspiel. Mehrere Untersuchungen zeigen, dass jüngere Vorschulkinder am häufigsten Familienrollen wie Mutter und Kind übernehmen und sich das Repertoire mit zunehmendem Alter erweitert (Garvey 1978; Andresen 2002). Allerdings tauchen auch Arzt-Patienten-Konstellationen früh auf. Sowohl die Familienrollen als auch die Arzt-Patienten-Rollen sind dadurch charakterisiert, dass sie jeweils einander zugeordnet sind –

eine Mutter ist man nur, wenn man ein Kind hat – und dass die typischen Handlungsmuster stark kontrastieren. Das erleichtert den Kindern vermutlich die Entwicklung der Spielhandlung und die Einhaltung der rollentypischen Handlungsregeln.

Für die Vier- bis Sechsjährigen wurde in der Flensburger Untersuchung gemessen, wie lang die spielenden Kinder klar erkennbar innerhalb bestimmter Rollen agieren und wie lang sie zwar fiktiv, aber nicht innerhalb explizit festgelegter Rollen handeln. Es stellte sich heraus, dass bei den Sechsjährigen zwar nicht das fiktive Handeln, wohl aber das Rollenhandeln zurückgeht. Die vier- und fünfjährigen Kinder agieren dagegen etwa doppelt so lange in klar markierten Rollen, verglichen mit fiktivem, aber nicht rollenspezifischem Handeln. Bei den Sechsjährigen dreht sich das Verhältnis genau um, sie handeln doppelt so lange fiktiv ohne angegebene Rollenidentität wie innerhalb von Rollen. Dabei realisieren sie durchaus komplexe und lang anhaltende fiktive Spiele. Beispielsweise entwickeln zwei sechsjährige Jungen während der gesamten Videoaufnahme von ca. 30 Minuten ein Spiel, in dem sie gemeinsam als Gastgeber für eine Geburtstagsparty fungieren, mit telefonischen Einladungen von Gästen, Vorbereitungsarbeiten wie Kuchenbacken und Tischdecken, Empfang und Bewirtung imaginärer Gäste. Aber weder übernehmen sie explizit Rollen noch sprechen sie sich mit Rollennamen an. Für Betrachter des Spiels bleibt offen, ob sie ein Ehepaar, zwei Freunde oder ganz andere Personen darstellen. Diese Unbestimmtheit hindert die beiden aber nicht daran, zu kooperieren, die Spielhandlung gemeinsam zu entwickeln und mit fiktiven Bedeutungen umzugehen.

Ebenso wenig wie sie explizit bestimmte Rollen übernehmen, deuten sie explizit Gegenstände um oder planen außerhalb der Spielhandlung den weiteren Verlauf des Spiels. Damit ist eine dritte Veränderung der Rollenspiele angesprochen: Explizite Metakommunikation über das Spiel geht zum Ende des Vorschulalters zurück (Auwärter 1983, 1986; Sachs u. a. 1984; Andresen 2002).

Im 5. Kapitel wurde festgestellt, dass die Spiele jüngerer Vorschulkinder mit Markierungen des fiktiven Charakters des Spielgeschehens teilweise geradezu überladen wirken. Das ist bei den Sechsjährigen, die an unserer Untersuchung teilgenommen haben, nicht mehr zu beobachten.

Nun spielen aber auch diese Kinder miteinander in vorgestellten Situationen mit vorgestellten Bedeutungen – und zwar in wesentlich komplexerer Weise als Vierjährige. Das heißt, dass auch die Sechsjährigen fiktive Bedeutungen erzeugen. Daher stellt sich die Frage, wie sie dieses tun und wie die Verständigung über die fiktiven Bedeutungen gelingt. Denn diese muss gelingen, damit die Kinder im Spiel kooperieren können.

Implizite Metakommunikation

In Kapitel 5 wurde Metakommunikation und ihre Bedeutung für das Spiel nach Bateson eingeführt. Metakommunikation über Spiel kann grundsätzlich explizit oder implizit realisiert werden. Für explizite Metakommunikation beim Rollenspiel sind bereits mehrere Beispiele gegeben worden; charakteristisch sind formelhaften Wendungen wie *wohl, aus Spaß,* die den fiktiven Charakter der Spielbedeutungen thematisieren.

Implizite Metakommunikation kann einerseits nonverbal ausgedrückt werden: Zum Beispiel lassen Gestik und Mimik die spielerische Handlungsabsicht erkennen. Auch die Art der Ausführung einer Handlung, beispielsweise ein angedeuteter Schlag, kann metakommunikativ die Mitteilung *Das ist Spiel* machen. Implizite Metakommunikation kann aber auch sprachlich geäußert werden.

Äußerungen im Rollenspiel sind dann implizit metakommunikativ, wenn sie innerhalb des Spielrahmens die Handlung weiterführen und gleichzeitig dem Spielpartner Informationen zur Deutung geben. Z. B. redet in einem Mann-und-Frau-Spiel zweier sechsjähriger Jungen derjenige, der den Mann spielt, den anderen mit *Mister* an. Dieser korrigiert ihn daraufhin *Nein ich bin ne Frau hören Sie doch.* Die Anrede *Sie* zeigt, dass der Junge die Klärung innerhalb seiner Rolle vornimmt. Für Vierjährige wäre es dagegen typisch, den Spielrahmen kurz zu verlassen und richtigzustellen: *Im Spiel bin ich ne Frau.*

Dafür gibt es in unserem Datenmaterial mehrere Beispiele. Allerdings ist darauf hinzuweisen, dass auch Vierjährige gelegentlich implizite verbale Metakommunikation praktizieren und dass auch Sechsjährige noch explizite Metakommunikation einsetzen (vgl. Andresen 2002, S. 110ff., S. 143ff.). Nur verändern sich die Spiele zwischen vier und sechs Jahren in der Weise, dass die explizite Metakommunikation deutlich zurückgeht und die implizite zunimmt.

Um diese Beobachtung erklären zu können, ist es notwendig, zunächst explizite und implizite Metakommunikation miteinander zu vergleichen. Da explizite Metakommunikation per definitionem immer verbal ist, wird bei dem Vergleich auch für die implizite nur die verbale und nicht auch die nonverbale Ebene berücksichtigt.

Explizite und implizite Metakommunikation im Vergleich

Der Vergleich soll von zwei Beispielen ausgehen. Im fünften Kapitel ist ein Ausschnitt aus dem Spiel von Ingrid (3;10) und Hilde (4;2) wiedergegeben, in dem die beiden Mädchen zunächst außerhalb des Spielrahmens, durch explizite Metakommunikation, eine neue Handlungssituation entwerfen. Außer den Rollen von Mutter und Kind, die Hilde und Ingrid einnehmen und die sie an dieser Stelle nicht thematisieren, weil sie sie beide als bekannt voraussetzen können, werden vier andere Rollen genannt: der Papa, Oma und Opa und die Tante des Kindes. Immer noch außerhalb des Spielrahmens vereinbaren die Mädchen, dass drei der Erwachsenen in der nächsten Spielsequenz nicht auftauchen werden, wohl aber die Tante zu Besuch kommen wird. Dann wechseln die Kinder ins Spiel, das sie auf der Basis ihrer gemeinsamen Planung ohne Missverständnisse realisieren, bis Ingrid das Bügeleisen in ein Telefon umdeutet, und zwar durch explizite Metakommunikation.

Dieser Spielausschnitt soll jetzt mit einem anderen Mutter-Kind-Spiel verglichen werden, in dem eine neue Person durch implizite Metakommunikation eingeführt wird. Dort sagt Barbara (5;0), die die Tochter spielt, zu Aline (4;8), der ›Mutter‹: *Jetzt telefonier ich mit meiner Freundin Anna.* Gleichzeitig nimmt sie einen

Telefonhörer in die Hand und beginnt zu wählen. Es gibt weder verbal noch in ihrem nonverbalen Verhalten irgendwelche Anhaltspunkte dafür, dass sie zur Einführung der imaginären Freundin den Spielrahmen verlässt. Mit ihrer Äußerung führt sie das Spiel fort, gibt ihm eine neue Wendung und informiert gleichzeitig ihre Partnerin darüber, wie ihre Handlung zu deuten ist. Aline nimmt den Faden sofort auf und schaltet sich als Mutter in das Telefongespräch ein.

Barbaras Äußerung wäre auch in einer vergleichbaren Real-Situation möglich, allerdings in genau dieser Formulierung ungewöhnlich. Denn eine Mutter kennt meist die Namen der Freundinnen ihrer Tochter, so dass die Nennung des Namens *Anna* ohne den Zusatz *meine Freundin* als Information ausreichen würde.

Die vom Kind im Spiel gewählte Formulierung ist nun aber besonders aufschlussreich. Denn sie lässt erkennen, dass Barbara den Wissensstand von Aline mit dem Wortlaut ihrer Äußerung berücksichtigt, also deren Perspektive antizipiert. Die Nennung des Namens ohne Zusatzinformation hätte es Aline erschwert, sich in den Dialog einzuklinken, und möglicherweise zu Nachfragen geführt.

Pellegrini hat in mehreren Untersuchungen zu Rollenspielen festgestellt, dass die Kinder dann, wenn ihnen die Bedeutungen der Handlungen und Äußerungen ihrer Partner nicht vollkommen klar sind, auf die Ebene expliziter Metakommunikation wechseln und die Bedeutungen so lange thematisieren, bis die Unklarheiten beseitigt sind (Pellegrini 1982, 1984, 1985a, 1985b).

Auf der Grundlage der Illustration durch die Beispiele können explizite und implizite Metakommunikation beim Spiel jetzt miteinander verglichen werden (vgl. dazu auch Griffin 1984).

Explizite Metakommunikation ist leichter zu bewältigen,
- weil die Kinder deutlich markieren, ob sie jeweils außerhalb oder innerhalb des Spielrahmens handeln, und somit Orientierungsprobleme und Verunsicherungen darüber, welche Bedeutungen nun fiktiv und welche real sind, vermieden werden,
- weil die Kinder ihre Handlungen jeweils nur aus einer Perspek-

tive heraus – der ihrer tatsächlichen oder der ihrer rollengemäßen Identität – planen müssen und
- weil sie Planungs- und Deutungsprobleme gemeinsam mit den Partnern diskutieren und offen klären können.

Explizite Metakommunikation hat den Nachteil, dass das Spiel unterbrochen und der Spielfluss somit gestört wird. Es muss betont werden, dass explizite Metakommunikation durchaus große Anforderungen an Kinder zu Beginn des Vorschulalters stellt. Sie als leichter bewältigbar zu charakterisieren, gilt nur im Vergleich zu impliziter Metakommunikation.

Implizite Metakommunikation stellt die Spielenden vor größere Anforderungen,
- weil sie gleichzeitig die Spielhandlung weiterentwickeln und die Perspektive ihrer Partner für das Verstehen der fiktiven Bedeutungen antizipieren müssen und
- weil sie ihre Spielhandlungen und ihre sprachlichen Äußerungen so gestalten müssen, dass die Partner sie auf ihrer jeweiligen Wissensbasis richtig deuten können. Das stellt besonders hohe kognitive und sprachliche Anforderungen an die Kinder.

Implizite Metakommunikation hat den Vorteil, dass das Spiel nicht unterbrochen wird und der Spielfluss aufrecht erhalten bleibt.

Auf der Grundlage dieses Vergleichs wird einsichtig, warum jüngere Kinder eher die explizite Metakommunikation praktizieren und warum die implizite Variante erst gegen Ende des Vorschulalters zunimmt. Zu Beginn des Vorschulalters stellen das Rollenhandeln, die gemeinsame Handlungsplanung und überhaupt das Handeln mit vorgestellten Bedeutungen neue Entwicklungen dar, und die Kinder bewältigen diese, indem sie sich interaktiv und explizit darüber verständigen. Vierjährige brauchen die durchgängige Markierung von Fiktion, um sich nicht in ihr zu verlieren und um die Orientierung darüber zu behalten, ob sie gerade in der Sphäre der realen oder der vorgestellten Welt agieren. Darüber hinaus bedürfen ihre Umdeutungen noch der ›magischen Kraft‹ des ausgesprochenen Wortes, um vollzogen werden zu können, und die gemeinsame Handlungsplanung stellt die Kinder vor so große Anforderungen, dass sie sich explizit absprechen müssen, um sie leisten zu können. Später, auf der Basis dieser früheren Erfahrungen, können die Kinder die Planungs- und Deutungsprozesse gewissermaßen im Kopf, für sich, ausführen, ohne sie zum Gegenstand des gemeinsamen Gesprächs machen zu müssen. Dementsprechend können sie unterstellen, dass die Spielpartner ebenfalls stumme Deutungs- und Planungsprozesse vollziehen. Dann genügt es, beispielsweise ein Bügeleisen ans Ohr zu halten und mit den typischen Einleitungsformeln ein Gespräch zu beginnen, um sich selbst vorzustellen, man telefoniere; und auch dem Partner reichen diese Informationen, um die Umdeutung zu verstehen. Ein expliziter Kommentar über die fiktiven Bedeutung erübrigt sich dann.

Einen solchen Prozess, bei dem äußere, explizite Vorgänge nach innen verlagert und mental vollzogen werden, nennt man INTERIORISIERUNG.

Auch die beiden anderen dargestellten Veränderungen des Rollenspiels, die zunehmende Unabhängigkeit vom Handeln mit Gegenständen und vom Handeln in klar akzentuierten Rollen, lassen sich als Prozess der Interiorisierung verstehen. Gegen Ende des Vorschulalters können Kinder in ihrer Vorstellung fiktiv handeln, ohne dass sie der Unterstützung durch das Hantieren mit konkreten Gegenständen bedürfen und ohne sich an klar umrissenen Rollenkonzepten mit ihren charakteristischen Handlungsmustern zu orientieren.

Egozentrisches Sprechen

Betrachten wir folgende Szene:

Mehrere Kinder zwischen vier und sechs Jahren hocken in einer Spielecke ihres Kindergartens auf dem Fußboden und bauen aus Legosteinen eine Stadt. Jedes Kind ist mit einem Gebäude beschäftigt. Beobachtet man einzelne Kinder, so stellt man fest, dass sie zu sich selbst sprechen, beispielsweise: ... *jetzt noch eine Garage... die mittleren unten ... eine große Tür ... die kleinen roten nach oben ... als*

Dach nehm ich die hier. Solche Selbstgespräche werden als EGOZENTRISCHES SPRECHEN bezeichnet (Piaget 1972a).

In der beschriebenen Situation, in der die Kinder ein gemeinsames Ziel haben, nämlich mit verschiedenen Gebäuden eine Stadt zu bauen, sprechen die Kinder zwischendurch auch miteinander, um sich abzustimmen und zu beraten. Da aber hier mit den Interaktionsspielen bislang Kooperation zwischen Vorschulkindern thematisiert worden ist, soll dieser Aspekt jetzt vernachlässigt und nur das egozentrische Sprechen diskutiert werden.

In einer Untersuchung der Dialoge von Kindergartenkindern stellte Piaget fest, dass 35 bis 40% der Äußerungen »egozentrisch« waren, d.h. die Kinder griffen das vorangegangene Thema des jeweils anderen Kindes nicht auf (Piaget 1972a). Grammatikalisch waren diese Äußerungen häufig unvollständig – wie in dem Beispiel des bauenden Kindes. Mit ca. vier Jahren tritt das egozentrische Sprechen gehäuft auf und mit ca. sechs Jahren ist es fast ganz verschwunden.

Piaget stellt das egozenrische Sprechen in einen engen Zusammenhang mit dem egozentrischen Denken, das nach seiner Entwicklungstheorie für Vorschulkinder charakteristisch ist. »Egozentrisch« darf dabei nicht im Sinne der umgangssprachlichen Bedeutung als Persönlichkeitsmerkmal und mit wertendem Unterton verstanden werden. Piaget bezeichnet mit diesem Terminus den Denkstil des Vorschulkindes, für den nach seiner Theorie kennzeichnend ist, dass das Kind nur unzureichend zwischen sich selbst und der Außenwelt differenziert. In seiner Kommunikation mit anderen Personen manifestiert sich dieses Denken so, dass das Kind nicht zwischen seiner eigenen Handlungsperspektive und der Perspektive anderer Personen unterscheidet. Stattdessen unterstellt es, dass seine eigene Perspektive allgemein gelte.

Einer der klassischen Versuche, auf denen Piagets Egozentrismus-These gründet, ist der Drei-Berge-Versuch. Dabei gilt folgende Versuchsanordnung: Ein Kind sitzt vor einem Modell mit drei Bergen. Zuvor hatte es Gelegenheit, um das Modell herumzugehen und es aus unterschiedlichen Perspektiven zu betrachten.

Eine Puppe wird an einen anderen Platz gesetzt und das Kind erhält die Aufgabe, aus verschiedenen Bildern dasjenige auszuwählen, das die Ansicht der Puppe auf die Berge darstellt. Vorschulkinder wählen regelmäßig eine Abbildung, die der eigenen Perspektive auf die Berge entspricht, obwohl sie vorher selbst die anderen Perspektiven erfahren haben.

Piaget versteht das egozentrische Sprechen als Ausdruck dessen,

(. . .) daß die ersten sozialen Verhaltensweisen noch auf halbem Weg vor der echten Sozialisierung stehenbleiben: Statt von seinem eigenen Standpunkt abzurücken und ihn mit dem der anderen zu koordinieren, verharrt das Individuum unbewußt bei seiner Ichbezogenheit, und dieser Egozentrismus gegenüber der sozialen Gruppe reproduziert und prolongiert jenen, den wir beim Säugling bezüglich der physischen Welt festgestellt haben; in beiden Fällen handelt es sich um den Mangel einer Unterscheidung zwischen dem Ich und der äußeren Realität – die hier durch die anderen Individuen und nicht allein durch die Objekte repräsentiert wird; in beiden Fällen führt dieses Durcheinander letzten Endes zur Vorrangstellung des eigenen Standpunktes. (Piaget 1974, S. 168)

Die Egozentrismus-These steht deutlich im Widerspruch zu den vorangegangenen Analysen der Rollenspiele, die gezeigt haben, dass die Kinder in den Spielsituationen sehr wohl zwischen verschiedenen Perspektiven differenzieren und die Perspektiven ihrer Handlungspartner antizipieren können. Auch Experimente, die den klassischen Versuchen Piagets nachgebildet waren, haben gezeigt, dass Vorschulkinder unter bestimmten Bedingungen gedanklich die Perspektive anderer übernehmen können (Donaldson 1991). Es gelingt ihnen dann, wenn sie die Aufgaben mit Handlungssituationen verbinden können, die ihnen einsichtig und sinnvoll erscheinen.

Trotz dieser Relativierung von Piagets Aussagen über das egozentrische Denken bleibt das empirische Phänomen, dass das egozentrische Sprechen mit Beginn des Vorschulalters entsteht und gegen dessen Ende zurückgeht, bestehen.

Die Abnahme des egozentrischen Sprechens erklärt Piaget

durch die zunehmende Sozialisierung des Kindes, bis es zur echten Kooperation fähig ist. Das egozentrische Sprechen verschwindet dann, wenn das Kind seinen Egozentrismus überwunden hat. Wygotski sieht das egozentrische Sprechen in völlig anderen Zusammenhängen (Wygotski 1974). Beide, Piaget und Wygotski, gehen von den gleichen empirischen Fakten aus, nämlich von der Beobachtung, dass das egozentrische Sprechen mit dem Übergang zum Vorschulalter stark zunimmt und zum Ende dieser Entwicklungsphase fast völlig verschwindet. Wygotski aber betrachtet diese Entwicklung nicht wie Piaget als einen Prozess vom ichbezogenen zum sozialisierten Sprechen.

Die ursprüngliche Funktion der Sprache ist die der Mitteilung, der Einwirkung auf die Menschen der Umgebung, sowohl von seiten der Erwachsenen als auch des Kindes. Demzufolge ist die ursprüngliche Sprache des Kindes eine rein soziale; es wäre falsch, sie sozialisiert zu nennen, da ja mit diesem Wort die Vorstellung von etwas ursprünglich Nicht-Sozialem verbunden ist, das erst im Verlaufe seiner Entwicklung sozial wird. (Wygotski 1974, S. 42f.)

Nach Wygotskis Theorie beginnt mit dem Auftreten des egozentrischen Sprechens im Übergang zum Vorschulalter ein Differenzierungsprozess: Aus dem sozialen Sprechen entstehen das egozentrische und das kommunikative Sprechen. Mit dem egozentrischen Sprechen löst das Kind seine Sprache aus der Einbindung in die Interaktion mit anderen und beginnt, dadurch seine eigenen Handlungen zu steuern. Zuvor, im Kleinkindalter, sind es vor allem die erwachsenen Kommunikationspartner, die die Handlungen des Kindes in der gemeinsamen Interaktion lenken.

Für Wygotski markiert das egozentrische Sprechen die Entstehung der intellektuellen Funktion von Sprache. Diese beginnt mit dem monologischen, auf die eigenen Handlungen gerichteten Sprechen, das man auch als ein lautes Denken verstehen kann. Zu Beginn des Vorschulalters bezieht es sich meist auf gegenständliches Handeln, wie in dem anfangs beschriebenen Beispiel der bauenden

Kinder. Das Kind spricht laut vor sich hin: wie es beginnen soll, welche Art von Steinen es am besten auswählt, wie sie zu platzieren sind ... Die grammatikalische Unvollständigkeit, dass nämlich das Kind keine ganzen Sätze, sondern nur Satzteile äußert, erscheint vor dem Hintergrund dieser Funktionsbestimmung völlig angemessen. Das Kind weiß, dass es eine Garage bauen und dazu die vor ihm liegenden Legosteine verwenden will; daher braucht es diese Informationen nicht mehr sprachlich zu thematisieren und kann sich darauf konzentrieren, nur die Leerstellen in seinem Handlungsplan laut zu formulieren, um danach zu verfahren.

Anders als Piaget nimmt Wygotski nicht an, dass das egozentrische Sprechen folgenlos verschwindet. Vielmehr geht es nach seiner Theorie in inneres Sprechen über, in stummes, sprachlich vermitteltes Denken. Daher betrachtet Wygotski das egozentrische Sprechen als ein Übergangsphänomen. Es bildet ein notwendiges Bindeglied zwischen dem interaktiven, lauten Sprechen des Kleinkindes, dessen Handlungen ›von außen‹, nämlich von den Kommunikationspartnern, gesteuert werden, und dem stummen, inneren, die eigenen Handlungen lenkenden Sprechen des Schul- und Erwachsenenalters. Im Vorschulalter ist das Kind auf das laute, egozentrische Sprechen angewiesen, weil es zwar schon vom Interaktionspartner abstrahieren und dessen handlungssteuernde Funktion selbst übernehmen kann, aber noch die laut artikulierte Sprache für die Selbstinstruktion braucht.

Wygotski hat in mehreren Versuchsreihen nachgewiesen, dass das egozentrische Sprechen zu Beginn des Vorschulalters grammatikalisch und inhaltlich dem sozialen Sprechen noch ähnlich ist und sich im Laufe der folgenden Jahre immer stärker »verkürzt«, also für Außenstehende immer unverständlicher wird. Darüber hinaus konnte er zeigen, dass das egozentrische Sprechen bei schwierigeren Aufgaben zunimmt, bis dahin, dass auch Erwachsene in manchen Situationen ihre eigenen Handlungen durch laute Selbstgespräche steuern (Wygotski 1974, S. 37 ff.).

Wygotski folgend, ist der skizzierte Prozess vom sozialen über das egozentrische zum inneren Sprechen ein Prozess der INTERIO-

RISIERUNG, der sukzessiven Verlagerung äußerer, lautsprachlich und interaktiv entfalteter in innere, stumme, verkürzte und monologische Vorgänge.

Unter dem Aspekt der während der Vorschuljahre stattfindenden Interiorisierung lässt sich also eine Verbindung zwischen egozentrischem/innerem Sprechen und den beschriebenen Veränderungen des Rollenspiels herstellen. Daher sollen als Nächstes beide Entwicklungen miteinander verglichen werden. Stellvertretend für alle drei Komponenten der Interiorisierungsprozesse beim Rollenspiel konzentriere ich mich dabei auf den Übergang von expliziter in implizite Metakommunikation.

Explizite Metakommunikation über Rollenspiel und egozentrisches Sprechen

Sowohl explizite Metakommunikation als auch egozentrisches Sprechen dienen der Handlungssteuerung. Mit dem egozentrischen Sprechen steuern Kinder ihre eigenen Handlungen, im Vorschulalter meist Handlungen mit Gegenständen. Grundsätzlich kann egozentrisches Sprechen sich aber auch auf innere, geistige Handlungen richten, beispielsweise dann, wenn man versucht, einen Text zu schreiben und in einem Selbstgespräch eine Strategie entwickelt, wie dabei vorgegangen werden soll.

Explizite Metakommunikation erfüllt in mehrfacher Hinsicht Steuerungsfunktion. Wenn Kinder dadurch die weitere Spielhandlung planen, so dient sie der Steuerung äußerer Handlungen, beispielsweise eine Kaffeegesellschaft mit den typischen Handlungen wie Tischdecken und Kaffeekochen zu simulieren. Die bislang beschriebenen Beispiele zeigen, dass Metakommunikation über Rollenspiel darüber hinaus dazu dient, auch innere Prozesse der Kinder zu lenken, nämlich die gewünschten Umdeutungen zu vollziehen. Die Szene von Hilde und Ingrid, in der Hilde das Bügeleisen nicht in der von Ingrid intendierten Weise umdeutet, macht ex negativo deutlich, dass das Spiel nur dann gelingen kann, wenn die metakommunikativ angegebenen fiktiven Bedeutungen auch tatsächlich mental umgesetzt werden. Diese inneren Prozesse müssen von allen Beteiligten, sowohl von demjenigen Kind, das sie initiiert, als auch von dessen Partner, realisiert werden. Explizite Metakommunikation dient also der Steuerung eigener Handlungen und der Handlungen der Kooperationspartner, gesteuert werden äußere und innere Prozesse.

Beides, egozentrisches Sprechen und explizite Metakommunikation über Rollenspiel, entsteht zu Beginn des Vorschulalters und geht bis zum Ende dieser Entwicklungsphase in innere, mentale Vorgänge über. Die stumme, mentale Ausführung erwächst dann als neue Möglichkeit, ohne dass die laut gesprochene, explizite Realisierung völlig verschwindet. Wenn es erforderlich ist, kann nach wie vor darauf zurückgegriffen werden.

Da Kinder bis zum Ende des Kleinkindalters Sprache ausschließlich sympraktisch, d. h. verflochten mit dem nichtsprachlichen Kontext der Sprechsituation gebrauchen, sollen die beiden zu Beginn des Vorschulalters neu entstehenden Verwendungsweisen unter dem Aspekt ihrer Beziehungen zum Situationskontext untersucht und verglichen werden.

Egozentrisches Sprechen ist monologisch, das Kind löst Sprache also aus der dynamischen Interaktionssituation heraus und übernimmt selbst die Steuerung der eigenen Handlungen, die zuvor von Älteren wahrgenommen wurde. Da das Kind zu sich spricht, braucht es die Informationen, über die es selbst verfügt, sprachlich nicht zu formulieren. Das führt zu einer verkürzten Sprechweise. Die sprachlichen Äußerungen beziehen sich direkt auf den unmittelbaren Situationskontext, es genügt z. B. wenn das Kind *und jetzt den da* sagt, um beim Bauen einen bestimmten Baustein auszuwählen. In dieser Hinsicht ist egozentrisches Sprechen stets sympraktisches Sprechen. Es setzt den gesamten Handlungskontext, z. B. die vorhandenen Objekte und das Handlungsziel, das das Kind ja kennt, als bekannt voraus. Daher ist das egozentrische Sprechen für andere Personen häufig unverständlich. Anders als beim sympraktischen Sprachgebrauch im Kleinkindalter sieht das egozentrische Sprechen aber von einem Interaktionspartner ab, die personale Seite der originären Sprechsituation wird gewissermaßen gekappt.

Dagegen ist explizite Metakommunikation über Rollenspiel interaktiv. Aus zwei Gründen darf sie nicht wie das egozentrische Sprechen verkürzt formuliert sein: Zum einen muss der Spielpartner sie verstehen können; zum anderen geht es im Rollenspiel gerade darum, die Handlungssituation unter Einschluss des gegenständlichen Kontextes und der handelnden Personen umzudeuten. Das führt dazu, dass beispielsweise Gegenstände, die alle Beteiligten vor Augen haben, beim Sprechen nicht als gegeben und bekannt vorausgesetzt werden können, sondern dass ihre fiktiven Bedeutungen durch die explizite Metakommunikation erst sprachlich eingeführt werden müssen. Damit lösen die Kinder ihre sprachlichen Äußerungen aus der Kontextverflechtung, die für sympraktischen Sprachgebrauch charakteristisch ist, heraus. Wort und Gegenstand werden voneinander getrennt; erhalten bleibt die ›personale‹ Seite des sympraktischen Sprechens, die interaktive Dynamik. Allerdings sind die Vorschulkinder nicht mehr wie die Jüngeren darauf angewiesen, dass die Interaktionspartner die Handlungssituation strukturieren, sondern sie schaffen dieses gemeinsam ohne Unterstützung durch Ältere.

Unter dem Aspekt der Beziehungen zum Kontext der Sprechsituation verhalten sich egozentrisches Sprechen und explizite Metakommunikation also komplementär zueinander. Das egozentrische Sprechen ist ein Sprechen ohne Interaktionspartner, es setzt den Handlungskontext als bekannt voraus und verweist direkt auf diesen. Explizite Metakommunikation dagegen ist interaktiv, verändert die Bedeutungen des Kontextes und trennt somit zwischen Sprache und Handlungskontext. Gemeinsam ist beiden Sprachverwendungsweisen, dass Vorschulkinder sich damit von der unterstützenden und die Interaktion absichernden Tätigkeit Erwachsener zu emanzipieren beginnen und selbstständiger werden.

Gemeinsam ist ihnen auch, dass sie Steuerungsfunktionen erfüllen und dass sie während der Vorschuljahre einen Prozess der Interiorisierung durchlaufen.

Die Fähigkeit zur Selbststeuerung betrachtet Tomasello als wesentlichen Grund dafür, dass Kinder in Gesellschaften mit allgemeiner Schulpflicht zwischen fünf und sieben Jahren eingeschult werden.

Auf der ganzen Welt treten Kinder zwischen fünf und sieben Jahren in eine neue Entwicklungsphase ein. Nahezu alle Gesellschaften, in denen es eine institutionalisierte Schulbildung gibt, schulen Kinder in diesem Alter ein, und häufig werden den Kindern auch neue Verantwortungen übertragen. Zumindest ein Teil der Gründe dafür, warum Erwachsene zu Kindern diesen Alters ein größeres Zutrauen haben, liegt in der wachsenden Fähigkeit der Kinder, verschiedene Regeln zu verinnerlichen, die Erwachsene ihnen geben, und diesen Regeln auch dann zu folgen, wenn der Erwachsene nicht anwesend ist, d. h. in ihrer wachsenden Fähigkeit zur Selbststeuerung. Ein weiterer Grund ist, daß Kinder in diesem Alter in der Lage sind, über ihre eigenen Tätigkeiten des Nachdenkens und Problemlösens zu sprechen, und zwar so, daß sie weitere Problemlösetätigkeiten viel leichter erlernen können. Das bedeutet, daß sie die Fähigkeit zu bestimmten, besonders produktiven Formen der Metakognition haben. (Tomasello 2002, S. 222 f.)

Tomasello folgt Wygotskis Entwicklungspsychologie, indem er die Genese innerer, mentaler Vorgänge als Prozess der Interiorisierung von zunächst interaktiv vollzogenen, sprachlich entfalteten Handlungen versteht. Bei genauerem Hinsehen kann man erkennen, dass das Zitat die Entwicklung und Veränderung des egozentrischen Sprechens anspricht: Mit dem egozentrischen Sprechen thematisieren die Kinder für sich selbst Problemlösestrategien und steuern ihre Handlungen, ohne dass Erwachsene dabei präsent sein müssen. Bis zum Schulalter haben sie gelernt, Regeln, Normen und Handlungsanweisungen von Erwachsenen aufzunehmen und in Selbstinstruktionen umzuformen. Auf der Basis ihrer Erfahrungen mit dem egozentrischen Sprechen können sie dann Problemlösestrategien sprachlich fassen und in gemeinsamen Interaktionen mit anderen zum gemeinsamen Gegenstand machen.

Wie Wygotski betont Tomasello in diesem Zusammenhang die

Bedeutung der Erwachsenen-Kind-Interaktion, von der Vorschulkinder zwar unabhängiger werden, die aber Ausgangspunkt und Basis der Selbstständigkeitsentwicklung bildet. Die Analysen zum Rollenspiel zeigen, dass darüber hinaus auch Interaktionen zwischen Kindern für zunehmende Fähigkeiten zur Handlungssteuerung von Bedeutung sind. Die Entstehung des egozentrischen Sprechens aus dem sozialen heraus und der Übergang zum inneren Sprechen schaffen neue Möglichkeiten für die intellektuelle Entwicklung im Vorschulalter. Zur gleichen Zeit wie das egozentrische Sprechen, entsteht aber auch das Rollenspiel mit den charakteristischen, Fiktion erzeugenden Interaktionsprozessen und dem damit verbundenen innovativen Sprachgebrauch. Das zeigt, dass auch die kommunikative und soziale Entwicklung im Vorschulalter grundlegende Veränderungen durchläuft.

Kapitel 7 | Wie Sprache im Kopf entsteht

Mentale Repräsentationen von Sprache

Im Laufe dieses Buches wurde bereits mehrfach von mentalen Prozessen und Repräsentationen gesprochen. Mentale Prozesse sind im vorangegangenen Kapitel im Zusammenhang der Interiorisierung des egozentrischen Sprechens und der expliziten Metakommunikation über Rollenspiel thematisiert worden, mentale Repräsentationen bereits im vierten Kapitel, im Zusammenhang der Entwicklung der ToM bei Kindern. Beide Darstellungen lassen vermuten, dass mentale Grundlagen des Sprechens und Handelns mit dem Übergang zum Vorschulalter und während der folgenden Jahre Veränderungen unterliegen.

Mentale Grundlagen von Sprache sind hier bislang nicht eigens thematisiert worden. Das soll in diesem Kapitel geschehen. In einem ersten Schritt wird zunächst geklärt, was unter mentalen Repräsentationen zu verstehen ist; dazu erscheint es sinnvoll, einen kurzen Ausflug in die jüngste Geschichte der Linguistik und der Spracherwerbsforschung zu unternehmen. In einem zweiten Schritt wird dann ein bestimmtes Modell der Entwicklung mentaler Repräsentationen in der frühen Kindheit vorgestellt, wobei den sprachlichen Repräsentationen und deren Veränderungen im Übergang vom Kleinkind- zum Vorschulalter besondere Aufmerksamkeit gewidmet wird. Auf der Grundlage dieses Modells können die im 4. Kapitel beschriebenen Veränderungen der ToM im vierten Lebensjahr tiefergehend analysiert und in Beziehung zur Sprachentwicklung gesetzt werden. Das lässt einerseits diese Veränderungen durchsichtiger und nachvollziehbarer werden; andererseits fördert die Anwendung des Modells auf die Erklärung bestimmter beobachtbarer Entwicklungsprozesse auch das Verstehen eben dieses Modells. Schließlich soll untersucht werden, welche Bedeutung Interaktionen für die Entstehung und Veränderung mentaler Repräsentationen haben können und ob im Vorschulalter bestimmte Interaktionssituationen als besonders relevant dafür auszumachen sind. Im Anschluss an diese Diskussion kann dann ein vorläufiges Resümee der Kapitel zur Sprach- und Interaktionsentwicklung im Vorschulalter gezogen werden.

Mentale Repräsentationen

In unserem alltäglichen Sprachgebrauch nehmen wir mit solchen Wörtern wie *glauben, wissen, wünschen* ständig auf innere, also nicht direkt wahrnehmbare Vorgänge Bezug. In den ersten beiden Kapiteln wurde beschrieben, wie Eltern schon ihren neugeborenen Kindern absichtsvolles Verhalten unterstellen. Auch wenn diese Unterstellung direkt nach der Geburt noch keine Entsprechung in den psychischen Vorgängen der Kinder hat, so verweist sie doch darauf, wie selbstverständlich wir in unserem alltäglichen Handeln davon ausgehen, dass sich äußerliches, beobachtbares Verhalten mit inneren Vorgängen und Zuständen verbindet und dass diese innere Ebene für das Handeln wesentlich ist.

Einen Teil dieser verdeckten, inneren Seite menschlichen Handelns bildet Wissen unterschiedlichen Typs. Da in diesem Kapitel die Entwicklung mentaler Repräsentationen von Sprache im Vordergrund steht, soll im Folgenden kurz auf die Differenzierung zwischen Sprachwissen und Weltwissen eingegangen werden.

Betrachten wir folgenden Satz:

(1) Die Bank brach zusammen.

Der Satz ist zweideutig, weil das Wort *Bank* zwei verschiedene Bedeutungen hat: Die eine Bedeutung bezieht sich auf Geldinstitute, die andere auf Sitzmöbel. Beim Lesen dieses kontextfrei präsentierten Beispielsatzes kann man die Zweideutigkeit weder zugunsten der einen noch der anderen Lesart auflösen.

Ergänzen wir jetzt Satz (1) durch zwei verschiedene Nebensätze:

(1 a) Die Bank brach zusammen, weil das Holz morsch war.
(1 b) Die Bank brach zusammen, weil ein Großkunde Konkurs machte.

Auch ohne Informationen über den Kontext dieser beiden erweiterten Sätze wird man das Wort *Bank* in (1 a) in der Bedeutung ›Sitzmöbel‹, in (1 b) in der Bedeutung ›Geldinstitut‹ verstehen. Diese Dekodierung beruht sowohl auf der Kenntnis der deutschen Sprache, z. B. der Bedeutungen der Wörter *Bank, Holz, Kunde*, als auch auf dem Wissen über die Welt, z. B. dass Sitzmöbel aus Holz gefertigt und dass Geldinstitute abhängig vom wirtschaftlichen Wohlergehen bestimmter Kunden sein können.

Dieses kleine Beispiel zeigt, dass es sinnvoll ist, zwischen Weltwissen und Sprachwissen zu unterscheiden. Denn wenn ich nichts über mögliche Materialien von Möbeln und über ökonomische Beziehungen zwischen Geldinstituten und Kunden weiß, reicht das Sprachwissen allein nicht aus, um die Sätze zu verstehen. Auf der anderen Seite verstehen Möbeltischler oder Ökonomen, die die deutsche Sprache nicht beherrschen, überhaupt nichts, weder Wörter noch Beziehungen zwischen Wörtern in diesem Satz.

Das Beispiel zeigt auch, dass beim Sprechen und Verstehen Welt- und Sprachwissen Hand in Hand gehen und sich gegenseitig stützen.

Inhaltlich wurde darauf schon im 2. Kapitel beim Überblick über den Spracherwerb kurz eingegangen, als nämlich beschrieben wurde, dass kleine Kinder häufig Passivsätze angemessen verstehen, obwohl sie die grammatische Konstruktion noch nicht entschlüsseln können. Es gelingt ihnen deswegen, weil sie ihr Weltwissen zuhilfe nehmen. Um den Satz *Das Baby wurde von der Mutter gebadet* richtig zu verstehen, reicht das Weltwissen auch kleiner Kinder aus. Um aber *Lena wurde von Niels zum Geburtstag eingeladen* zu verstehen, muss man die grammatische Konstruktion beherrschen.

Es ist plausibel anzunehmen, dass Welt- und Sprachwissen zu den verdeckten, mentalen Anteilen menschlichen Handelns gehören und dass sich beides während der Kindheit entwickelt. Schwierig wird es aber dann, wenn man zu klären versucht, wie die mentalen Wissensrepräsentationen strukturiert sind und wie diese sich in verschiedenen Entwicklungsetappen verändern. Für den Bereich des Sprachwissens soll dieses Kapitel einen Einblick geben. Zuvor sind jedoch noch einige grundsätzliche Bemerkungen zu wissenschaftlichen Rekonstruktionen mentaler Repräsentationen notwendig.

Wissenschaftliche Rekonstruktion mentaler Repräsentationen

Im vorangegangenen Abschnitt habe ich es unmittelbar plausibel genannt, anzunehmen, dass Denken, Sprechen und Handeln mentale Grundlagen haben. Dementsprechend erscheint es einleuchtend, dass eine Aufgabe der Humanwissenschaften in der Erforschung solcher mentaler Grundlagen liegt. Darüber besteht heute in der Wissenschaft auch Einigkeit. Das war vor 50 Jahren aber keineswegs der Fall.

Das vorherrschende wissenschaftliche Paradigma damals war der Behaviorismus, dessen allgemeines Ziel darin bestand, spekulative Aussagen aus der Wissenschaft zu verbannen. »Spekulativ« bedeutet in diesem Zusammenhang: durch Beobachtung nicht direkt überprüfbar. Wissenschaftsgeschichtlich hatten diese Forderung und das damit verbundene Verständnis von Wissenschaftlichkeit durchaus ihre Berechtigung. Denn sie bedeuteten eine Abkehr von introspektiven Methoden, die Aussagen über innere, nicht als Verhaltensdaten messbare Vorgänge auf Selbstbeobachtung gründeten. Da Wissenschaft nach verallgemeinerbarer, nicht bloß subjektiver Erkenntnis strebt, sind solche Methoden problematisch, wenn nicht durch sorgfältiges methodisches Gegensteuern vermieden wird, dass allgemeine Aussagen auf nur subjektiven Urteilen beruhen. Andererseits blieben dem behavioristischen Ansatz weite – vermutlich die wichtigsten – Bereiche des menschlichen Lebens verschlossen: z. B. intentionales Handeln, Sprachverstehen, Wissen, Denken ...

Die mit dem Behaviorismus verbundenen reduktionistischen

Annäherungsweisen an menschliches Handeln wurden dann auch ab etwa der Mitte der 50er Jahre des 20. Jahrhunderts zunehmend und vehement kritisiert. Diese Entwicklung führte zu der sog. kognitiven Wende in den Humanwissenschaften.[24] Kennzeichnend für die neuen theoretischen Ansätze in allen beteiligten Disziplinen ist, dass theoretische Modelle interner, also der direkten Beobachtung nicht zugänglicher Strukturen und Prozesse konstruiert werden, die durch bestimmte methodische Verfahren mit Beobachtungsdaten verbindbar sein sollen. Eine besondere Rolle spielen Formalisierung und Mathematisierung der Theorien, die der Verallgemeinerung und Überprüfbarkeit dienen.

Eine berühmt gewordene nachhaltige Behaviorismus-Kritik wurde von dem Linguisten Noam Chomsky geleistet (Chomsky 1959), der mit seiner Generativen Grammatiktheorie eine Sprachtheorie auf kognitivistischer Grundlage entwickelte. Er führte Begriffe wie »mentale Repräsentationen von Sprache« in die Linguistik ein (Chomsky 1967, 1981).

Was versteht man nun aber wissenschaftlich unter mentalen Repräsentationen?

Die Kognitionswissenschaft beruht auf der Annahme, daß es zulässig – ja notwendig – ist, ein eigenes Niveau für die Analyse zu postulieren, das ›Repräsentationsebene‹ genannt werden kann. Bei seiner Arbeit auf dieser Ebene hat es der Wissenschaftler beispielsweise mit Symbolen, Regeln, Vorstellungen zu tun (...) und er untersucht zudem Verbindungen, Transformationen und Unterschiede zwischen diesen Entitäten. Nur mit Hilfe dieser Ebene kann die Vielfalt menschlichen Verhaltens, Handelns und Denkens erklärt werden. (Gardner 1989, S. 50)

Gardner beschreibt die Repräsentationsebene als eine Art Zwischenebene, die zwischen den neuronalen Aktivitäten des Gehirns und dem beobachtbaren äußeren Verhalten von Menschen angenommen wird. Sie entspricht solchen Begriffen wie Sprachwissen und Weltwissen, die auf die Annahme verweisen, dass unser Handeln auf mentalen Grundlagen beruht, die nach bestimmten

Prinzipien strukturiert sind. So setzt die Differenzierung zwischen Sprach- und Weltwissen voraus, dass sie zumindest zwei verschiedene Teilsysteme – wenn nicht gar zwei völlig getrennte Systeme – bilden.

Strukturen solcher Repräsentationen werden durch wissenschaftliche Modelle beschrieben. Da man dabei von der Annahme ausgeht, dass die Modelle die mentale Organisation beispielsweise bestimmter Wissensbereiche erfassen, bezeichnet man die Entwicklung der Modelle auch als Rekonstruktion mentaler Repräsentationen.

Die Modelle werden erstellt auf der Grundlage empirischen Wissens, z. B. über Sprachstrukturen, und theoretischer Annahmen über den Gegenstandsbereich, z. B. strikte Trennung oder Verzahnung von Sprach- und Weltwissen.

Modelle mentaler Repräsentationen sind grundsätzlich hypothetisch, d. h. mit ihnen werden Behauptungen über den Gegenstandsbereich aufgestellt, die empirischer und theoretischer Überprüfung standhalten müssen.[25] Darauf wird bei der Darstellung des Modells von Nelson über die Entwicklung mentaler Repräsentationen in der frühen Kindheit zurückzukommen sein.

Spracherwerb und Rekonstruktion mentaler Repräsentationen

Chomsky setzte der Linguistik als Ziel, das Sprachwissen, das dem Sprechen und Hören zugrunde liegt, zu rekonstruieren. Dieses Wissen umfasst grammatische Kategorien und Regeln, gemäß denen die Sätze der entsprechenden Sprache strukturiert sind und die folglich von den Sprechern beherrscht werden, ihnen aber nicht bewusst sind.

Für die Spracherwerbsforschung stellt sich dementsprechend als eine wichtige Aufgabe, das Sprachwissen von Kindern in den verschiedenen Phasen ihres Erwerbsprozesses zu rekonstruieren.

Methodisch wird dabei so vorgegangen, dass in Querschnittsanalysen die Äußerungen von Kindern während einer bestimmten

Sprachentwicklungsphase gesammelt, deren Strukturen beschrieben und schließlich auf dieser Datenbasis die Regeln, nach denen die Äußerungen gebaut sind, rekonstruiert werden. Auf diese Weise erhält man eine Grammatik des entsprechenden Sprachstands. Der Spracherwerbsprozess lässt sich dann als Abfolge von Grammatiken darstellen, die die Entwicklung der mentalen Repräsentation von Sprache abbilden, bis die voll ausgebildete Sprachkompetenz erreicht ist.

In den letzten 15 Jahren hat sich in der Modellierung des Sprachentwicklungsprozesses als Entwicklung mentaler Repräsentationen eine grundlegende Veränderung vollzogen. Seit der kognitiven Wende der Spracherwerbsforschung in den 60er Jahren bis in die 80er hinein, rekonstruierte man die mentalen Repräsentationen – wie gerade beschrieben – auf der Basis der erhobenen sprachlichen Daten. Beginnend mit der Zweiwortphase, in der zum ersten Mal linguistische Einheiten – Wörter bzw. Morpheme – innerhalb einer Äußerung zueinander in Beziehung stehen, wurden also Regelsysteme als Systeme der Relationen zwischen sprachlichen Zeichen erstellt. Beziehungen zwischen den sprachlichen Zeichen und den Handlungskontexten, in denen die Kinder sie erwerben und gebrauchen, fanden keine Berücksichtigung.

Diese Verfahrensweise war charakteristisch für die Erforschung des Grammatikerwerbs, unabhängig von theoretischen Annahmen über die Grundlagen des Spracherwerbs, also darüber, welcher Art die gattungsspezifische Ausrüstung des Menschen für den Erwerb von Sprache ist. Über diese grundlagentheoretische Frage wurde und wird jenseits der Auseinandersetzung mit dem Behaviorismus, die wissenschaftshistorisch längst entschieden ist, heftig gestritten.[26]

Was aber seit den 80er Jahren als ein neuer Gedanke bei verschiedenen Ansätzen zur Rekonstruktion der Entwicklung mentaler Repräsentationen wirksam wird, ist die Beachtung des Handlungskontextes bzw. der altersspezifischen Gebrauchsweisen von Sprache. 1986 erschien ein Aufsatz von Annette Karmiloff-Smith, in dem sie ein Ebenenmodell der kindlichen Sprachentwicklung vorstellte, welches sie in der Folgezeit zu einem Modell der kognitiven (unter Einschluss der sprachlichen) Entwicklung ausbaute (Karmiloff-Smith1992). Dieses Modell kann hier nicht im Detail beschrieben werden, aber einige grundlegende Annahmen – spezifiziert für Sprache – sollen skizziert werden.

Karmiloff-Smiths Ansatz ist inspiriert durch die Beobachtung, dass normal entwickelte Kinder sich nicht damit begnügen, Wörter und sprachliche Strukturen zu produzieren, sondern dass sie über Sprache nachdenken (Karmiloff-Smith 1992, S. 31). Diese Haltung zu Sprache wurde im vierten Kapitel dieses Buches als ein mit dem Übergang zum Vorschulalter neu entstehendes Phänomen an einigen Beispielen beschrieben. Das bedeutet, dass Kinder eigene mentale Repräsentationen – nämlich ihr Sprachwissen – zu Objekten ihrer Aufmerksamkeit machen können – und wollen. Diese Fähigkeit betrachtet Karmiloff-Smith als eine gattungsspezifische und gattungstypische, die der Erklärung bedarf.

Mentale Repräsentationen sind aber nicht von Beginn des Spracherwerbs an einem bewussten Zugriff zugänglich, vielmehr entsteht diese Möglichkeit für unterschiedliche Bereiche des Sprachwissens in unterschiedlichen Entwicklungsphasen. Eine Voraussetzung für die Bewusstseinsfähigkeit bildet die Struktur der mentalen Repräsentationen, das Prinzip, nach dem sie organisiert sind. Daher nimmt Karmiloff-Smith an, dass die Repräsentationen während der Kindheit verschiedene Phasen der Reorganisation, der »redescriptions«, durchlaufen.

Im 2. Kapitel habe ich im Zusammenhang des Grammatikerwerbs von Kindern den häufig zu beobachtenden u-förmigen Verlauf des Erwerbs von Teilsystemen erwähnt, z. B. von der ursprünglich korrekten Pluralform *Autos* über *Autossen* wieder zu *Autos*. Dieser Verlauf wurde so erklärt, dass das Kind zunächst das gesamte Wort ganzheitlich gespeichert hat, ohne schon über die grammatische Kategorie ›Plural‹ zu verfügen; im zweiten Schritt baut es diese Kategorie dann auf und bildet die Form *Autossen*, weil es das im Deutschen mögliche *-en* an das Wort anhängt wie bei *Frau/Frauen*. Schließlich gelangt es zu der korrekten Form. Die frühe Verwendung korrekter Formen ist meist damit verbunden, dass das Kind die entsprechenden Wörter nur in bestimmten Kontexten produziert, der Wortgebrauch also an die im Kleinkindalter zentralen Handlungsroutinen und vertrauten Gebrauchskontexte gebunden ist.

An diesem Beispiel kann gut verdeutlicht werden, wo der Unterschied liegt zwischen einem theoretischen Ansatz, der ›nur‹ sprachliche Einheiten regelhaft zueinander in Beziehung setzt und das entstehende Zeichensystem als mentale Repräsentation von Sprache interpretiert, und einem Ansatz, der die Gebrauchsweisen und Gebrauchskontexte berücksichtigt. Im ersten Fall würde das -s selbstverständlich als Pluralmarkierung beschrieben werden; man könnte dann das beobachtbare Inventar von Pluralmarkierungen, das das Kind zu dem Zeitpunkt beherrscht, auflisten und als Bestandteil der Grammatik des Kindes zu diesem Zeitpunkt systematisieren. Der Unterschied zwischen der frühen und der späten Form *Autos* läge dann darin, dass die Grammatik des älteren Kindes wahrscheinlich komplexer wäre als die des jüngeren. Es ginge aber verloren, dass das Plural-*s* im ersten Fall überhaupt noch kein Element des zu beschreibenden Zeichensystems wäre, sondern integraler Bestand dieses bestimmten Wortes. Erst mit dem Übergang zu *Autossen* beginnt das Kind, die grammatische Kategorie ›Plural‹ aufzubauen, und erst dann beginnt es, das entsprechende Morphem zu anderen sprachlichen Einheiten in Beziehung zu setzen. Die Rekonstruktionen der mentalen Repräsentation von Sprache zum ersten Zeitpunkt (*Autos*) unterscheiden sich markant voneinander, je nachdem, wie diese und vergleichbare Formen analysiert werden.

Dieser kleine Ausflug in die jüngste Wissenschaftsgeschichte und die linguistische Methodologie soll mit zwei Hinweisen abgeschlossen werden: Erstens, die Rekonstruktion mentaler Repräsentationen von Sprache während des Spracherwerbs in Form autonomer Zeichensysteme gehört keineswegs der Vergangenheit an, sondern wird nach wie vor weiterverfolgt. Die skizzierten anderen Ansätze erweitern das Spektrum, ohne dass man sie als derzeit vorherrschendes theoretisches Paradigma bezeichnen könnte. Zweitens, die skizzierten Ansätze, die einen anderen Blick auf den Spracherwerb eröffnen als die ›Autonomisten‹, unterscheiden sich untereinander. So tendiert Karmiloff-Smith dazu, die Umstrukturierungen der mentalen Repräsentationen von Sprache als genetisch determiniert zu verstehen, während Nelson der Interaktion von Kindern mit anderen Menschen eine wesentliche Funktion für solche Veränderungen beimisst.

Veränderungen mentaler Repräsentationen nach Nelson

Zu Beginn dieses Kapitels wurde die Frage gestellt, ob die vielfältigen Veränderungen von Kindern im vierten Lebensjahr Entsprechungen auf der Ebene mentaler Repräsentationen finden. Dieses soll jetzt auf der Grundlage des Modells von Katherine Nelson (1996) diskutiert werden. Ich wähle Nelsons Modell, weil sie Sprachentwicklung als interaktiven Prozess analysiert und somit von ähnlichen Grundlagen ausgeht wie dieses Buch.

Nelson postuliert für die kindliche Entwicklung eine Abfolge von vier Ebenen mentaler Repräsentationen, deren Entwicklung sich bis in das fünfte Lebensjahr hinein erstreckt. Danach finden zwar noch weitere Differenzierungen statt, aber der Typ der mentalen Repräsentationen verändert sich nicht mehr grundlegend. Wichtig ist, dass die vier Ebenen analytisch zwar klar von einander getrennt werden müssen, dass aber in der kindlichen Entwicklung die Übergänge fließend verlaufen.

Auf der Ebene 1, die ungefähr bis zum Ende des 2. Lebensjahres anzusetzen ist, beruhen die mentalen Repräsentationen nur auf direkter Erfahrung, d.h., sie sind nicht sprachlich vermittelt, und daher in einem nonverbalen Format kodiert. Nelson unterscheidet zwischen Ereignisrepräsentationen, also z.B. dass im Garten der Großeltern ein Zaun umgefallen ist, und sog. mimetischen Repräsentationen, die intentionale Handlungen wiedergeben, also z.B. die Zeigegeste als Handlung im Gegensatz zum Ausstrecken von Arm, Hand und Finger als bloße Körperhaltung.

Nun beginnen Kinder im zweiten Lebensjahr bereits zu sprechen, d.h. sie verfügen über Wörter, die sie mental gespeichert haben müssen, um sie gebrauchen und wiedererkennen zu können.

Damit scheint auf den ersten Blick ein Widerspruch zu Nelsons Annahme, dass die Kinder nur über nonverbal kodierte Repräsentationen verfügen, vorzuliegen. Aber das Modell trägt dem Sprachbeginn durchaus Rechnung. Denn es sieht vor, dass Wörter und Wortverbindungen mental in den ersten Jahren eingebettet in Repräsentationen nichtsprachlicher Ereignisse und Handlungen existieren. Auf die im 3. Kapitel beschriebenen Interaktionsrituale bezogen heißt das: Die sprachlichen Äußerungen der Mutter gehören jeweils fest zu den korrespondierenden nichtsprachlichen Handlungen und der gesamten Handlungssituation und sind in dieser Form mental repräsentiert. Das Kind verfügt demnach in dieser frühen Phase nicht über mentale Repräsentationen sprachlicher Zeichen als von Gegenständen, Handlungen und Sachverhalten abgelösten Einheiten. Das Wort *Autos* z. B. ›gehört‹ dann fest zur Repräsentation einer Menge von Autos.

Das Format der Repräsentationen ist zwar nicht sprachlich, die Repräsentationen sind aber doch sozial und symbolisch, wie das Beispiel der Zeigegeste deutlich macht.

Auch für die beiden folgenden Ebenen, die Nelson bis gegen Ende des 4. Lebensjahrs ansetzt, gilt, dass Sprache an mimetische und Ereignis-Repräsentationen gebunden bleibt. Auf der Ebene 2, die bis in die Mitte des dritten Lebensjahrs andauert, kann das Kind seine mentalen Repräsentationen erstmals teilweise in sprachliche Äußerungen überführen und somit Kommunikationspartnern Mitteilungen über eigene Erfahrungen machen, die intern mimetisch und ereignishaft repräsentiert sind. Verbale Äußerungen anderer führen aber noch nicht zur Entstehung oder Veränderung mentaler Repräsentationen. Diese bleiben an direkte Erfahrungen gebunden.

Auf der dritten Ebene, die bis gegen Ende des 4. Lebensjahrs anzusetzen ist, kann das Kind äußere, sprachliche Repräsentationen so verarbeiten, dass es Teile davon in seine mentalen Repräsentationen integrieren kann. Das bedeutet, dass es ihm jetzt beispielsweise möglich ist, durch eine erzählte Geschichte mentale Repräsentationen der Geschichteninhalte aufzubauen. Es kann aber noch nicht zwischen eigenem Wissen, das es selbst aufgrund von Erfahrungen gebildet hat, und dem Wissen anderer Personen, das ihm sprachlich mitgeteilt worden ist, unterscheiden. Das führt z. B. dazu, dass Kinder in dieser Entwicklungsphase gehörte Geschichten mit felsenfester Überzeugung als selbst erlebte wiedergeben. So kann man in Kindergruppen die Erfahrung machen, dass, wenn ein Kind über einen Arztbesuch erzählt, plötzlich die ganze Gruppe angeblich gerade beim Arzt war.

Anschaulich formuliert kann dieser Vorgang so erklärt werden: Die Kinder bauen durch eigene Erfahrung oder durch die Erzählung anderer mentale Repräsentationen von Ereignissen und Sachverhalten auf, die nach wie vor in nichtsprachlichem Format als mimetische und Ereignisrepräsentationen kodiert sind. Im Fall des Geschichtenerzählens hat das Kind dann das sprachlich übermittelte Geschehen als Ereignisrepräsentation im Kopf, kann aber noch nicht differenzieren zwischen ›selbst erlebt‹ und ›durch Hören erfahren‹, weil diese differenzierende Information sprachlich kodiert werden müsste.

Das nichtsprachliche Format der Repräsentationen bringt es mit sich, dass Kinder in der Entwicklungsphase der Ebene 3 nur die Ereignisse und Tatbestände selbst, aber keine Haltungen oder Einstellungen zu diesen erfassen können. Bei der Darstellung der ToM-Experimente in Kapitel 4 wurde berichtet, dass Dreijährige dann, wenn sie gesehen haben, dass eine Smarties-Schachtel Stifte und keine Smarties enthält, wahrheitswidrig behaupten, das von Anfang an gewusst und gesagt zu haben.

Auf der Basis von Nelsons Modell kann dieses Verhalten so erklärt werden: Mit dem Öffnen der Schachtel bauen die Kinder die mentale Repräsentation ›Stifte in dieser Schachtel‹ auf. Die Tatsache, dass sie davor aufgrund früherer Erfahrungen geglaubt hatten, es seien Smarties darin, ist ihnen als Wissen nicht mehr verfügbar, da dieses sprachlich kodiert sein müsste. Das Gleiche gilt für die Differenzierung zwischen dem eigenen Wissen ›Stifte in der Schachtel‹ und der berechtigten Vermutung anderer, ›Smarties in der Schachtel‹. Die Kinder können nicht gleichzeitig zwei verschiedene Perspektiven auf einen (möglichen) Sachverhalt einnehmen.

Mit Verweis auf das 2. Kapitel soll ausdrücklich darauf aufmerksam gemacht werden, dass Kinder im vierten Lebensjahr ihre Sprache grammatisch schon gut beherrschen. Trotzdem – so Nelson – entstehen erst zum Ende dieses Lebensjahres sprachlich kodierte mentale Repräsentationen. Damit ist dann Ebene 4 erreicht.

Auf dieser Ebene verfügt das Kind zusätzlich zu den mimetischen und Ereignisrepräsentationen über sprachliche mentale Repräsentationen. Jetzt kann es auch sprachliche Äußerungen anderer Menschen in eigene mentale Repräsentationen integrieren, weil diese sprachlich kodiert sind. Es verfügt nun über mentale Repräsentationen verschiedenen Typs, sprachliche und nichtsprachliche, und kann Inhalte beider Ebenen einander zuordnen, und zwar auch dann, wenn sie sich widersprechen. Es kann z. B. den Tatbestand ›Stifte in Smartiesschachtel‹ kennen und gleichzeitig wissen, dass es vorher geglaubt hat, es seien Smarties darin. Entsprechendes gilt für Unterschiede zwischen dem eigenen Wissen und dem anderer Personen.

Die im 4. Kapitel beschriebenen Verhaltensweisen von Vierjährigen in den ToM-Experimenten, die sich klar von denen der Dreijährigen unterscheiden, können durch Nelsons Annahme der Existenz mentaler Repräsentationen von Sprache erklärt werden.

In dem entsprechenden Kapitel habe ich in Anlehnung an Astington (2000) von Repräsentationen erster und zweiter Ordnung gesprochen. Unter Repräsentationen erster Ordnung sind mentale Repräsentationen von Ereignissen und Sachverhalten zu verstehen, unter Repräsentationen zweiter Ordnung mentale Zustände und Prozesse, die sich auf die der ersten Ordnung beziehen. Also: Die Smartiesschachtel enthält Stifte – Repräsentation erster Ordnung; Peter *weiß*, dass die Schachtel Stifte enthält, und Maxie *glaubt*, dass die Schachtel Smarties enthält – Repräsentationen zweiter Ordnung. Sätze, die sich auf Repräsentationen zweiter Ordnung beziehen, können wahr sein, obwohl die darin enthaltenen Aussagen über Sachverhalte erster Ordnung – wie bei dem Beispielsatz über Maxie – falsch sind. Mentale Repräsentationen zweiter Ordnung sind an sprachliche Kodierung gebunden, während Repräsentationen erster Ordnung nichtsprachlich kodiert sein können.

Zum Abschluss der Erläuterung von Nelsons Modell soll die zweifellos zentrale Frage angesprochen werden, worin Nelson die treibende Kraft für den Übergang von einer Ebene zur nächsten sieht. Als entscheidenden Motor der Entwicklung betrachtet sie die Interaktion von Kindern mit Erwachsenen. Dieser Gedanke wird im nächsten Abschnitt aufgenommen und diskutiert. Der zweite wichtige Faktor ist der, dass wachsende Komplexität mentaler Repräsentationen zu zunehmender Differenzierung führt und somit Voraussetzungen für die Umstrukturierungen der nächste Ebene schafft, auf der die Kinder dann Inhalte der Interaktion aufnehmen können, die sie vorher mental noch nicht verarbeiten konnten, für die sie gewissermaßen blind waren. Interaktion und mentale Repräsentationen stehen also in einem gegenseitigen Wechselverhältnis zueinander.[27]

Ich möchte betonen, dass Nelsons Modell derzeit nicht mehr als ein Vorschlag zur Rekonstruktion der Entwicklung mentaler Repräsentationen in der frühen Kindheit ist. Das gilt für andere Modelle zum selben Gegenstandsbereich aber auch. Für Nelsons Modell spricht die Übereinstimmung mit Charakteristika des Sprachgebrauchs von Kindern und zahlreichen Ergebnissen von Experimenten wie z. B. der ToM-Forschung.

Zusammenfassend ist festzuhalten, dass Sprache nach Nelsons Modell bis in das 4. Lebensjahr hinein mental an nichtsprachlich kodierte Repräsentationen von Handlungen, Gegenständen und Sachverhalten gebunden bleibt. Mit ungefähr 4 Jahren haben sich sprachliche Zeichen von diesen Repräsentationen abgelöst; es sind Relationen zwischen den Zeichen entstanden, so dass Kinder dann über ein mental repräsentiertes sprachliches Zeichensystem verfügen.

Die Annahme, dass Sprache in den ersten Lebensjahren mental an mimetische und Ereignisrepräsentationen gebunden ist, entspricht sowohl dem sympraktischen Sprachgebrauch als auch den Kennzeichen der frühen Sprachbedeutungen, die im 3. Kapitel diskutiert worden sind. Beim sympraktischen Sprachgebrauch sind sprachliche Äußerungen untrennbar mit dem nichtsprachlichen

Kontext verflochten. Die frühen Bedeutungen wurden so charakterisiert, dass kleine Kinder mit dem Gebrauch von Wörtern jeweils verschiedene Aspekte einer komplexen Wahrnehmungssituation hervorheben – beispielsweise mit *dock dock* mal Pferde und Reiter (am Strand), mal das Wasser, mal den Strand. Sie ordnen Wörter noch nicht als sprachliche Einheiten nichtsprachlichen Gegenständen und Handlungen zu, sondern verwenden Wörter als Bestandteil des Wahrnehmungskomplexes, der sich für sie mit dem Gebrauch dieser Wörter verbindet. Dem entspricht, dass Kleinkinder Wörter als Eigenschaften von Gegenständen betrachten und beides gedanklich nicht voneinander trennen können: So wie ein Ball rund ist und rollen kann, so heißt er Ball. Nelsons Modell entspricht diesen Annahmen zum frühen Umgang mit Wörtern.

Entsprechend den Parallelen zwischen frühen mentalen Repräsentationen und sympraktischem Sprachgebrauch gibt es auch Entsprechungen zwischen der Entstehung eines mental repräsentierten Sprachsystems und der im Übergang zum Vorschulalter entstehenden Fähigkeit, sprachliche Zeichen aus dem Kontext der aktuellen Sprechsituation herauszulösen. Im 5. Kapitel wurde gezeigt, dass sich diese Veränderungen in bestimmten Handlungssituationen vollziehen. Das legt die Frage nahe, ob in der einschlägigen wissenschaftlichen Literatur auch für Veränderungen der mentalen Repräsentationen von Sprache bestimmte Handlungssituationen als besonders relevant hervorgehoben werden.

Mentale Repräsentation von Sprache und Interaktion

Tomasello (2002) befasst sich zwar nicht mit der Frage der Umstrukturierung mentaler Repräsentationen, wohl aber mit der Frage, wodurch die im 4. Kapitel beschriebenen Veränderungen der ToM zustande kommen. Aufgrund der theoretischen Nähe zwischen Nelson und Tomasello und der inhaltlichen Zusammenhänge zwischen ToM und mentalen Repräsentationen halte ich es für legitim, Tomasellos Überlegungen im Zusammenhang mit den hier gestellten Frage einzubringen.

Er hebt drei Interaktionssituationen hervor. In zwei dieser Situationen handeln Kinder mit Erwachsenen, in einer mit anderen Kindern.

In der Erwachsenen-Kind-Interaktion hält Tomasello folgende Situationen für besonders relevant:
- Erläuterungen und Bitten um Präzisierungen von seiten der Erwachsenen, wenn sie sprachliche Äußerungen der Kinder nicht verstanden haben.
- »didaktische« Gespräche über innere Vorgänge von Handlungspartnern, die den Kindern helfen zu verstehen, dass ihre eigene Perspektive und ihre eigenen Wünsche nicht mit denen der anderen übereinstimmen müssen.

Im 4. Kapitel wurde erwähnt, dass kleine Kinder dann, wenn andere sie nicht verstanden haben, ihre Äußerungen lauter wiederholen. Das zeigt, dass sie sich nicht darüber im Klaren sind, dass Verstehen ein mentaler Vorgang ist. Wenn Erwachsene in solchen Situationen weiter nachfragen und dabei Formulierungen wie *Meinst du...?* gebrauchen, dann kann das den Kindern helfen, eine Vorstellung davon aufzubauen, dass Sprechen und Verstehen mentale Akte sind.

Auch für die Erläuterung der zweiten Situation kann an das 4. Kapitel angeknüpft werden. Dort wurde das Beispiel von zwei Kindern, Anton und Lena, beschrieben, in dem Lena eine Sandburg von Anton zerstört. Es wurde erläutert, dass, wenn Anton jünger als 4 ist, er noch nicht zwischen absichtlicher und versehentlicher Zerstörung differenzieren kann, also noch keine Verbindung zwischen dem offensichtlichen Akt mit seinem offensichtlichen Ergebnis und inneren Vorgängen bei Lena herstellen kann. In derartigen Situationen sprechen Erwachsene mit Kindern über solche Unterschiede, sagen beispielsweise *Lena* WOLLTE *deine Burg mit der Fahne schmücken und die war zu schwer. Das hat sie aber nicht* GEWUSST, *sie* WOLLTE *die Burg doch nicht zerstören.* Das meint Tomasello in diesem Zusammenhang mit »didaktischen Gesprächen«.

Im Sinne von Wygotskis Maxime der Interiorisierung äußerer, interaktiv vollzogener Prozesse in innere, mentale nimmt Tomasello an, dass Kinder u. a. durch derartige Interaktionen ein Verständnis der inneren, verdeckten Seite menschlichen Handelns aufbauen und dieses Wissen dann in ihr eigenes Handeln, in ihre eigenen mentalen Prozesse integrieren.

In der Interaktion mit anderen Kindern kann nach Tomasello das Austragen von Meinungsverschiedenheiten und Streit einen besonderen Beitrag für die Entwicklung der ToM leisten. Er knüpft damit an Piaget an, der solchen Situationen für die Moralentwicklung eine wichtige Funktion beimisst.

Bei Meinungsverschiedenheiten geht es häufig um verschiedene Perspektiven auf ein- und denselben Sachverhalt, um die Legitimität bestimmter Handlungen, um Wünsche und Absichten der Beteiligten. Auch dann wird explizit über innere Vorgänge gesprochen. Die Auseinandersetzung zwischen Kindern kann dabei fruchtbarer für die Entstehung des Verständnisses dieser Vorgänge sein als die mit Erwachsenen, weil die kindlichen Bedürfnisse einander näher sind und unter Kindern niemand die Autorität hat, einfach etwas anzuordnen.

Die von Tomasello genannten Interaktionssituationen möchte ich um eine weitere ergänzen, nämlich um das Rollenspiel zwischen Vorschulkindern. Dafür lassen sich mehrere Argumente anführen.

Im 5. Kapitel wurde herausgearbeitet, dass Kinder beim Rollenspiel Sprache nicht mehr ausschließlich sympraktisch verwenden können. Die wesentlichen Gründe dafür sollen noch einmal kurz wiederholt werden. Der Kern der Spiele liegt in der Erzeugung von Fiktion, die gerade zu Beginn des Vorschulalters durch explizite Metakommunikation geleistet wird, so dass Sprache das zentrale Mittel zur Erzeugung fiktiver Bedeutungen ist. Die Umdeutungen schaffen einen neuen Kontext für das Handeln innerhalb des Spiels; die Kinder können also nicht wie beim sympraktischen Sprachgebrauch den Kontext als gegeben und bekannt voraussetzen. Vielmehr konstruieren sie diesen erst in der gemeinsamen Interaktion. Daher müssen sie die sprachlichen Zeichen aus der Verflechtung mit dem nichtsprachlichen Kontext der aktuellen Sprechsituation herauslösen. Dieser Prozess entspricht den von Nelson postulierten Veränderungen mentaler Repräsentationen von Sprache in derselben Entwicklungsphase.

Am Beispiel der Einführung fiktiver Personen in das Spiel wurde deutlich, dass Vorschulkinder im Rollenspiel sprachlich in der Zone der nächsten Entwicklung (ZNE) handeln. Dabei geht es genau um den Übergang vom Zeigen nur im dinglichen Zeigfeld der konkreten Sprechsituation, dass sich also z. B. Personalpronomina auf die anwesenden Personen beziehen, hin zum Verweisen innerhalb des sprachlichen Zeigfelds, dass also Pronomina auf sprachliche, zuvor explizit eingeführte Personenbezeichnungen verweisen. Die Tatsache, dass Kinder in diesem Bereich im Rollenspiel schon Fähigkeiten haben, über die sie – nach den Erkenntnissen der Spracherwerbsforschung – als generelle Fähigkeiten erst mit 7 Jahren verfügen, liefert ein starkes Argument für die These, dass das Rollenspiel für die hier diskutierten Veränderungen mentaler Repräsentationen relevant ist.

Am Ende des 4. Kapitels wurde unter Bezug auf ein Zitat von Wygotski zusammenfassend festgestellt, dass Kinder im Vorschulalter in ihrem Denken und Sprechen zunehmend unabhängiger werden vom aktuellen Vollzug praktischer Handlungen, vom konkreten Handlungskontext und von der unterstützenden Strukturierung der Handlungen durch Erwachsene. Dieses soll jetzt durch ein Zitat von Nelson ergänzt werden.

Die Jahre von 3 bis 6 werden als die kritischen Jahre betrachtet, während derer Sprache als ein Repräsentationssystem für das Kind entsteht, indem das Denken umgewandelt wird von intelligenter praktischer Handlung hin zur Nutzung der Möglichkeiten symbolischer Repräsentationen und Prozesse. Während Sprache früher die Komponenten der Erfahrung, die in der sozialen und kulturellen Welt des Kindes bedeutsam sind, abgesteckt hat, schließt die sich entwickelnde Fähigkeit während der Vorschuljahre die Möglichkeit ein, völlig neue Strukturen zu schaffen, die in der realen Welt nicht evident sind, aber geformt und repräsentiert durch Sprache in der sozialen Welt und durch sie verstärkt. (Nelson 1996, S. 118; Übersetzung H. A.)

Nelson betont die Bedeutung der Entstehung mentaler sprachlicher Repräsentationen für die Schaffung »neuer Strukturen«, die nur durch Sprache existent werden können. Solange Sprache mental an nichtsprachliche Repräsentationen gebunden bleibt, ist ein gedankliches Überschreiten der konkreten Handlungssituation nicht möglich. Sprache dagegen kann Träger vorgestellter – möglicher oder gewünschter, aber nicht wirklicher – Bedeutungen sein.

Im Rollenspiel handeln Kinder in vorgestellten Situationen mit selbst erzeugten, fiktiven Bedeutungen. Auffällig ist, dass gerade die jüngeren Vorschulkinder, die diese Fähigkeit erst neu entwickeln, explizit thematisieren, ob sie gerade in der fiktiven oder in der realen Situation handeln. Sie müssen sich darüber verständigen, um selbst die Orientierung zu behalten und um miteinander kooperieren zu können. Das heißt: Kinder, die nach Nelsons Entwicklungsmodell im Begriff stehen, ein mentales sprachliches Repräsentationssystem aufzubauen, welches solche fiktiven Bedeutungen erst ermöglicht, kommunizieren über eben diesen fiktiven Charakter der Bedeutungen miteinander. Das spricht dafür, dass die Spiele und die damit verbundenen Gespräche über Fiktion und Realität von Bedeutung für die Etablierung und Festigung dieses Repräsentationssystems neuen Typs sind.

Betrachtet man die Entwicklung mentaler Repräsentationen, die Entwicklung der ToM und das sprachliche Handeln beim Rollenspiel, so ergibt sich gerade im Hinblick auf alltägliche Erfahrungen mit Kindern eine überraschende Pointe. Zunächst erkennt man, dass (Klein)Kinder, die nur über Handlungs- und Ereignisrepräsentationen und noch nicht über ein mentales System sprachlicher Zeichen verfügen, nicht zwischen tatsächlich Erlebtem und Gehörtem oder Fantasiertem unterscheiden. Das liegt daran, dass sie zwar schon – anders als vorher – sprachliche Äußerungen so verarbeiten können, dass sie von den gehörten Inhalten Repräsentationen aufbauen; so kann das Hören einer Ereignisdarstellung eine innere Repräsentation des Ereignisses erzeugen. Da aber diese Repräsentationen noch nicht rein sprachlich kodiert, sondern vielmehr sprachliche Zeichen in Ereignis- und Handlungsrepräsentationen integriert sind, verfügt das Kind über solche durch Hörensagen entstandene Repräsentationen in der gleichen Weise wie über Repräsentationen, die es durch eigene Erfahrungen aufgebaut hat. Um zwischen ›real‹ oder ›auf eigener Erfahrung beruhend‹ und ›fiktiv‹ oder ›sprachlich mitgeteilt‹ unterscheiden zu können, wären sprachlich kodierte Repräsentationen vonnöten.

Dieser Sachverhalt, dass nämlich Kleinkinder die angesprochenen Differenzierungen nicht vornehmen, entspricht durchaus Alltagserfahrungen. Das ist auch noch der Fall bei Veränderungen zu Beginn des Vorschulalters, die mit den neuen Möglichkeiten, *Strukturen zu schaffen, die in der realen Welt nicht evident sind* (Nelson), zusammenhängen. Denn jetzt kann das Kind sprachlich fiktive Personen und Fantasiewelten erschaffen. Es kann z. B. in Nonsensgeschichten Dinge und Handlungen zusammenfügen, die in der realen Welt nicht zusammengehen können. So amüsierten sich in den von Garvey untersuchten Spielsituationen zwei Kinder köstlich darüber, dass das eine von ihnen in einem imaginären Brief an einen Herrn Pup darum gebeten hatte, einen Fleischklops und Windpocken mitzubringen. Hier werden zwei Phänomene syntaktisch gleichgeordnet, die semantisch und pragmatisch nicht zusammenpassen. Reale Gegenstände wie Fleischklöpse kann man einer anderen Person mitbringen, eine Krankheit aber höchstens im übertragenen Sinne. Darüber hinaus wäre ein Fleischklops als Mitbringsel vielleicht willkommen, eine Krankheit jedoch sicher nicht. Zum Ende des Vorschulalters, wenn Kinder beginnen, sich gegenseitig Witze zu erzählen, dominieren solche, deren Pointe in absurden, real unmöglichen Aussagen liegt, wie z. B.: »Zwei Laternen unterhalten sich«. Erwachsene können das Vergnügen, das ein solcher Satz bei Kindern auszulösen vermag, kaum nachvollziehen. Meines Erachtens liegt ein Zugang zum Verständnis darin, sich bewusst zu machen, dass sich Vorschulkinder mit solchen Witzen und Nonsensgeschichten neue Möglichkeiten erschließen: Denn erst wenn man Wörter von realen Gegenständen und Handlungen ablösen kann, kann man ›verkehrte‹ Welten erfinden. Die Faszination dafür setzt sich bis weit in das Schulalter hinein fort, wie sich an solchen überlieferten Versgeschichten wie »Dunkel wars, der Mond schien helle...« zeigt.

Alle diese Beobachtungen und Überlegungen entsprechen Alltagserfahrungen mit Kindern. Überraschend ist aber die Feststellung, dass gerade Kinder zu Beginn des Vorschulalters bei ihren Rollenspielen überreich markieren, ob sie in der Realität oder in der Fiktion handeln. Denn im gemeinsamen Alltag mit Vorschulkindern gewinnt man oft den Eindruck, dass z. B. in ihren Erzählungen Realität und Fiktion ineinander fließen. Da beginnt beispielsweise ein Kind beim gemeinsamen Abendessen zu erzählen, dass ein Feuerwehrmann im Kindergarten war – so weit so nachvollziehbar, schließlich gibt es in öffentlichen Einrichtungen regelmäßige Brandschutzkontrollen. Auch die weitere Erzählung entwickelt sich noch recht realitätsnah; aber spätestens wenn der Kindergarten abgebrannt ist und auch die umliegenden Häuser in Flammen stehen, merkt der Rest der Familie, dass irgendwann die Grenze zum Fabulieren überschritten worden ist.

Vor dem Hintergrund solcher Erfahrungen leisten die Beobachtungen zum Rollenspiel, die zeigen, wie stark die Kinder an der Differenzierung zwischen Realität und Fiktion arbeiten, ein wichtiges Korrektiv im Verständnis dieser Altersphase. Denn sie zeigen, dass die Kinder weder unfähig noch unmotiviert sind, beides auseinanderzuhalten. Das Gegenteil ist der Fall. Bei genauerem Nachdenken wird das Verhalten der Kinder beim Spiel auch einleuchtend. Denn um handlungsfähig zu bleiben, ist es notwendig, selbst bestimmen zu können, ob in der Fiktion oder in der Realität gehandelt wird, und so die Orientierung über die Handlungssphäre zu behalten. Wie Untersuchungen zum egozentrischen Sprechen und zur Metakommunikation beim Rollenspiel zeigen, können die jüngeren Vorschulkinder dieses noch nicht »im Kopf« ausführen, sondern sind auf Explizitheit angewiesen.

Im Hinblick auf das Wechselverhältnis zwischen der Entwicklung mentaler Repräsentationen und interaktiven Handelns lassen die Beobachtungen darauf schließen, dass solche Situationen, in denen die Kinder explizit die Abgrenzungen zwischen Realität und Fiktion thematisieren, von Bedeutung für die Etablierung des mental repräsentierten Sprachsystems sind, das nach Nelson die aktive Erzeugung fiktiver Welten ermöglicht.

Von der Interaktion mit Erwachsenen zur Interaktion mit anderen Kindern

Mit der Darstellung von Nelsons Modell der Entwicklung mentaler Repräsentationen und deren Verbindungen zum sprachlichen Handeln von Kindern werden die Kapitel über die Entwicklung sprachlicher Interaktion bis zum Ende des Vorschulalters vorläufig abschlossen. Um die Fortschritte, die mit der Interaktion zwischen Kindern im Vorschulalter verbunden sind, zusammenfassend darzustellen, sollen zwei Ausschnitte aus Spielen einander gegenübergestellt werden, die jeweils exemplarisch für das Kleinkind- bzw. Vorschulalter stehen.

Im ersten Beispiel, das von Oerter (1993) übernommen wird, spielen eine Mutter und ihr Kind (2;9) miteinander. Die beiden befinden sich im selben Raum und führen ein fiktives Telefongespräch, bei dem sie in ihren realen Identitäten handeln. Sie geben vor, dass das Kind bei den Großeltern in Eglfing und die Mutter zu Hause in München sei.[28]

M: *(. . .) hast du denn die Eglfinger Oma gesehen?*
K: *Ja* (lässt Telefon klingeln)
M: *und den T und den B?*
K: *ja*
M: *und mit wem spielst du?*
K: *mitm T mitm B und mit der S*
M: *mit der S und was macht die Oma?*
K: (lässt Telefon klingeln) *macht Küchendienst*
M: *die macht Küchendienst* (lacht) *und der Opa macht nix?*
K: *nein*

Das Kind kann zwar schon die Vorstellung aufnehmen, an einem anderen Ort und mit anderen Menschen als in der Realsituation zusammen zu sein. Es ist aber deutlich zu erkennen, dass die Mutter das Gespräch strukturiert. Mit ihren Fragen führt sie zunächst verschiedene Personen (Oma, T, B) und eine fiktive Handlung des Kindes (Spielen) ein. Dieses akzeptiert die Vorgaben der Mutter und setzt sie in den eigenen, sehr kurzen Beiträgen sowohl inhaltlich als auch syntaktisch voraus. Der Ausschnitt zeigt die Charakteristika des Sprachgebrauchs im Kleinkindalter: Die Mutter errichtet den Interaktionsrahmen, in den das Kind seine Äußerungen einpasst. Sie ist diejenige, die die Fiktion erzeugt; dabei formuliert sie Fragen an das Kind, dessen Anteil an der Interaktion in kurzen Antworten auf diese Fragen besteht.

Atypisch für den sympraktischen Sprachgebrauch ist hingegen, dass der nonverbale Kontext der aktuellen Sprechsituation für das Sprechen keine Rolle spielt. Vielmehr denken beide Beteiligte sich aus der Situation heraus, was in diesem Gespräch ein rein sprachlicher und nicht durch Umdeutung von Gegenständen gestützter Prozess ist, den aber die Mutter und nicht das Kind leistet. Die relative Unabhängigkeit vom nichtsprachlichen Kontext verweist darauf, dass das Kind schon am Ende des Kleinkindalters steht. In früheren Telefonspielen war es noch nicht dazu in der Lage, die Illusion, sich an einem anderen Ort als die Mutter zu befinden, aufrechtzuerhalten. Der Dialog zeigt aber deutlich, dass die Anteile beider Partner an der Kommunikation nach wie vor ungleichgewichtig sind.

Das zweite Beispiel ist einem Mutter-Kind-Spiel zwischen Barbara (5;0) und Aline (4;8) entnommen, auf das im 6. Kapitel im Zusammenhang impliziter Metakommunikation bereits kurz eingegangen wurde. Der Ausschnitt beginnt, nachdem Barbara in der Tochter-Rolle angekündigt hat, ihre Freundin Anna anzurufen.

B: *Hallo Anna . . . gut doch Anna wo bist du?*
 Mama Anna hat aufgelegt ich ruf Anna so eins noch mal drei vier
 (wählt)

A: *Gib sie mir oder gibst du auch mal mit mir*
B: *okay ach sie legt immer wieder auf ich glaube*
A: *so jetzt mal die Nummer*
B: *eins zwei drei vier fünf zwölf? . . . drei sieben acht neun null die Taste* (wählt)
A: *Hallo Anna ach warum legst du denn immer auf?*

Der Ausschnitt zeigt deutlich, dass die Kinder gemeinsam die fiktive Handlung entwickeln. Beide sprechen jeweils mit der imaginierten dritten Person; dabei schieben sie in ihre Äußerungen Pausen ein, mit denen die vorgestellte Antwort von Anna angedeutet wird. Das lässt erkennen, dass sie sich gedanklich von der Realsituation und der Präsenz der real vorhandenen Gesprächspartnerin lösen können. Am hier nicht abgedruckten Ende der Telefonsequenz informiert Barbara Aline zusammenfassend von dem Gesprächsergebnis, dass sie sich nämlich mit Anna zum Kinobesuch verabredet habe. Sie hält dabei also die Illusion aufrecht, dass Aline das nicht weiß, obwohl diese faktisch alles mitgehört hat. Obwohl beide Mädchen einige Sätze nur beginnen und dann abbrechen, gelingt es ihnen, der jeweils anderen die wesentlichen Informationen über den fiktiven Handlungsverlauf mitzuteilen, so dass diese den Faden aufnehmen und weiterspinnen kann. Sowohl inhaltlich als auch von der Länge der Beiträge her sind die Anteile der beiden Kinder am Spiel gleichgewichtig, womit ein deutlicher Unterschied zwischen diesem und dem ersten Beispiel eines echten Mutter-Kind-Paares vorliegt.

Mit dem Übergang zum Vorschulalter gewinnen Kinder größere Unabhängigkeit vom Kontext der Handlungssituation, sei es von der Unterstützung durch einen Interaktionspartner, sei es vom direkten Verweis auf die vorhandenen Gegenstände. Das haben die Analysen zum Rollenspiel und zum egozentrischen Sprechen deutlich gemacht.

Bei der Darstellung des Spracherwerbs im 2. Kapitel wurde erwähnt, dass Kleinkinder Wörter und grammatische Wortformen zunächst nur in eingeschränkten Kontexten verwenden. In den Kapiteln zum Rollenspiel ist durchgängig betont worden, dass die Kinder in den Spielsituationen ihr Sprechen und Handeln in einen anderen Kontext versetzen und gleichzeitig diesen Kontext durch Metakommunikation selbst erzeugen. Gerade zu Beginn des Vorschulalters markieren sie den Kontext »Spiel« fast überdeutlich. Die besondere Funktion des Spiels für die Sprachentwicklung liegt nun nicht darin, dass die Kinder die Situationen und damit die Kontexte des Gebrauchs von Wörtern und Wortverbindungen nur quantitativ erweitern. Dann würde Spiel sich im Hinblick auf die Sprachentwicklung kaum von anderen Situationen unterscheiden und es wäre nicht einsichtig, warum dem Rollenspiel eine so große Bedeutung dafür zugeschrieben wird. Entscheidend ist vielmehr, dass sich beim Spiel der *Typ* des Kontextes, dessen erkenntnismäßiger Status, ändert: Die Kinder wechseln aus der Welt des Faktischen in die Welt des Fiktiven. Erst dieser Unterschied, die Umdeutung und Überschreitung des realen Kontextes, macht es notwendig, die Grenzen explizit zu markieren.

In dem Flensburger Videomaterial vollziehen die Kinder den Schritt zu kooperativem Handeln mit dem Einsetzen des Rollenspiels. Das führt zu der Frage, warum Vorschulkinder, für die weder Interaktion mit Gleichaltrigen noch fiktives Handeln vertraute Praxis ist, beides in Verbindung miteinander bewältigen und dabei auch noch in der Zone der nächsten Entwicklung handeln können. Eine Teilantwort darauf wurde bereits am Ende des 5. Kapitels gegeben, im Zusammenhang der Motivation zum Rollenspiel. Mit Bezug auf Wygotski wurde dort das Bedürfnis, wie Erwachsene zu handeln, als Wurzel und Triebkraft des Spiels ausgemacht. In dieser Entwicklungsphase brauchen die Kinder die explizite Thematisierung der Umdeutungen und des fiktiven Charakters ihres Handelns, um ihr Bedürfnis umsetzen zu können. Es ist ihnen noch nicht möglich, Umdeutungen, Handlungsplanung und Differenzierung zwischen Fiktion und Realität implizit, also nur mental, auszuführen. Diese komplexen Vorgänge gelingen ihnen aber, wenn sie sie gemeinsam, interaktiv und explizit erarbeiten. Beides, die starke Motivation zum Spiel und die Notwendigkeit der gemeinsamen Inszenierung, führen dazu, dass die Kinder große Energien aufwenden, um das Spiel zu gestalten und auftretende Schwierigkeiten zu überwinden. Die gemeinsame Motivation zum Spiel trägt die Interaktion, und die Interaktion realisiert die Motivation. Pointiert formuliert: Vorschulkinder brauchen die Interaktion mit anderen, um im Rollenspiel ihr Bedürfnis nach Überschreitung der realen Handlungsbedingungen zu erfüllen; sie brauchen Rollenspiel, um miteinander interagieren zu können – zumindest zu Beginn des Vorschulalters und unter Gleichaltrigen.

Im Hinblick auf die Motivation zum Spiel sind andere Kinder erwachsenen Partnern vorzuziehen, weil sie ähnliche Bedürfnisse haben und daher die erwünschte Illusion, die gespielten Rollen seien real, angemessener aufrechterhalten werden kann. Im Hinblick auf kindliche Entwicklungsprozesse betrachtet, können Kinder nur in der Interaktion mit anderen Kindern gleichberechtigt und gleichverantwortlich ihren Anteil an der Strukturierung der gemeinsamen Interaktion übernehmen. Denn jedes Sich-Zurücknehmen von Erwachsenen mit dem Ziel, dem Kind mehr Verantwortung zu übertragen, bleibt mit der Konstruktion des Handlungsrahmens durch die Älteren verbunden. Emanzipieren kann man sich nur, wenn man es selbst tut.

Hinter die Dinge schauen

Am Ende des 4. Kapitels wurde als eine allgemeine Entwicklungstendenz der Vorschuljahre, die die beschriebenen einzelnen Entwicklungen zusammenbindet, eine zunehmende Unabhängigkeit der Kinder von konkreten Wahrnehmungen und Handlungsvollzügen ausgemacht. Die Kinder entwickeln Bedürfnisse und Fähigkeiten, hinter die Dinge zu schauen und... *vom Gedanken zur Situation und nicht wie bisher von der Situation zum Gedanken zu gelangen.* (Wygotski 1987, S. 264)

Mit Blick auf das Rollenspiel habe ich das Bedürfnis der Kinder zum fiktiven Handeln betont. Betrachtet man andere Entwicklungslinien in dieser Zeit, wie die Erkenntnis, dass Handlungen eine nicht sichtbare, innere Seite, z. B. zugrunde liegende Absichten und Wünsche, haben, und die Lust an Sprachspielen, so manifestiert sich in allem eine Neugier zur Erkundung sozialer Phänomene. In allen diesen Äußerungsformen des Kindes kommt eine Auseinandersetzung mit der sozialen Welt, deren Handlungsregeln und Handlungsbedingungen zum Ausdruck. Es fällt auf, dass dabei das spielerische Element mit Überschreitung der gesetzten Grenzen – seien es die Handlungsmöglichkeiten eines Kindes, sei es die Bindung an Sprachregeln – von großer Bedeutung ist. Die Spiele selbst können nur gelingen, wenn die Verletzung und Überschreitung von Regeln mit der Einhaltung bestimmter anderer Regeln verbunden wird. So bemühen sich die Kinder im Rollenspiel, die Handlungsregeln ihrer Rolle einzuhalten. Bei den Spielen mit Gesprächskonventionen beachten sie grundlegende, Kooperativität sichernde Regeln, z. B. beim Sprecherwechsel, um auf diesem sicheren Gerüst gezielt gegen andere verstoßen zu können; dieser Regelverstoß wiederum geschieht nach bestimmten, jetzt selbst gesetzten Regeln, an die sich alle Beteiligten halten müssen, damit das Spiel gelingt.

Mit allen diesen Spielen knüpfen die Kinder an ihre reale Umwelt an, akzentuieren einige Aspekte davon in oft erstaunlich pointierter Weise und erobern schöpferisch Neuland.

Die Überlegungen zu Zusammenhängen zwischen Sprachentwicklung, ToM, mentalen Repräsentationen von Sprache und fiktivem Handeln zu Beginn und während des Vorschulalters deuten auf komplexe Wechselwirkungen zwischen Handlungspraxis und mentalen Repräsentationen hin. Veränderungen interaktiven, sprachlichen Handelns hinterlassen Spuren auf der Ebene mentaler Repräsentationen, wie umgekehrt Veränderungen mentaler Repräsentationen neue Handlungsmöglichkeiten eröffnen.

Nelsons Modell, nach dem Kinder ab ca. 4 Jahren über ein mentales System sprachlicher Zeichen verfügen, führt zu der Frage, welche Bedeutung das für die weiteren Entwicklungsmöglichkeiten der Kinder haben könnte. Diese Frage soll hier gestellt, aber zunächst offen gelassen werden. Denn um sich mit ihr auseinanderzusetzen, ist es sinnvoll, zuvor die Perspektive zu wechseln und Entwicklungen im Vorschulalter auch von einer anderen Seite her zu betrachten, nämlich unter dem Aspekt der Anforderungen, die das Lesen- und Schreibenlernen an die Kinder stellt.

Kapitel 8 | Über Schrift, Schreiben und Lesen

Repräsentation sprachlicher Zeichen durch Schrift und der vorgestellte Andere

Sven, Tina und Nikolai sind sechs Jahre alt und werden in ein paar Monaten in die Schule kommen. Im Kindergarten sitzen sie mit Wachsmalstiften vor einem großen Blatt Papier und Sven schreibt (oder malt):

Tina: *Das ist ne Schlange.*
Nikolai: *Das sieht aus wie ne Schlange.*

Sven hat unterdessen weitergeschrieben:

Er erläutert: *Zet! Zet wie Ferkel!*

Tinas und Nikolais Kommentare leuchten unmittelbar ein, ähnelt das zu Papier gebrachte Zeichen doch erkennbar dem Bild einer leicht gekrümmten Schlange. Die Erläuterung von Sven, dem Zeichenproduzenten, jedoch verblüfft und entzieht sich einer schnellen Deutung, obwohl (oder vielleicht auch weil?) er im Gegensatz zu den beiden anderen bereits mit Buchstaben operiert. Die Benennung *zet* zeigt, dass er die Absicht hatte, einen Buchstaben zu schreiben und dieses ist ihm auch gelungen, da man das »Z« trotz der – für ein Vorschulkind völlig unbedenklichen – Seitenverdrehung erkennen kann.

Häufig führen gerade merkwürdig, unerklärlich erscheinende Äußerungen und Verhaltensweisen zu tieferen Einsichten als solche, die unmittelbar nachvollziehbar sind. Das gilt auch für Svens Äußerung; denn sie kann bei näherer Betrachtung einen Einblick in charakteristische Merkmale von Schrift und von Wegen der Annäherung an Schrift durch Kinder gewähren.

Bevor ich jedoch Svens rätselhaften Kommentar zu entschlüsseln versuche, soll die gesamte Situation zwischen den drei Kindern in Augenschein genommen werden.

Zeichen und Schriftzeichen

Beide zu Papier gebrachte Zeichen, das Z wie das Schlangen-S, sind eindeutig an Buchstaben orientiert. Sven benutzt den Wachsstift nicht, um ein Bild zu malen oder etwas zu zeichnen, sondern als Schreibgerät. Er will offensichtlich Buchstaben produzieren. Diese Absicht liegt durch den Situationskontext nahe, da an dem Morgen, an dem sich die wiedergegebene Interaktionsszene abspielt, einige Studentinnen im Kindergarten zugegen sind, um mit den Kindern über ihre Erwartungen für die nahe Schulzeit zu sprechen. Die Kinder thematisieren daraufhin sofort Lesen, Schreiben und Rechnen als die Tätigkeiten, die in ihrer Vorstellung mit Schule verbunden sind.[29]

Tina lenkt jedoch die Gedanken mit ihrer Bemerkung *Das ist ne Schlange* zunächst in eine andere Richtung. Für sie steht die Ähnlichkeit des Zeichens mit dem Tier im Vordergrund; sie deutet Svens Produkt als ein IKONISCHES ZEICHEN. Für ikonische Zeichen ist charakteristisch, dass sie über eine wahrnehmbare Ähnlichkeit mit dem, wofür sie stehen, verbunden sind, in diesem Beispiel also die charakteristische Krümmung einer Schlange. Es ist anzunehmen, dass der sechsjährigen Tina sehr wohl bewusst ist, dass sie ein Zeichen und keine Schlange vor sich hat, auch wenn sie wörtlich sagt: *Das* IST *eine Schlange.* Damit übernimmt sie einen Sprachgebrauch Erwachsener, den sie vermutlich schon von klein auf kennt, wenn z. B. beim gemeinsamen Bilderbuchbetrachten auf Abbildungen mit den Worten *Guck, was ist das? Das ist ein großer Elefant* hingewiesen wird.

Nikolai nimmt Tinas Deutung auf, differenziert sie aber. Mit dem Wort *wie* verweist er explizit auf den Zeichencharakter der Linie auf dem Papier, die aussieht wie eine Schlange.

Sven äußert sich zur Deutung dieses Zeichens nicht, sondern fährt mit seiner Produktion fort und gibt für das neu entstandene Zeichen klar die Deutung als Buchstabe vor. Wo mag aber der Zusammenhang zwischen dem Buchstaben Z und einem Ferkel, oder genauer: dem Wort *Ferkel*, liegen?

Svens willkürliche und für Außenstehende kaum nachvollziehbare Verbindung zwischen Buchstabe und Wort wirft ein Licht auf ein wesentliches Charakteristikum von Schrift: Denn anders als ikonische Zeichen, die durch eine wahrnehmbare Ähnlichkeit mit dem, wofür sie stehen, verbunden sind, gehören Schriftzeichen zu den symbolischen Zeichen. Nach dem amerikanischen Semiotiker Charles Sanders Peirce, auf den die hier angewandte Klassifizierung von Zeichen zurückgeht, sind SYMBOLISCHE ZEICHEN mit ihren Referenten – also dem, was sie bezeichnen – nicht durch Ähnlichkeit, sondern durch Konvention verbunden. Das bedeutet, dass die Zeichenbedeutung auf einer inhaltlich willkürlichen, sozial konstituierten und tradierten Festlegung beruht.

In einer Alphabetschrift stehen die Schriftzeichen, also die Buchstaben, für Phoneme. Insofern ist die Beziehung zwischen den Buchstaben des geschriebenen Wortes zu dem gesprochenen Wort keineswegs willkürlich. Das Zet passt deswegen nicht zum Wort *Ferkel*, weil das Phonem /ts/ in diesem Wort nicht vorkommt. Aber – anders als z. B. die Schlangenlinie mit ihrer Ähnlichkeit zur Form einer Schlange – weist weder der Buchstabe eine Ähnlichkeit mit dem Phonem, das er repräsentiert, auf, noch ist es überhaupt zwingend, dass Schriftzeichen die Lautung eines Wortes wiedergeben. Chinesische Schriftzeichen beispielsweise stehen für Wortbedeutungen, andere für Silben. In logografischen Schriften wie dem Chinesischen steht also ein Zeichen für ein ganzes Wort, in Silbenschriften repräsentiert ein einziges Zeichen die Laute, die in einer Silbe enthalten sind.

Wenn Kinder eine Alphabetschrift erlernen, müssen sie sich diese willkürlichen Festlegungen aneignen; sie müssen erkennen, dass die Buchstaben für Phoneme des gesprochenen Wortes stehen und lernen, welche Buchstaben welchen Phonemen zugeordnet sind.

Genau dieses hat Sven noch nicht vollzogen und das ist typisch für den Umgang mit Schrift von Vorschulkindern und Schulanfängern. Seine auf den ersten Blick rätselhafte Äußerung *tset wie Ferkel* zeigt, dass er sich die Schrift und das Schreiben schon in Teilaspekten und in Teilhandlungen angeeignet hat. Denn er kann – wenn auch noch seitenverkehrt – einen Buchstaben schreiben und ihn richtig benennen. Wahrscheinlich hat er auch schon gehört, wie Erwachsene buchstabieren, z. B. *ha wie Heinrich,* er weiß also, dass Buchstaben auf etwas anderes, ein Wort oder Personen oder Tiere, verweisen. Diese Teilhandlungen bringt er zusammen. Er weiß aber noch nicht, welcher Art die Beziehung zwischen Buchstaben und Wort ist, dass nämlich der genannte Buchstabe den Anlaut des zugeordneten Wortes repräsentiert, und so kommt er zu der zitierten Erläuterung des von ihm geschriebenen Buchstaben. Auf den zweiten Blick erweist sich seine Äußerung also als nachvollziehbar und – auf der Basis seines für ein Vorschulkind durchaus bemerkenswerten Wissens über Schrift – vernünftig.

Ich habe offen gelassen, ob Sven den Buchstaben zu dem Wort *Ferkel* oder aber zu dem Tier, das das Wort bezeichnet, in Beziehung setzt. Seine Äußerung gibt darüber keine Auskunft. Tina und Nikolai sprechen eindeutig über die Schlange, ordnen das Zeichen auf dem Papier also nicht dem Wort zu, sondern dem, wofür dieses steht. Auch das ist typisch für Vorschulkinder und Schulanfänger. Durch zahlreiche wissenschaftliche Untersuchungen ist gut belegt, dass noch Erstklässler Probleme damit haben, Wörter nach bestimmten Kriterien zum Gegenstand ihres Denkens und Handelns zu machen (Andresen 1985). Fragt man sie z. B., welches Wort länger sei, *Straße* oder *Straßenbahn*, so antworten viele *Straße*. Sie urteilen nicht über das Wort, sondern über das vom Wort Bezeichnete. Das gilt auch für die auf eine entsprechende Frage gegebene Antwort, der Geburtstag heiße *Geburtstag*, weil es dann viel Kuchen zu essen gebe. Die Kinder gehen von der Wortbedeutung aus und denken bei ihren Antworten an Eigenschaften des Bezeichneten und an ihre Erfahrungen, die sie damit verbinden. Anders als die erwachsenen Frager sprechen die Kinder gar nicht über Wörter. Dieses wird z. B. in der Reaktion eines Kindergartenkindes deutlich, das die Frage einer Studentin, wie man *Judo* schreibe, zurückwies mit der Begründung: *Judo schreibt man nicht, Judo macht man.*

In einer Übergangsphase, während sie schon lesen und schreiben lernen, verfolgen einige Kinder die Strategie, Wörter nach wie vor vom Inhalt her zu beurteilen, in ihren Begründungen jedoch auf formale, durch die Schrift dargestellte Eigenschaften abzuheben. Sie nennen dann beispielsweise *Straße* als das längere Wort, begründen dieses aber damit, dass das Wort mehr Buchstaben habe als das Wort *Straßenbahn* (vgl. Januschek u. a. 1978).

Die Orientierung der Kinder auf den Wortinhalt und ihre damit verbundenen Erfahrungen ist völlig einleuchtend, wenn man sich bewusst macht, dass ihr Denken in der Oralität, d. h. der mündlichen Sprache wurzelt. Die zentrale Funktion von Sprache liegt darin, Bedeutungen zu vermitteln und Handlungsintentionen zu verwirklichen. Im 3. Kapitel wurde dargestellt, dass Kinder mit ca. 9 Monaten die Intentionalität menschlichen Handelns erfassen und dass damit eine entscheidende Voraussetzung für den Spracherwerb geschaffen wird. In den darauf folgenden Jahren lernen sie, Sprache grammatikalisch korrekt, bedeutungshaltig und ihren Handlungszielen angemessen zu verwenden. Die Analyse der sprachlichen

Mittel, des Codes, mit dem sie kommunizieren, ist dafür nicht notwendig. Die Fähigkeit, beispielsweise den Anlaut eines Wortes zu bestimmen oder die Länge eines Wortes zu erkennen, wird erst beim Lesen- und Schreibenlernen relevant.

Schrift als Repräsentation von Sprache

Für Schrift ist charakteristisch, dass sie sprachliche Einheiten repräsentiert und somit sichtbar macht. Das gilt für jedes Schriftsystem: In logografischen Schriften steht das einzelne Zeichen für eine Wortbedeutung, in Silbenschriften für eine Silbe und in Alphabetschriften für ein Phonem. Historisch gesehen setzt man den Beginn von Schrift – im Vergleich zu anderen Zeichen wie beispielsweise Piktogrammen oder Felszeichnungen – mit dem Zeitpunkt an, zu dem die Zeichen für Wörter als sprachlichen Einheiten und nicht mehr für Objekte oder Handlungsanweisungen, wie bei einem Pfeil als Richtungshinweis, stehen (Haarmann 1992; Olson 1994). Das heißt, dass beispielsweise die Bedeutung *drei Schafe* nicht mehr durch dreimalige Aneinanderreihung eines Bildzeichens für *Schaf* ausgedrückt wird, sondern durch die Kombination der Zeichen für *drei* und *Schaf*.

Die Deutung der Schlangenlinie auf dem Papier durch Tina und Nikolai in dem zitierten Beispiel entspricht der vor-schriftlichen Notation, weil sie das Zeichen direkt einem Tier, ohne Vermittlung durch das Wort, zuordnen.

Man kann häufig beobachten, dass Kinder zu Beginn des Leselernprozesses – sei es im ersten Schuljahr oder schon vor der Einschulung – auch geschriebene Wörter so behandeln und »lesen«, als stünden diese unmittelbar für das Bezeichnete, also nicht über das zugehörige Wort vermittelt, das gleichsam als Brücke dient. Nehmen wir einmal an, dass der Vater eines Kindes Leo heißt und das Kind das Schriftbild des Namens kennt. Dann kommt es vor, dass es den Namen mit verschiedenem Wortlaut »vorliest«, mal als *Leo*, mal als *mein Papa*, mal als *du*, je nach Situation. Dieses Verhalten lässt sich so erklären, dass das Kind das geschriebene Wort direkt der Person zuordnet, die in Abhängigkeit vom Handlungskontext verschieden benannt werden kann, dass es die Schriftzeichen also noch nicht als Repräsentanten der Phonemfolge des gesprochenen Wortes erkennt und entsprechend erliest.

Ein Vorteil von Schrift im Gegensatz zu anderen Zeichensystemen liegt darin, dass man prinzipiell alles das, was sprachlich ausgedrückt werden kann, auch schriftlich fixieren kann. Ein Problem von Schrift liegt darin, dass die Notation sprachlicher Einheiten recht hohe Anforderungen an das Abstraktionsvermögen der Schreibenden und Lesenden stellt und ein gewisses Maß an Sprachanalyse verlangt.

Gesprochene Wörter sind ihrerseits Zeichen, weil sie für Nichtsprachliches stehen. Da Schriftzeichen – in Alphabetschriften – Einheiten der gesprochenen Sprache repräsentieren, sind sie also Zeichen für Zeichen. Um dieses Verhältnis zu verdeutlichen, hat Wygotski Schrift als »Symbolsystem zweiter Ordnung« bezeichnet. Die gesprochene Sprache bildet ein Symbolsystem erster Ordnung, ihre Zeichen, wie beispielsweise Wörter, sind der nichtsprachlichen Realität, ihren Gegenständen und Sachverhalten, zugeordnet. Schriftzeichen wiederum sind den Einheiten der gesprochenen Sprache zugeordnet und erhalten ihre Bedeutung durch deren Vermittlung.

In unserer Alphabetschrift werden Wörter als Abfolge von Phonemen dargestellt und durch Wortzwischenräume als Einheiten kenntlich gemacht. Es ist keineswegs so, dass in der gesprochenen Sprache einzelne Wörter durch Pausen deutlich voneinander abgesetzt werden. Das merkt man z. B., wenn man versucht, in einer Sprache, die man nicht beherrscht, nur durch Hören Wortgrenzen zu erkennen. Dann wird offensichtlich, dass Sprechpausen und Intonationsmuster nach anderen Prinzipien gesetzt werden als zur Markierung von Wortgrenzen. Apparative Messungen gesprochener Sprache zeigen dies ebenfalls. Kinder müssen beim Schriftspracherwerb also lernen, Wörter als sprachliche Einheiten zu isolieren, sie gezielt zum Gegenstand ihres Denkens zu machen, sich unter Abstraktion von der Bedeutung und ihren damit verbundenen Erfahrungen auf die Lautung zu konzentrieren und die Laute und deren Reihenfolge zu identifizieren. Das sind in der Tat hohe und komplexe Anforderungen, die nur über einen längeren Entwicklungsprozess zuverlässig erlernt und beherrscht werden können.

Texte schreiben und der vorgestellte Andere

Bei der Einschulung wissen die meisten Kinder, dass es Buchstaben gibt und dass diese für die Tätigkeiten Schreiben und Lesen wichtig sind. Viele kennen wie Sven einzelne Buchstaben und können einige Wörter, z. B. den eigenen Namen, schreiben (Dehn 2002). Auch Kinder, die über dieses Wissen und diese Fähigkeit noch nicht verfügen, können Buchstaben von anderen grafischen Zeichen unterscheiden (Mannhaupt 2002). Mit ihrem Interesse für Buchstaben richten Kinder ihre Aufmerksamkeit auf den segmentalen Aspekt der Schrift, darauf, dass eine Alphabetschrift Sprache als Abfolge relativ kleiner Einheiten darstellt.

Viele Vorschulkinder entdecken Schrift und Schreiben aber auch unter einem anderen Aspekt. Das zeigen beispielsweise Kritzelbriefe. Für diese ist charakteristisch, dass die Kinder fortlaufende, geschwungene Linien zu Papier bringen und damit an die kursive Handschrift anknüpfen. Für den Schriftspracherwerb ist dabei besonders wichtig, dass die Schreibenden mit diesen »Texten« anderen Personen etwas mitteilen möchten, dass sie also sowohl den intentionalen als auch den kommunikativen Aspekt schriftsprachlicher Tätigkeit erfassen und ausprobieren. Während sie die Linien produzieren, erzeugen sie in ihrer Fantasie sprachliche Formulierungen, die sie häufig laut mitsprechen. Nicht selten weisen diese Formulierungen bereits typisch schriftsprachliche Merkmale auf, z.B. die Briefanrede »Liebe...« oder stilistische Mittel, die eher für geschriebene Sprache als für gesprochene charakteristisch sind.

Bittet man ein Kind wiederholt, einen von ihm geschriebenen Kritzelbrief »vorzulesen«, so versprachlicht es die Linien auf dem Papier zu unterschiedlichen Zeitpunkten mit verschiedenem Wortlaut, meist an die jeweilige Situation und Zuhörer bzw. Adressaten angepasst. Damit stehen solche Kritzelbriefe zwischen Mündlichkeit und Schriftlichkeit. Einerseits orientiert sich das Kind mit seinem Tun gedanklich, sprachlich und auch motorisch an dem Medium Schrift; andererseits ist sein Handeln eingebettet in die Dynamik einer konkreten Interaktion mit einem Partner, der z. B. bei Unklarheiten der Formulierung nachfragen und um Erläuterungen bitten kann.[30]

Das Verfassen von Texten in Kritzelschrift entlastet das Kind nicht nur davon, über die Schreibweise eines Wortes nachzudenken, was die meisten Vorschulkinder überfordern und die Produktion schnell beenden würde. Darüber hinaus entlastet es von der Anforderung, den Text sprachlich so zu gestalten, dass er von anderen Personen ohne dialogische Erläuterungen verstanden werden kann.

Der Spracherwerb des Kindes vollzieht sich in Face-to-Face-Kommunikation, bei der sich die Kommunikationspartner zur selben Zeit am selben Ort befinden und über einen gemeinsamen Situationskontext verfügen. In den ersten Kapiteln wurde gezeigt, dass diese Gemeinsamkeit, die gleichzeitige physische Präsenz, eine Grundlage für den Spracherwerb bildet. Die Bedeutung sprachlicher Äußerungen wird durch Gestik, Mimik, Intonation und direkten Verweis auf den nichtsprachlichen Kontext in der Sprechsituation vielfältig unterstützt. Alles dieses fällt in der geschriebenen Sprache weg. Das hat zur Folge, dass die sprachlichen Formulierungen so vollständig und genau sein müssen, dass die intendierten Bedeutungen dem Text, und nur dem Text, entnommen werden können.

Welch große und neuartige Anforderungen damit für Schreibanfänger verbunden sind, soll ein Beispiel illustrieren:

Die siebenjährige Berit geht seit etwas über einem Jahr in die Schule; sie kann kurze, unbekannte Texte flüssig lesen und ebenso für ihr Alter gut schreiben. Nach einem Besuch mit ihren Eltern bei einer befreundeten Familie in einer anderen Stadt erhält sie von der ein Jahr älteren Stina einen Brief. Stina schreibt von einem Jahrmarktbesuch und fragt, ob es in Berits Wohnort auch Jahrmarkt gebe. Berit freut sich über den Brief und will sofort antworten.

Briefbogen und Stift sind schnell zurechtgelegt. Als sie mit dem Schreiben beginnen will, stutzt sie plötzlich: *Wie soll ich das denn schreiben? Ich kann doch nicht einfach ›ja‹ schreiben. Dann weiß Stina doch gar nicht, was ich meine.*

Berit erlebt ihre erste Schreibblockade, die sie fast zum Abbruch ihres Versuchs gebracht hätte. Aber durch ein Gespräch mit ihrer Mutter darüber, was sie ausdrücken möchte und wie sie dieses für Stina aufschreiben könnte, überwindet Berit das Problem und die Blockade entwickelt sich nicht zur Schreibkrise.

Die Schwierigkeit für Kinder in Berits Alter liegt nicht nur darin, bewusst korrekte und vollständige Formulierungen zu finden. Vielmehr wirkt sich die Abwesenheit des Adressaten als besonderes Problem aus. Berit beginnt zu stutzen, als sie sich gedanklich in die Situation der Leserin versetzt und antizipiert, dass diese ein einfaches *ja* nicht verstehen kann, weil ihr der Kontext, nämlich die Frage auf die gegebene Antwort, nicht mehr präsent ist. Das Thema, über das geschrieben wird, muss erst noch einmal formuliert werden und kann nicht, wie in der mündlichen Interaktionssituation, in der es fortlaufend entfaltet wird, als bekannt vorausgesetzt werden.

Die Notwendigkeit, sich gedanklich in einen möglichen Leser hineinzuversetzen, ist charakteristisch für jedes Schreiben von Texten, nicht nur für Briefe. Allein Texte, die nur für den Schreibenden selbst, wie z. B. Einkaufszettel, als Erinnerungsstütze dienen, erfordern das nicht.

Haben Briefe noch einen persönlichen Adressaten, was die Perspektivübernahme erleichtert, so gilt das für viele andere Texte nicht. Daher erfordert das Schreibenlernen, sich mit einem abstrakten Leser auseinander zu setzen und die eigenen Texte in dessen Perspektive zu reflektieren. Einen solchen abstrakten Leser möchte ich »den vorgestellten Anderen« nennen.

Bereits Wygotski hat darauf aufmerksam gemacht, dass der Schriftspracherwerb große Anforderungen an die Abstraktionsfähigkeit der Lernenden stellt. Er spricht davon, dass die Schriftsprache mit einer doppelten Abstraktion verbunden sei:

> Sie ist eine Sprache ohne Gesprächspartner, eine für das Kind völlig ungewohnte Sprachsituation. Bei der schriftlichen Sprache ist der, an den die Sprache gerichtet ist, entweder überhaupt nicht da oder hat mit dem Schreibenden keinen Kontakt. Es ist eine Monolog-Sprache, das Gespräch mit einem weißen Blatt Papier, mit einem eingebildeten oder nur vorgestellten Gesprächspartner, während jede Situation der mündlichen Sprache ohne Anstrengungen des Kindes eine Gesprächssituation ist. Die Situation der schriftlichen Sprache fordert von dem Kind eine doppelte Abstraktion, die von der lautlichen Seite der Sprache und die vom Gesprächspartner. (Wygotski 1974, S. 224f.)

Mit der Abstraktion von der lautlichen Seite der Sprache spricht Wygotski das Charakteristikum von Schrift an, dass Buchstaben zwar die Lautform repräsentieren und Symbole zweiter Ordnung bilden, dem geschriebenen Wort aber der vertraute Klang fehlt.

Kinder spielen Lesen und Vorlesen

Viele Kinder probieren Schreiben früher aus als Lesen, vermutlich deswegen, weil Schreiben als deutlich sichtbarer motorischer Vorgang vielfältige Zugangsmöglichkeiten und Ansätze zum Experimentieren eröffnet. Die Übergänge zum Malen sind zudem bei den ersten Versuchen mit Buchstaben fließend; viele Kinder kombinieren auch das Bildermalen mit der Produktion von Zeichen, die an Schrift orientiert sind.

Trotzdem simulieren Kinder auch das Lesen, indem sie z. B. eine Zeitung in Leseabstand vor sich halten und mit konzentriertem Gesicht die Zeilen betrachten. Besonders aufschlussreich ist die Imitation des Vorlesens, weil hier anders als beim stummen Lesen die Formulierung des Textes und der Sprachduktus für Außenstehende offenbar werden. Wenn Kinder Bücher »vorlesen«, die ihnen vertraut sind, reproduzieren sie den Text häufig wörtlich aus dem Gedächtnis heraus. Aber auch neue Bücher, die sie gerade erst kennen gelernt haben, werden vorgelesen. Wie diese Aufgabe gestaltet und bewältigt werden kann, soll am Beispiel von Lena[31] beschrieben werden.

Lena ist sechs Jahre alt. Die Tonbandaufnahme, die der Beschreibung zugrunde liegt, wurde drei Monate vor ihrer Einschulung angefertigt. Im Kindergarten wurde eine Bilderbuchgeschichte über die Abenteuer eines kleinen Mädchens mit einem blauen Monster, das für andere Menschen unsichtbar ist, vorgelesen. Anschließend fordert die Erzieherin die sieben Kinder, die zugehört haben, auf, reihum das Buch in die Hand zu nehmen und zu den Bildern die Geschichte zu erzählen. Schnell kommt Lena an die Reihe, die in einem Vorleseton druckreif zu sprechen beginnt. Die anderen Kinder lauschen so gebannt, dass alle, auch die Erzieherin, völlig vergessen, dass das Buch eigentlich weitergegeben werden sollte, und Lena die gesamte Geschichte zu Ende ›liest‹.

Lena realisiert eine Reihe von Merkmalen, die typisch für das Vorlesen sind. Der »Vorleseton« ist charakterisiert durch einen Wechsel der Höhe ihrer normalen Sprechstimme, durch an den Erzählinhalt angepasste Variation von Sprechtempo und Lautstärke. Ihr Vorlesestil erinnert weniger an Erwachsene, sondern eher an Kinder, die das Lesen noch nicht vollständig automatisiert haben und bei schwierigen Wörter stocken, bei einfachen aber flüssig auch über Satzgrenzen hinweglesen. Obwohl Lena den Text keineswegs wörtlich wiedergibt, sondern in starkem Maße umformuliert, sind die Sätze grammatikalisch korrekt und vollständig. Der Originaltext im Buch ist teilweise stilistisch etwas farblos gestaltet, z. B. gibt die Autorin Äußerungen der Handelnden in indirekter Rede wieder. Dieses verändert Lena, indem sie das Monster und die Personen in direkter Rede sprechen lässt. Dabei markiert sie die verschiedenen Rollen – auch die Erzählerrolle – durch verschiedene Stimmhöhen und durch die Intonation.

Hört man die Tonbandaufnahme ohne Informationen über den Situationskontext, ist man überzeugt davon, einen vorgelesenen Text zu hören. Aber Lena hat nicht ein einziges Wort erlesen, sondern die Erzählung ausschließlich mündlich gestaltet.

Auch hier liegt – wie bei dem Schreibversuch von Sven – ein Beispiel dafür vor, dass Kinder sich Aspekte von Schriftlichkeit aneignen, bevor sie die Techniken des Lesens und Schreibens und schriftsprachliche Tätigkeiten in deren Komplexität beherrschen. Mit Blick auf den gesamten Schriftspracherwerb ist an Lenas Verhalten wohl am wichtigsten, dass ihr das zentrale Charakteristikum von Schrift, nämlich Bedeutungen zu enthalten, bekannt und selbstverständlich ist. In den nächsten Kapiteln wird näher darauf eingegangen, dass dieses Wissen keineswegs selbstverständlich ist. So gibt es Kinder, die zwar die Techniken des Erlesens von Wörtern beherrschen, aber das Gelesene nicht mit Bedeutungen verbinden, also nicht sinnerfassend lesen und somit Schrift für sich nicht nutzen können. Daher ist lautes Vorlesen auch kein geeignetes Verfahren, um die Lesefähigkeit eines Kindes festzustellen. Darüber erhält man nur dann Aufschluss, wenn Bedeutungsverstehen und kognitive Verarbeitung des Gelesenen erfasst werden.

Zusammenfassung

Die in diesem Kapitel wiedergegebenen Beispiele von Kindern sind geeignet, schriftsprachliche Tätigkeit aus verschiedenen Perspektiven zu beleuchten. Gerade weil die Kinder noch nicht lesen und schreiben können, sondern sich diesen Tätigkeiten erst in Teilaspekten nähern und ihr Umgehen mit Schrift auf Erwachsene häufig erstaunlich wirkt, vermitteln sie einen Eindruck von der Komplexität des kompetenten Umgangs mit Schrift.

Hier wurde insbesondere auf zwei Charakteristika von Schrift und Schriftlichkeit abgehoben, die an lernende Kinder besondere Anforderungen stellen: Schrift als Repräsentationssystem zweiter Ordnung und der vorgestellte Andere beim Textschreiben.

Nun mag die These, dass die mit dem Schriftspracherwerb notwendig werdende Vergegenständlichung und Bewusstwerdung von Sprache Schulanfänger vor neue und schwierige Anforderungen stelle, manche Leserin und manchen Leser nach der Lektüre der vorangegangenen Kapitel verwundern. Schließlich wurde dort herausgearbeitet, dass Kinder ab dem vierten Lebensjahr ein besonderes Interesse für Sprache entwickeln, welches sich z. B. in Kommentaren zu Wörtern oder in Sprachspielen zeigt. Ein Anliegen dieses

Buches ist es ja gerade, aufzuzeigen, dass Vorschulkinder Sprache aus der untrennbaren Verflechtung mit dem nichtsprachlichen Kontext, die charakteristisch für den sympraktischen Sprachgebrauch im Kleinkindalter ist, herauszulösen beginnen, und zu untersuchen, in welchen Handlungssituationen dieses geschieht. Die in den früheren Kapiteln beschriebenen Prozesse der Dekontextualisierung von Sprache, z. B. im Rollenspiel oder beim Spielen mit Sprache, könnten so verstanden werden, dass Kinder damit beispielsweise über Wörter als sprachliche Einheiten verfügen lernen, die sie dann beim Schriftspracherwerb ›nur‹ noch mit den zugeordneten Schriftzeichen zu verbinden bräuchten.

Auf der anderen Seite ist wissenschaftlich gut belegt, dass die meisten Schulanfänger Probleme damit haben, Wörter zum Gegenstand ihres Denkens und Handelns zu machen; die zitierten Beispiele der Urteile über Wortlänge zeigen dieses deutlich. Viele Erwachsene erkennen darin ihre eigenen Erfahrungen mit Kindern wieder, und auch Anekdotensammlungen von LehrerInnen aus dem Schulalltag enthalten eine Fülle weiterer Beispiele.

Damit scheint sich ein Widerspruch zwischen den Analysen der ersten Kapitel und dem jetzt begonnenen Thema – Anforderungen und entwicklungsbedingte Voraussetzungen für den Schriftspracherwerb – aufzutun. Um diesen Widerspruch zu klären, ist es notwendig, Vergegenständlichung und Bewusstwerdung von Sprache im Zusammenhang des Schriftspracherwerbs näher zu untersuchen. Das soll in den nächsten beiden Kapiteln geschehen.

Kapitel 9 | Auf dem Weg zur Schrift

Mit Bedeutungsrepräsentationen umgehen

Lesen und Schreiben sind komplexe Tätigkeiten, die zahlreiche Teilprozesse umfassen wie Feinmotorik, Auge-Hand-Koordination, auditive und visuelle Wahrnehmung, Sprachanalyse, (Bedeutungs-)Verstehen und intentionales Handeln. Im Laufe des Schriftspracherwerbs müssen Kinder nicht nur jede einzelne Komponente beherrschen lernen, sondern auch deren Koordination und Integration.

Wenn man unter Lesen nicht nur das Erlesen und unter Schreiben nicht nur die korrekte Verschriftung von Wörtern und Sätzen versteht, sondern auch die Fähigkeiten der Verarbeitung von Textinhalten und des Verfassens von Texten, so wird einsichtig, dass Lesen- und Schreibenlernen ein jahrelanger Prozess ist, der Hand in Hand mit der kognitiven, sprachlichen und sozialen Entwicklung von Kindern und Jugendlichen geht. Die für Deutschland problematischen Ergebnisse der PISA-Studie zur Lesefähigkeit Fünfzehnjähriger haben das Bewusstsein dafür geschärft, dass zum Lesen wesentlich mehr gehört als die ›Technik‹, Buchstaben in Phoneme zu übersetzen, das jeweilige Wort zu identifizieren und bedeutungsmäßig zu erfassen. Das gilt nicht erst in späteren Jahren, sondern von Beginn des Lesen- und Schreibenlernens an. Die Vorstellung, dass Kinder in den ersten Schuljahren die Techniken erwerben und danach erst die komplexeren Prozesse des Textverstehens und -verfassens in Angriff nehmen können, wird weder dem Prozess des Schriftspracherwerbs noch den Möglichkeiten der Kinder gerecht.

Die im letzten Kapitel beschriebenen Beispiele von Vorschulkindern, die noch nicht lesen und schreiben können, sich aber sehr wohl schon mit Schrift und Schriftlichkeit auseinandersetzen, zeigen, dass Kinder Vorstellungen über Bedeutungshaltigkeit und Funktionen schriftlicher Texte entwickeln können, obwohl sie Schriftstrukturen und Beziehungen zwischen Laut- und Schriftsprache noch nicht durchschauen. Alles, was man über das Lernen von Kindern weiß, spricht dafür, dass Vorstellungen und Fantasien über Schrift und Schriftlichkeit – unabhängig davon, wie angemessen sie aus der Sicht Erwachsener sein mögen – notwendig sind, damit das Lesen- und Schreibenlernen gelingen kann. Dass Kinder schon an Tätigkeiten teilhaben können, bevor sie einzelne involvierte Teilhandlungen kompetent beherrschen, gehört zu den Selbstverständlichkeiten kindlicher Entwicklung – dazu braucht man sich nur den Spracherwerb anzusehen. Kinder beginnen nicht erst dann zu sprechen, wenn sie die Sprachlaute artikulatorisch korrekt beherrschen, sie beginnen, mit sprachlichen Bedeutungen umzugehen, bevor ihre Bedeutungen auch nur annähernd denjenigen der Erwachsenen gleichen, und Erwachsene binden Säuglinge in intentionale Handlungen ein, bevor diese Intentionalität erfassen können.

Allerdings sollte im Hinblick auf das Lesen- und Schreibenlernen nicht vernachlässigt werden, dass erfolgreiches Lernen den Erwerb und die Beherrschung von Teilprozessen und Fertigkeiten einschließt, dass Kinder sehr wohl auch daran scheitern können und dass es dementsprechend Aufgabe der Erwachsenen – zuallererst der Schule – ist, Kinder bei der Aneignung dieser Prozesse gezielt zu unterstützen.

Die folgenden Kapitel befassen sich damit, in welcher Weise die zuvor beschriebenen vorschulischen Entwicklungsprozesse Grundlagen für das Lesen- und Schreibenlernen schaffen, welche neuen Anforderungen mit dem Lese-/Schreibunterricht auf die Kinder zukommen und wie der Unterricht selbst die Lernprozesse fördern kann. In der Darstellung orientiere ich mich an Kindern, die – wie beispielsweise Sven, Tina und Nikolai – schon vor der Einschulung mit Schriftlichkeit Kontakt gehabt haben, die aber zu Schulbeginn noch nicht lesen und schreiben können. Damit soll nicht außer Acht gelassen werden, dass es sowohl Kinder gibt, die bei der Einschulung fließend lesen können, als auch Kinder, die vorher kaum mit Schrift in Berührung gekommen sind. Aber um der Darstellung einen roten Faden zu geben, ist es sinnvoll, von solchen Kindern wie Sven, Nikolai und Tina auszugehen.[32]

Schriftlichkeit in der Mündlichkeit

Die Beschreibungen zur Situation von Kindern vor der Einschulung sollen ansetzen bei der Überlegung, dass Kindern, die noch nicht selbst lesen und schreiben können, Schriftlichkeit im Gewand der Mündlichkeit begegnet. Das ist in mehrfacher Hinsicht der Fall. Im 3. Kapitel wurde bei einem Vergleich zwischen Vorlesen und Kassettenhören betont, wie wichtig gerade für kleine Kinder die interaktive Dynamik der mündlichen Face-to-Face-Kommunikation beim Vorlesen ist. Das betrifft die Einbettung geschriebener Sprache in mündliches Handeln.

Beim Vorlesen lernen Kinder aber auch typische Formulierungen und Stilmittel geschriebener Sprache kennen, die sie teilweise in ihr eigenes Sprechen integrieren, vor allem im Zusammenhang des Erzählens. Dazu ein Beispiel:

Der sechsjährige Lasse wird in vier Monaten eingeschult. Er kann seinen Namen schreiben, kennt mehrere Buchstaben und interessiert sich für Schrift. Das äußert sich u. a. darin, dass er in der Stadt auf Schildern und Plakaten nach solchen Buchstaben sucht, die er kennt, und dass er sich besonders freut, wenn er den Anfangsbuchstaben des eigenen Namens entdeckt. Beim Vorlesen unterbricht er jetzt häufiger die Erwachsenen, zeigt auf ein beliebiges Wort, um zu fragen, was genau da stehe. Selbst lesen kann er aber noch nicht, den eigenen Namen ausgenommen. Er hört schon von klein auf gern beim Vorlesen zu. Zurzeit gehören das Dschungelbuch und verschiedene Kurzgeschichten von Rudyard Kipling zu seiner Lieblingslektüre. Seit einiger Zeit ist sein Vater dazu übergegangen, kleine Geschichten, die er zu selbst gemalten Bildern erzählt, wörtlich aufzuschreiben, wobei Lasse ihm den Text diktiert. Manchmal werden Bild und Geschichte als Geschenk für andere produziert. So kommt es, dass Lasse folgende Geschichte, die wörtlich aufgeschrieben ist, verfasst:

In Afrika ist es früh am Morgen. Die Vögel singen so schön sie können. Aber das, das Zischen, was war das? Ah, ich weiß es, ne Schlange! Was will sie hier denn im offenen Dschungelgebiet? Sonst ist die Schlange immer da, wo die Mungos sind. Die will sich den Fisch da im Aquariumbecken holen. Aber wie, da ist doch ne Glasscheibe oben. Ah, ich weiß es, sie wartet, bis der Mann kommt und die Luke vom Aquarium aufmacht, dass der Fisch ein bisschen Luft kriegt. Und dann geht der Mann weg und die Schlange schleicht sich hin und holt den Fisch. In der Zeit ist es schon Nachmittag geworden. Wenn Ihr noch mehr tolle Schlangengeschichten hören wollt, dann guckt doch einfach mal, ob ihr die Geschichten findet.

Auf dem Bild hat Lasse ein Aquarium mit einem Fisch darin und einer Schlange davor gemalt.

Inhaltlich ist diese Geschichte deutlich inspiriert von Kiplings Geschichten, vor allem von einer, in der ein Mungo eine Giftschlange tötet, die in das Haus einer Familie eingedrungen ist, und somit die Familie rettet. Trotz dieses literarischen Vorbilds entwickelt Lasse aber eine eigene Geschichte.

Sprachlich bildet der Text eine Mischung aus charakteristischen Elementen schriftlicher und mündlicher Sprache, von denen einige hier beschrieben werden sollen.

Der erste Satz ist eine typische Geschichteneröffnung: Ort (Afrika) und Zeit (früh am Morgen) werden eingeführt. Wenn man bedenkt, dass Lasse gerade ein Bild mit Fisch und Schlange gemalt hat und sowohl er als auch sein Vater das Bild vor Augen haben, so ist es keineswegs selbstverständlich, dass er die Erzählung so beginnt. Denn dazu muss er seine Aufmerksamkeit von dem, was auf dem Bild zu sehen ist, zunächst gezielt abziehen, um dem Kern der Geschichte einen situativen Rahmen zu geben. Damit gestaltet er den Text als Erzählung und nicht als Bildbeschreibung.

Es folgen einige Sätze, die Lasse als wörtliche Rede formuliert hat. Diese sind hier aber nicht Ausdruck der mündlichen Sprechsituation, sondern verweisen deutlich auf literarische Erfahrungen, da der Junge sie nicht an den Vater richtet, sondern sie als Monolog gestaltet. Die wörtliche Rede ist in den Geschichtentext integriert und damit aus der realen Erzählsituation mit dem Vater herausgenommen. Lasse setzt sie als spannungserzeugendes und -steigerndes Stilmittel ein. Als Gegensatz zu der Beschreibung der Eingangssituation mit den schön singenden Vögeln führt die Frage in der wörtlichen Rede ein beunruhigendes »Zischen« ein, das die Schlange ins Spiel bringt. Dieses Stilmittel charakterisiert wieder den narrativen – im Gegensatz zum beschreibenden – Charakter des Textes, denn auf dem Bild sind Schlange, Fisch und Aquarium simultan zugegen. Dem entspricht, dass Lasse zum Schluss, nachdem er auf das Gemalte Bezug genommen hat, die Geschichte zu einem für den Fisch dramatischen Ende weiterspinnt und damit wieder über das Bild hinausgeht. Mit dem Satz *In der Zeit ist es schon Nachmittag geworden* schließt er durch eine neue Zeitangabe den Rahmen der Geschichte. Das Ende der Erzählung wird dann mit der expliziten Wendung an ein fiktives Publikum herbeigeführt. Damit spricht er weder den Vater an noch denjenigen, dem er Bild und Geschichte schenkt. Gerade in Geschichten für Kinder kommen solche Abschlussformeln häufig vor.

Die Beschreibung des Textes zeigt, dass die mündlich formulierte Geschichte Merkmale aufweist, die eher für geschriebene als für gesprochene Sprache charakteristisch sind. Das gilt sowohl für den Sprachstil als auch für die gedankliche Planung der Geschichte, bei der der kleine Erzähler sowohl von der aktuellen Interaktionssituation als auch von der gemalten Szene abstrahieren kann.

Nun enthält der Text aber auch Formulierungen, die auf das Bild bzw. auf den mündlichen Kontext der Sprechsituation verweisen. Mit DEN *Fisch* DA *im Aquarium,* DA *ist doch ne Glasscheibe* nimmt Lasse direkt Bezug auf das Bild, das vor ihm liegt. Die groß gedruckten Wörter zeigen im dinglichen Zeigfeld also auf Gegenstände, die in der Situation aktuell vorhanden sind. In den früheren Kapiteln wurde diese Art der Sprachverwendung als charakteristisch für den sympraktischen Sprachgebrauch bezeichnet; er ist in der gesprochenen Sprache immer dann angemessen, wenn die Hörer das Zeigen nachvollziehen können, wenn sie also sehen, worauf sich die Wörter beziehen. Das ist in geschriebenen Texten meist nicht der Fall und führt zu Verständnisproblemen. Da Lasse aber seine Geschichte zu dem Bild erzählt und sie mit dem Bild gemeinsam verschenken will, sind seine Formulierungen nicht nur in der

Sprechsituation verständlich, sondern auch später, wenn der Beschenkte das Bild und den Text vor Augen hat. Daher sind Lasses Formulierungen in diesem Zusammenhang durchaus angemessen.
Das gilt für eine andere Fomulierung nicht in gleicher Weise. Mit DER Mann wird eine Person eingeführt, die auf dem Bild nicht zu sehen ist. Im 4. Kapitel wurde dargestellt, dass Kinder erst ab 7 Jahren dazu in der Lage sind, neue Personen sprachlich angemessen einzuführen. Das Rollenspiel bildet eine Ausnahme. Der Gebrauch des bestimmten Artikels setzt voraus, dass die Person, auf die so Bezug genommen wird, entweder vorher schon erwähnt wurde oder aber aus anderen Gründen den Hörern/Lesern bekannt ist. Keines von beidem trifft in Lasses Erzählung zu. Neben Lasses Alter könnte auch die Situation der Mündlichkeit für die Formulierung verantwortlich sein, weil fehlende Informationen mündlich durch Nachfragen eingeholt und ergänzt werden können. Lasses Wortwahl kann daher als typisch für sein Alter und für mündliche Situationen verstanden werden.

Der Text steht hier exemplarisch dafür, dass Kinder, die weder lesen noch schreiben können, doch mit geschriebenen Texten und schriftsprachlichen Stilmitteln so vertraut sein können, dass sie mündlich Texte formulieren, die Elemente von Schriftlichkeit enthalten und daher zwischen Mündlichkeit und Schriftlichkeit stehen.

Um solche Differenzierungen begrifflich zu erfassen, unterscheidet man zwischen KONZEPTIONELLER und MEDIALER MÜNDLICHKEIT bzw. SCHRIFTLICHKEIT. Ein mündlich produzierter, aber schriftsprachlich formulierter Text ist von der Konzeption her schriftsprachlich, aber realisiert im Medium der Mündlichkeit, er ist also konzeptionell schriftlich und medial mündlich. Dagegen wäre ein Beispiel für konzeptionelle Mündlichkeit mit medialer Schriftlichkeit ein Internetchat, der sich der Schrift bedient, aber mit schnellem dialogischem Wechsel und entsprechender Voraussetzung gemeinsam bekannter Information sowohl von den sprachlichen Formulierungen als auch von den mentalen Planungsprozessen her mündlicher Sprache nahe steht.

Viele geschriebene Texte von Schulanfängern sind medial schriftlich, aber konzeptionell mündlich, weil die Kinder weder über die Schreibfähigkeiten verfügen noch auch den vorgestellten Anderen und seine (eingeschränkte) Wissensbasis antizipieren können, um konzeptionell schriftliche Texte zu verfassen. Umso wichtiger ist es, darauf aufmerksam zu machen, dass auch die Umkehrung vorkommt, dass nämlich Kinder, die noch nicht schreiben können, konzeptionell schriftsprachlich formulieren können.

Dabei stellt Lasse keineswegs eine Ausnahme oder eine besondere Erzählbegabung dar.[33] Wichtig für seine beschriebenen Fähigkeiten ist sicher die jahrelange Vertrautheit mit vorgelesenen Geschichten. Dadurch erhalten Kinder Modelle für sprachliche Texte und Formulierungen, die sich in mancherlei Hinsicht von der gewohnten gesprochenen Sprache mit ihrer Verankerung in der aktuellen Sprechsituation unterscheiden. Dass für das Verstehen auch vorgelesener Texte die Einbettung in die Interaktion mit anderen wichtig ist, wurde bereits am Ende des 3. Kapitels hervorgehoben. Das steht aber nicht im Widerspruch dazu, dass vorgelesene Texte die sprachlichen Möglichkeiten von Kindern in Richtung auf Schriftlichkeit verändern und erweitern können. Beides ergänzt sich gegenseitig.

In diesem Zusammenhang soll zweierlei hervorgehoben werden: Erstens: Mit der Orientierung an geschriebenen Texten und deren Umsetzung beim Sprechen eignen Kinder sich nicht nur bestimmte sprachliche Ausdrucksmittel an; vielmehr hilft es ihnen auch, den Weg zur Abstraktion von der aktuellen, dynamischen Interaktionssituation, die beim Schreiben (und Lesen) gefordert ist, einzuschlagen. Denn wenn Kinder stereotype Erzählanfänge, wie z. B. im Märchen, kennen und solche Textelemente übernehmen, können sie Textstrukturen erzeugen, ohne lange über einzelne Formulierungen nachdenken zu müssen und dabei möglicherweise stecken zu bleiben.

Zweitens: Schreibanfänger stehen vor dem Problem, dass ihre mündlichen Sprachfähigkeiten den schriftlichen weit voraus sind. Bis sie einen Geschichtenanfang zu Papier gebracht haben, hätten sie die Geschichte mündlich fast schon zu Ende erzählt. Diese Diskrepanz kann zu Entmutigungen bis hin zum Verlust der Erzählfreude führen. Auch aus diesem Grund ist es für Kinder eine wichtige Erfahrung, zu erleben, dass ihre eigenen mündlichen Erzählungen von anderen als Texte festgehalten und wieder vorgelesen werden können und somit bei ihren eigenen Geschichten keine unüberbrückbare Diskrepanz zwischen Mündlichkeit und Schriftlichkeit besteht..

Und schließlich: Erzählmotivation und Erzähllust können durch Aufschreiben der Geschichten angeregt werden. Die amerikanische Vorschulpädagogin Vivian Paley beschreibt in ihren Büchern, wie die von ihr unterrichteten drei- und vierjährigen Kinder in einer Welt selbst erfundener Figuren und Geschichten leben, in der sich Rollenspiele und Geschichtenerzählen ergänzen und durchdringen. Zur festen Einrichtung gehört der »story table«, an dem Paley Erzählungen der Kinder aufschreibt. Es ist faszinierend, wie die Kinder unter- und miteinander ihre Geschichten entwickeln und diskutieren. Das Aufschreiben durch die Lehrerin behindert die Kommunikation zwischen den Kindern nicht, sondern ist ein wichtiger Teil der gesamten, dynamischen, Fantasien freisetzenden Situation (Paley 1986, 1988).

Widersprüche

Zwei Aspekte der »Schriftlichkeit in der Mündlichkeit« – die Einbettung schriftlicher Texte in mündliche Interaktionen und die Integration schriftsprachlicher Elemente in die gesprochene Sprache der Kinder – sind hier bislang betrachtet worden. Als Nächstes soll ein dritter thematisiert werden: Bis Kinder lesen und schreiben lernen, sind sprachliche Bedeutungen für sie an Lautsprache gebunden. Das gilt auch dann, wenn sie – wie Lasse, Sven und viele andere Kinder – wissen, dass die Schriftzeichen in Büchern und auf Plakaten Bedeutungen repräsentieren. Denn um die Bedeutungen zu erfahren, brauchen sie die Vermittlung durch das Vorlesen. Ihr Zugang zur Bedeutung verläuft über die Dekodierung des gehörten und nicht des gesehenen Wortes.

Mit dem Blick auf Annäherungen von Vorschulkindern an Schrift ergibt sich nun zunächst eine paradoxe Situation. Im 8. Kapitel wurde am Beispiel von Svens Erläuterung des Buchstabens <z> beschrieben, dass er zwar schon weiß, dass Buchstaben(folgen) für (Wort-) Bedeutungen stehen, dass ihm aber noch nicht klar ist, dass die schriftliche Repräsentation über die Lautung vermittelt ist. Denn dann hätte er beispielsweise *zet wie Ziege* und nicht *zet wie Ferkel* gesagt.

Die meisten Vorschulkinder denken in Bezug auf Schrift so wie Sven. Ein Paradox scheint darin zu liegen, dass Kinder vor dem Lesen- und Schreibenlernen einerseits sprachliche Bedeutungen nur über die auditive Wahrnehmung gesprochener Sprache abrufen können und noch keinen Zugang über die visuelle Wahrnehmung der Schrift dazu haben, dass sie andererseits aber bei der Betrachtung von Buchstaben und geschriebenen Wörtern gerade die Lautung ignorieren und direkt zur Bedeutung kommen. Vorschulkinder gehen häufig auch mit selbst geschriebenen Wörtern so um, indem sie – um ein anderes Beispiel aus dem 8. Kapitel aufzunehmen – den Namen *Leo* mal korrekt als *Leo*, mal als *mein Papa,* mal als *du* lesen.

Darüber hinaus scheint sich ein zweiter Widerspruch aufzutun, nämlich ein Widerspruch zu den beschriebenen, für das Vorschulalter charakteristischen Veränderungen im Umgang mit Sprache. Denn diese Veränderungen, die ich mit den Formulierungen »hinter die Dinge sehen« und »Fantasiewelten erzeugen« zusammengefasst habe, basieren darauf, dass die Kinder Sprache aus den praktischen Handlungsvollzügen herauslösen können und sie in diesem Sinne als eigenständigen ›Träger‹ von Handlungen und Vorstellungen verfügbar haben.

Nach Nelsons Modell der Entwicklung mentaler Repräsentationen findet dieser Veränderungsprozess nicht nur auf der Handlungsebene statt, sondern hat eine Entsprechung auf der Ebene mentaler Strukturen. In diesem Sinne entsteht für Kinder im Vorschulalter Sprache als *Zeichensystem*.

Warum ist es aber trotzdem noch für Schulanfänger schwierig, über Wörter und nicht stattdessen über die bezeichneten Gegenstände und Handlungen und die mit den Bedeutungen verbundenen Erfahrungen zu urteilen? Zur Erinnerung: Die Antwort, *Straße* sei länger als *Straßenbahn*, wird nicht darauf zurückgeführt, dass die Kinder sich in der Länge der beiden Wörter irren, sondern darauf, dass sie gar nicht über Wörter, sondern über Straßen und Straßenbahnen nachdenken und sprechen.

Diese Widersprüche aufzulösen und die dahinter stehenden Prozesse verstehen zu können, führt zum Kern des sprachbezogenen Handelns und Denkens von Vorschulkindern und ihres Umgangs mit Schrift. Da Kinder sich nicht abrupt mit der Einschulung verändern, sondern die Entwicklungen in einem längeren Umgestaltungsprozess ablaufen, ist die Auseinandersetzung mit den aufgezeigten Widersprüchen auch für das Verständnis von Kindern in der beginnenden Schulzeit relevant.

Auf dem Weg zur Vergegenständlichung von Sprache

Die Auseinandersetzung soll hier in mehreren Schritten erfolgen. Zunächst wird die Aufmerksamkeit noch einmal auf typische Handlungssituationen gerichtet, in denen Kinder Sprache aus dem sympraktischen Zusammenhang herauslösen.

Betrachten wir noch einmal das Rollenspiel von Hilde und Ingrid, das im 5. Kapitel analysiert wurde. Es ist offensichtlich, dass die beiden mit ihren formelhaften Wendungen Sprache als Instrument zur Erzeugung von Umdeutungen verwenden. Sprache ist ihnen *Mittel* und nicht *Gegenstand* der Handlung. Sprache zu gebrauchen, um den aktuellen Handlungskontext umzudeuten, schließt nicht ein, Sprache zum Gegenstand zu machen. Die Kinder sprechen nicht über Wörter, sondern über Bedeutungen von Objekten, Personen, Handlungen und über den fiktiven Charakter dieser Bedeutungen. Das Neue im Umgang mit Sprache liegt darin, dass sie mit diesen Umdeutungen Wort und Gegenstand (bzw. Handlung) voneinander trennen und Sprache nicht mehr wie in den Jahren zuvor als integrierten Teil der gesamten Wahrnehmungs- und Handlungssituation verstehen. Das ist ein notwendiger Schritt auf dem Weg zur Möglichkeit, Sprache selbst zum Gegenstand des Handelns zu machen. Der Weg insgesamt aber ist weiter.

Untersucht man also den Sprachgebrauch und die Situationen, in denen Kinder Sprache aus der sympraktischen Kontextverflechtung herauslösen, so wird nachvollziehbar, warum die praktische Verfügbarkeit sprachlicher Zeichen als Zeichen nicht auch schon die Fähigkeit, die Zeichen zum Gegenstand des Denkens und Sprechens zu machen, einschließt.

Damit ist nun zwar ein zentraler Teil der Veränderungen des Umgangs mit Sprache im Vorschulalter erfasst, aber eben nur ein Teil. Denn viele Vorschulkinder sprechen und reflektieren auch über Sprache. Dafür wurden im 4. Kapitel mehrere Beispiele gegeben. Wenn ein Kind sich über die Bezeichnung *Heuschrecke* beschwert, ein anderes das Wort *Rumregatta* erklärt und wieder andere Kinder Gegenstände umbenennen (‹*Gabel*› *bedeutet bei mir Messer und* ›*Messer*‹ *bedeutet Löffel*) dann richten sie ihre Aufmerksamkeit auf Sprache. Aufschlussreich ist in diesem Zusammenhang ein Vergleich der typischen Formulierungen bei Umdeutungen im Rollenspiel und bei Umbenennungen als Sprachspiel. Umdeutungen beziehen sich auf Gegenstände (DAS IST *wohl unser Auto*), Umbenennungen thematisieren Wörter (›*Messer*‹ BEDEUTET ›*Gabel*‹) oder auf Sprache gerichtete mentale Vorgänge (*Wenn ich* ›*ja*‹ SAGE, MEINE *ich* ›*nein*‹).

Unter der Voraussetzung, dass die im 8. Kapitel beschriebenen inhalts- und erfahrungsbezogenen Reflexionen typisch für Vorschulkinder sind, legen die zitierten Kommentare über Sprache die Frage nahe, ob diese Beispiele von Kindern stammen, die über besonders gute sprachanalytische Fähigkeiten verfügen. In Einzelfällen ist das selbstverständlich nicht auszuschließen. Aber für Vorschulkinder und Schulanfänger ist es charakteristisch, dass ein- und dasselbe Kind sowohl Sprachspiele und -kommentare der beschriebenen Art äußert als auch Schwierigkeiten damit hat, sich Wörter gezielt zum Reflexionsobjekt zu machen, insbesondere dann, wenn es um die Lautung und die grammatische Struktur geht.

Für Erwachsene ist es oft verblüffend, dass dasselbe Kind in manchen Situationen über Sprache sprechen und differenziert reflektieren kann, in anderen jedoch solche scheinbar einfachen Fragen wie, ob das Wort *Kuh* oder *Piepvögelchen* länger sei, mit *Kuh* beantwortet.

Bei diesen wechselnden Fähigkeiten wirken mehrere Faktoren zusammen, insbesondere allgemeine Charakteristika kindlicher Entwicklung, spezielle Charakteristika des Denkens von Vorschulkindern und besondere Anforderungen an die Sprachanalyse beim Schriftspracherwerb.

Zu allgemeinen Charakteristika kindlicher Entwicklung gehört, dass sich neue Fähigkeiten von Kindern nicht schlagartig in allen ihren Denk- und Handlungsweisen zeigen, sondern dass Ungleichzeitigkeiten entstehen und gerade darin ein Teil der Entwicklungsdynamik liegt. Die Wirksamkeit des Handelns in der Zone der nächsten Entwicklung setzt voraus, dass Kinder unter bestimmten Bedingungen schon Leistungen vollziehen können, die ihnen in anderen Zusammenhängen noch nicht möglich sind. Einerseits kann man zwar Kontexttypen ausmachen, die in bestimmten Entwicklungsphasen ein Handeln in der Zone der nächsten Entwicklung ermöglichen; für das Vorschulalter bildet das Rollenspiel einen solchen, weil diese Spiele nur dann gelingen, wenn die Kinder Sprache aus dem sympraktischen Handlungszusammenhang herauslösen. Andererseits ist es aber auch charakteristisch, dass Kinder spontan, in einzelnen Situationen Prozesse vollziehen können, in anderen jedoch nicht, dass sie also von Situation zu Situation wechselnde Fähigkeiten zeigen. Je jünger Kinder sind, desto stärker sind sie in ihrem Handeln von konkreten Kontextbedingungen abhängig. Das gilt nicht nur für – aus der Sicht späterer Fähigkeiten – Beschränkungen, sondern auch für Freisetzungen von Handlungsmöglichkeiten, dass sie also manchmal zu Handlungen in der Lage sind, die sie situationsübergreifend noch nicht beherrschen. Das ist bei Sprachreflexion im Vorschulalter der Fall.

Damit sind Charakteristika des Vorschulalters angesprochen. Als eine generelle Veränderung, die Kinder mit dem Übergang zum Vorschulalter vollziehen, wurde in den vorangegangenen Kapiteln die zunehmende Unabhängigkeit des Sprechens und Denkens vom Kontext der konkreten Handlungssituation bestimmt. Wygotski spricht in diesem Zusammenhang von zunehmender Verallgemeinerungsfähigkeit. Wie die ToM-Forschung zeigt, gibt es gute Gründe für die Annahme, dass die Entstehung eines mental repräsentierten Sprachsystems dafür von Bedeutung ist. Denn dieses ermöglicht es den Kindern, nicht nur auf der Basis von Ereignis- und Handlungsrepräsentationen zu handeln und zu denken, sondern auch mentale Zustände und Prozesse zu beachten, was zu einer größeren Unabhängigkeit von den direkt wahrnehmbaren Situationsfaktoren führt. Die Kinder können jetzt mental zwischen Bedeutungen von Gegenständen und Handlungen einerseits und diesen Gegenständen und Handlungen selbst andererseits trennen, was bei Umdeutungen im Rollenspiel offensichtlich wird. Wenn dem Gegenstand ›Pappkarton‹ die Bedeutung ›Auto‹ verliehen wird, so erfordert das, mit der Bedeutungsrepräsentation ›Auto‹ unabhängig von der mentalen Repräsentation eines tatsächlichen Autos umzugehen.

Die Verallgemeinerungsfähigkeit von Vorschulkindern ist aber an anschauliches Denken gebunden. Im 2. Kapitel wurde im Zusammenhang der Bedeutungs- und Begriffsentwicklung zwischen spontanen und echten Begriffen (bzw. Alltagsbegriffen und wissenschaftlichen Begriffen) differenziert. Vorschulkinder denken in spontanen, erfahrungsbezogenen Begriffen, die Wygotski auch als Komplexe bezeichnet. Während echte Begriffe als Elemente eines Begriffssystems in Relation zu anderen Begriffen stehen, repräsentieren spontane Begriffe manchmal höchst subjektive Erfahrungsinhalte.

Der Komplex ist wie der Begriff eine Verallgemeinerung oder Vereinigung konkreter Dinge, aber während einem Begriff logisch untereinander identische Beziehungen eines einheitlichen Typus zugrundeliegen, beruht der Komplex auf den verschiedenartigsten faktischen Beziehungen, die oft nichts miteinander gemeinsam haben. Im Begriff sind die Dinge nach einem einzigen Merkmal verallgemeinert, im Komplex aus den verschiedensten faktischen Gründen. (Wygotski 1974, S. 124)

Ein Beispiel dafür liefert Michael mit seiner Begründung, warum er die 3 liebt:

Die Drei ist schön, weil ... sie ist so rund und so fein zum Schreiben. Sie ist einfach so schön ... Das geht so schnell: eins, zwei, drei. Wie Hut. Oder Kuh ... Und Mut auch. (Brockmeier 1997, S. 273)

Michael geht aus von der runden Form der Ziffer, geht dann zum motorischen Aspekt des Schreibens über, kommt zur Schnelligkeit des Zählens bis drei und schließt am Ende mehrere, semantisch völlig verschiedene Wörter aufgrund ihrer Buchstabenzahl mit ein. Er geht schon in die zweite Klasse und der Schriftspracherwerb hat dazu geführt, dass er – konzentriert auf die Dreizahl – von den Wortbedeutungen abstrahiert und die Wörter nach der Anzahl der Buchstaben zusammen gruppiert. Seine Äußerung zeigt also einerseits noch das komplexhafte Denken, indem er völlig verschiedene, ihn persönlich besonders ansprechende Aspekte der Drei vereinigt; andererseits betrachtet er, darin integriert, beliebige Wörter nach dem einheitlichen und formalen Kriterium der Buchstabenanzahl.

Anders als bei Michael, der seinen Gedankengang klar vermitteln kann, ist komplexhaftes Denken für Außenstehende häufig nicht nachvollziehbar, so z. B. wenn ein fünfjähriger Junge auf die Bitte, ein Wort zu nennen, antwortet: *Meine Mutter kannte mal eins, aber das habe ich vergessen* (Januschek u. a. 1978). Dabei liegt das Problem nicht darin, dass die Kinder abstrus denken; vielmehr stellen sie »faktische Beziehungen« (Wygotski) her, die begründet, aber häufig in ihren persönlichen Erfahrungen und Deutungen der Welt verwurzelt und daher für andere nicht zugänglich sind.

Die Art und Weise, wie Vorschulkinder denken, liefert also eine weitere Begründung dafür, warum diese in manchen Zusammenhängen über Sprache reflektieren, andererseits aber mit der beim Lesen- und Schreibenlernen geforderten Vergegenständlichung von Sprache Probleme haben. Denn wenn sie beispielsweise den Anlaut eines Wortes bestimmen sollen, so müssen sie von allen anderen, für sie bedeutsamen Aspekten abstrahieren und das Wort nach einem einzigen vorgegebenen und – unter semantischen und handlungsbezogenen Aspekten – völlig willkürlichen Kriterium zum Gegenstand des Denkens machen. Wenn ihnen dagegen ein Wort wie *Heuschrecke* oder *Rumregatta* auffällt und sie sich darüber ihre eigenen Gedanken machen, so bestimmen sie selbst, was sie thematisieren und wann und wie sie es tun. Wenn sie an einem Tag diese, einige Wochen später jene Erklärung finden, so wird es den Erwachsenen kaum auffallen.

Nun setzen sich Vorschulkinder aber mit Schrift auseinander, viele beginnen ihre ersten Schreib- und Leseversuche vor der Einschulung. Auch dann, wenn das erst in der Schule geschieht, ist nach allem, was man über kindliche Entwicklung weiß, nicht davon auszugehen, dass sie die ersten Schritte zum Lesen und Schreiben erst dann gehen können, wenn sie das komplexhafte Denken überwunden haben. Daher soll als Nächstes untersucht werden, wie viele Kinder anfangs mit Schrift umgehen und wie das zum Sprechen, Denken und Handeln im Vorschulalter passt.

Bedeutungen schriftlich repräsentieren

Befassen wir uns noch einmal mit dem Kindergartenkind Sven, das im 8. Kapitel vorgestellt worden ist mit der Erläuterung des Buchstabens <z>: *Tset wie Ferkel.*

Was Sven noch nicht kann, ist offensichtlich: Er ordnet den Buchstaben nicht dem Anlaut des Wortes zu. Seine Äußerung lässt keinen Rückschluss darauf zu, ob er über das Wort *Ferkel* spricht, aber die Beziehung zwischen Buchstaben und Lauten noch nicht kennt, oder über die Bedeutung ›Ferkel‹, ohne das Wort als sprachliche Einheit im Sinn zu haben. Auf jeden Fall aber zeigt seine Formulierung, dass er nicht über ein konkretes einzelnes Tier, sondern über eine verallgemeinerte Bedeutung spricht.

Lesen und Schreiben setzt voraus, dass die Handelnden über mentale Repräsentationen von Bedeutungen verfügen. Das gilt für jedes Schriftsystem. Logografische Schriften geben Bedeutungsrepräsentationen durch Schriftzeichen wieder, ohne den Weg über die Lautung von Wörtern zu nehmen, wie es bei alphabetischen Schriften der Fall ist.

Die Schreibentwicklungsforschung zeigt, dass viele Kinder mit einer logografischen Strategie zu schreiben und zu lesen beginnen, also Schriftzeichen zu Bedeutungen und nicht zu Wörtern mit ihrer Lautung zuordnen. Im 8. Kapitel sind Beispiele dafür gegeben worden.

Die amerikanischen Forscher Pellegrini und Galda verfolgten ein Jahr lang Rollenspiele von Vorschulkindern und setzten sie zu deren Lese-/Schreibfähigkeiten in Beziehung. Sie stellten fest, dass bei den Kindern, die zu Beginn der Untersuchung viereinhalb Jahre alt waren, neben dem Intelligenzquotienten das Ausmaß expliziter Umdeutungen beim Spiel das beste Vorhersagekriterium für die Leistungen der Kinder zu Beginn des Schreiblernprozesses war (Pellegrini/Galda 1990). Zur Erklärung ihrer Ergebnisse knüpfen sie an Wygotski an, der dem Rollenspiel eine entscheidende Funktion dafür zugesprochen hat, dass Vorschulkinder beginnen, mit Bedeutungsrepräsentationen umzugehen. Demnach kommt der positive Effekt für beginnende Schreibleistungen dadurch zustande, dass Anfänger ihre Schreibungen nicht als Verschriftlichung von Wörtern mit ihrer charakteristischen Lautung, sondern als Notation von Bedeutungen verstehen. Die Erklärung von Pellegrini und Galda stimmt überein mit den genannten Erkenntnissen der Schreibentwicklungsforschung.

Für das Lesen stellten Pellegrini/Galda allerdings nicht den gleichen Vorhersageeffekt fest wie für das Schreiben. Sie erklären es damit, dass sie die Lesefähigkeit durch das Lesen kontextfrei dargebotener Wörter testeten und Erfolg dabei den Weg über die Lautstruktur voraussetzt.

Dagegen zeigen Untersuchungen zur Leseentwicklung, dass gerade Kinder, die schon vor der Schule mit dem Lesen beginnen, häufig auch eine logografische Strategie verfolgen. Denn sie orientieren sich bei vertrauten Wörtern, die meist in bestimmten Kontexten vorkommen, an einigen grafischen Merkmalen und ordnen diese den Bedeutungen zu, ohne das Wort erlesen zu haben. Die

Grenzen zwischen der Erkennung nichtsprachlicher Symbole, wie z. B. Firmenlogos und Piktogrammen, und geschriebener Sprache sind dabei fließend.[34]

Die Beziehungen, die Pellegrini und Galda zwischen Umdeutungen beim Spiel und frühen Schreibfähigkeiten feststellten, sind also plausibel, weil Kinder in beiden Tätigkeiten mit Bedeutungsrepräsentationen umgehen.

Vermutlich tragen aber auch umgekehrt schriftliche Notierungen ihrerseits zur Festigung und Stabilisierung von Bedeutungsrepräsentationen bei. Denn Schrift hat als visuelles Medium gegenüber auditiven Medien, zu denen die gesprochene Sprache gehört, den Vorteil, dass sie Bedeutungen materialisiert und für die Wahrnehmung konstant verfügbar macht. Auch wenn ein Kind nur Striche zu Papier bringt und diese mit Bedeutungen verbindet, so schafft es damit eine neue Basis für das Sprechen und Nachdenken über Bedeutungen. Geschriebenes kann man nicht nur beliebig lange anschauen, sondern in verschiedenen Materialien fühlbar und zu einem handhabbaren Gegenstand machen. Das wird sehr schön deutlich in einem Dialog, den Jens Brockmeier mit dem sechsjährigen Kindergartenkind Anna geführt hat.

›Reden wir heute wieder über diese Worte?‹ begrüßt mich Anna (6,2).
Über welche Worte?
›Die ich ins Heft gemalt habe, das letzte Mal, als du da warst. Weißt du doch!‹
Wenn du magst.
›Ich habe aber noch ein schöneres Wort gemalt, zu Hause, sieh mal! Können wir das auch nehmen?‹
Laß mal sehen. Das ist aber wirklich sehr schön!
›Ja, das hab ich mit ins Bett genommen, zusammen mit Pu‹ (einem Stofftier). (Brockmeier 1997, S.256)

In diesem Zusammenhang sei daran erinnert, dass Tomasello Gesprächen zwischen Kindern und Erwachsenen über mentale Prozesse, wie etwas zu meinen, zu beabsichtigen, zu wünschen, eine wichtige Funktion für die Entstehung der ToM von Kindern zuspricht. In ähnlicher Weise sind Gespräche über Wörter und sprachliche Zeichen von Bedeutung für die Vergegenständlichung von Sprache. Schrift liefert dafür einen Gegenstand, den die Gesprächspartner beide vor sich haben und entsprechend zum gemeinsamen Thema machen können.

Das bedeutet, dass das Lesen- und Schreibenlernen mit der Notwendigkeit, Sprache nach bestimmten Kriterien zum Gegenstand zu machen, zwar einerseits Schulanfänger vor beträchtliche Anforderungen stellt, dass aber andererseits geschriebene Sprache als materialisierte, der Wahrnehmung konstant verfügbare Sprache diesen Prozess auch unterstützen kann.

Zusammenfassend ist festzuhalten, dass viele Vorschulkinder ein logografisches Verständnis von Schrift entwickeln und damit ein Charakteristikum von Schrift, nämlich dass sie Bedeutungen repräsentiert, erfassen. Da das Umgehen mit Bedeutungsrepräsentationen im Vorschulalter eine neue Entwicklung darstellt, ist anzunehmen, dass derartige Notierungen ihrerseits einen Beitrag zur Stabilisierung der Repräsentationen leisten. Denn die Kinder richten mit den Schreibansätzen ihre Aufmerksamkeit auf Bedeutungen und schaffen einen Gegenstand, über den sie mit anderen Menschen sprechen und gemeinsam nachdenken können.

Die Forschungslage rechtfertigt nicht die Behauptung, dass eine logografische Annäherung an Schrift eine notwendige Voraussetzung für das Lesen- und Schreibenlernen bildet. So kommt Mannhaupt (2002) zu dem Ergebnis, dass deutsche Schulanfänger, die in der Mehrzahl noch nicht lesen können, nicht mit einer logografischen, sondern mit einer lautbezogenen Strategie zu lernen beginnen. Damit unterscheiden sie sich von amerikanischen Kindern, die anfangs eher logografische Strategien anwenden. Diese Differenz könnte verschiedene Ursachen haben: Sie könnte in Unterschieden zwischen der deutschen und anglo-amerikanischen Orthographie liegen, in unterschiedlichen Lehrmethoden oder aber darin, dass amerikanische Kinder früher, nämlich bereits im Vorschulalter, mit dem Lesen- und Schreibenlernen anfangen und eine logografische

Strategie ihrem Entwicklungsstand in besonderem Maße entspricht, weil sie in dieser Zeit beim sprachlichen Handeln mit Bedeutungsrepräsentationen umzugehen beginnen, was logografischen Notationen korrespondiert. Daher ist es auf jeden Fall sinnvoll, Vorschulkinder, die Ansätze zum logografischen Schreiben und Lesen zeigen, darin zu unterstützen. Dabei ist es keineswegs notwendig, dass sie beim Schreiben bereits mit Buchstaben umgehen. Gekritzelte Linien, die in ihrer Vorstellung Bedeutungen repräsentieren, erfüllen dieselbe Funktion.

Bei Schulanfängern, die keinen Zugang zur Schrift finden, kann ein Problem darin liegen, dass sie im Umgang mit Bedeutungsrepräsentationen noch sehr unsicher sind. Für diese Kinder könnte es hilfreich sein, wenn man ihnen logografisch orientierte Zugänge zu Schrifterfahrungen eröffnet.

Kapitel 10 | Bewusstwerdung von Sprache

Kinder entdecken Sprache als Symbolsystem

Da Schrift Sprache repräsentiert, müssen Kinder, um lesen und schreiben zu lernen, ihre Aufmerksamkeit auf Sprache richten und sie nach den Kriterien, die für das jeweilige Schriftsystem relevant sind, analysieren. So müssen sie den Fluss gesprochener Äußerungen in Sätze, Wörter und Phoneme segmentieren. Da ihre Sprache aber kein fremder, ihnen als Objekt gegenübertretender Gegenstand ist, sondern von ihnen als Sprecher und Hörer beherrscht wird, geht es hier um Prozesse der Bewusstwerdung. Die in den beiden vorangegangenen Kapiteln beschriebenen Beispiele von Kindern im Umgang mit Schrift zeigen, dass die Beherrschung sprachlicher Strukturen nicht auch schon deren Bewusstwerdung umfasst.

Der erste Wissenschaftler, der Zusammenhänge zwischen Sprachbewusstheit und Schriftspracherwerb hergestellt hat, war Wygotski (Wygotski 1974). Mittlerweile gibt es eine breit gefächerte wissenschaftliche Diskussion zu diesem Thema; eine der immer noch aktuellen und strittigen Fragen ist beispielsweise die, ob Sprachbewusstheit eine Voraussetzung oder eine Folge des Schriftspracherwerbs bildet.[35]

In den beiden vorangegangenen Kapiteln wurde herausgearbeitet, dass die Aufgabe, Sprache nach bestimmten Kriterien zum Analysegegenstand zu machen, für sechsjährige Kinder eine ungewohnte und schwierige Anforderung darstellt. Es wurde auch deutlich, dass die Lautanalyse besondere Probleme bereitet.

Das liegt einerseits daran, dass Kinder an Sprache bedeutungsorientiert herangehen und dass es ihnen dem komplexhaften Denken entsprechend schwerfällt, Wörter konsequent nach einem bestimmten Kriterium zu betrachten; andererseits liegt es aber auch an strukturellen Bedingungen für die Lautanalyse. Diese strukturell bedingten Schwierigkeiten werden im nächsten Abschnitt beschrieben. Danach wird der Blick dann wieder auf die Kinder gelenkt, indem bestimmte ästhetische und spielerische Erfahrungen von Vorschulkindern im Umgang mit Lautstrukturen dargestellt und in Beziehung zu den Anforderungen beim Schriftspracherwerb gesetzt werden. Das Kapitel endet mit einer erneuten Erweiterung der Perspektive auf Prozesse der Bewusstwerdung von Sprache im Vorschul- und (beginnenden) Schulalter.

Wörter verschriften

Konzentrieren wir uns zunächst auf die Aufgabe, einzelne Wörter zu verschriften, und gehen wir von dem Wort *Limonade* als Beispiel aus.

Dieses Wort ist mit seinen 4 Silben und 8 Phonemen zwar relativ lang, lautlich jedoch einfach strukturiert. »Einfach« bezieht sich auf die Bedingungen für die Lautanalyse. Untersuchungen zeigen, dass Schulanfänger Wörter, deren Silben aus Konsonant-Vokal-Abfolgen bestehen, leichter analysieren können als Wörter mit komplexen Silben, die Konsonantenballungen enthalten. Die Durchgliederung und Analyse des einsilbigen Wortes *Strumpf* /ʃtrumpf/ mit der Struktur KKKVKKK ist schwieriger als die des viersilbigen *Limonade* mit der Struktur KVKVKVKV.[36]

Zum Einstieg kann ein kleines Experiment mit Hilfe eines Diktiergeräts oder Kassettenrecorders dienen. Man kann es aber auch durchführen, ohne das Gesprochene aufzunehmen.

1. Sprechen Sie im üblichen Sprechtempo und mit der üblichen Betonung den Satz: *Wir trinken gern Limonade und Milch.*

2. Sprechen Sie danach möglichst langsam das Wort *Limonade*.

3. Wiederholen Sie das Wort, jetzt aber so, dass Sie nach jeder Sprechsilbe eine kleine Pause machen: *Li mo na de.*

4. Lautieren Sie das Wort. Unter Lautieren versteht man die isolierte Artikulation der einzelnen Laute: *l i m o n a d e*. Anders als beim Buchstabieren soll dabei nur der Laut und nicht der Buchstabenname gesprochen werden, also nicht *em* sondern *m*.

Wenn Sie nun die Aufnahme sukzessive abspielen (oder die einzelnen Schritte noch einmal wiederholen), werden Sie wahrscheinlich folgende Beobachtungen machen:

1. Die Betonung des Wortes *Limonade* liegt auf der dritten Silbe. Nur in der betonten Silbe ist der Vokal deutlich wahrzunehmen, die anderen drei Vokale werden nicht nur kurz, sondern auch abgeschwächt artikuliert. Das [i] tendiert zum unbetonten [e] ([ə]), das [o] entweder auch zum [ə] oder teilweise in Richtung eines unbetonten [a], das artikulatorisch zwischen [ə] und [a] liegt.[37]

2. Beim langsamen Sprechen werden die kurzen Vokale gedehnt, höchstwahrscheinlich verändert sich auch die Artikulation hin zum langen [i:], [o:], möglicherweise auch zum [e:]. Im Deutschen unterscheiden sich Kurz- und Langvokal nicht nur durch die Länge, also die Quantität, sondern auch durch die Art der Artikulation, die Qualität. Das kann man sich bewusst machen, wenn man beispielsweise die Anlaute der Wörter *Igel* und *immer*, *Ofen* und *offen*, *Esel* und *Ecke* miteinander vergleicht. Wenn Sie beim langsamen Sprechen von *Limonade* die Vokalqualität verändert haben, so ist das höchstwahrscheinlich eine Folge des »Denkens von der Schrift her«, dass also nicht einfach nur der im ungedehnten Sprechen tatsächlich artikulierte Vokal länger gesprochen wird, sondern dass die Buchstaben ›i‹, ›o‹ und ›e‹ durch die entsprechenden langen Vokale wiedergegeben werden.

3. Zwischen der verlangsamten und der in Silben skandierenden Sprechweise wird es kaum oder gar keine Unterschiede geben. In beiden Fällen werden Konsonant und Vokal der jeweiligen Silbe miteinander verbunden und vor dem Konsonanten der nächsten Silbe wird eine Pause gemacht.

4. Mit dem Lautieren entsteht aber nun ein völlig anderes Lautereignis. Die charakteristische Klanggestalt des gesprochenen Wortes wird zerstört, was beim Silbenskandieren nicht der Fall ist.

Zur Erklärung der Beobachtungen kann angeknüpft werden an die ersten Kapitel dieses Buches, vor allem an die Abschnitte über die Lautentwicklung im 2. Kapitel und an die Ausführungen zur

Bedeutung von Intonation und Sprechrhythmus für die frühe Eltern-Kind-Kommmunikation im 3. Kapitel.

Zunächst zur Silbe: Die Beobachtung, dass Pausen an Silbengrenzen nicht zur Zerstörung des charakteristischen Lautbildes eines Wortes führen, wohl aber Pausen innerhalb der Silbe, ist dadurch begründet, dass die Silbe die artikulatorische Grundeinheit bildet: Innerhalb der Silbe beeinflussen sich die Laute bei der Artikulation gegenseitig, sie werden als Kontinuum gesprochen. Das ist der Grund dafür, dass das Lautieren, bei dem einzelne Lautsegmente voneinander abgesetzt werden, zu einem völlig anderen Sprech- und Wahrnehmungsereignis führt als das silbisch gegliederte Sprechen eines Wortes.

Beim Lesen tritt dieses Problem massiv auf, wenn es dem Kind nicht gelingt, die einzeln lautierten Buchstaben zu Silben zusammenzubinden, statt sie einzeln zu artikulieren. Im 2. Kapitel wurde darauf hingewiesen, dass der Sprechrhythmus in allen natürlichen Sprachen silbisch strukturiert ist. Auf der Ebene der Sprachproduktion bedeutet das, dass die äußerst komplexe feinmotorische Koordination der Artikulationsorgane im Zeitfenster der Silbe organisiert ist. Auf der Ebene der Sprachrezeption bedeutet das, dass der silbische Sprechrhythmus dem Kind eine zeitliche Strukturierung des Sprachflusses anbietet, die eine sukzessive Verarbeitung erleichtert. Das Sprechen und das Hören sind durch Silben also mit bestimmten rhythmischen, motorischen Mustern verbunden. Beim Lese- und Schreibunterricht sollte daran angeknüpft werden.

Wenn aber nun die Silbe eine so wichtige Funktion für das Sprechen und Hören erfüllt, entsteht die Frage, wie das Phonem einzuordnen ist und welche Voraussetzungen schreibenlernende Kinder für die Analyse von Phonemen mitbringen. Denn dass sie Wörter beim Schreiben in Phoneme aufgliedern müssen, ergibt sich daraus, dass die deutsche Orthographie nicht Silben als Einheiten durch ein Schriftzeichen repräsentiert, sondern Phoneme.

Zur Rekapitulation: Das Phonem ist definiert als kleinste bedeutungsunterscheidende Einheit der Sprache, die selbst keine Bedeutung trägt. Der Austausch des ersten Lautes in /hant/ *(Hand)* durch /l/ ergibt das Wort /lant/ *(Land)*, führt also zu einem Bedeutungswechsel. Demnach sind /h/ und /l/ Phoneme der deutschen Sprache. Als Einheiten der Sprachstruktur werden sie beim Sprechen durch konkrete Lautereignisse realisiert. Dabei entstehen die beschriebenen silbischen Lautkontinua.

Beim Sprachverstehen werden aus den Lautkontinua die Lautunterschiede, die für die Differenzierung der Bedeutungen beispielsweise von /hant/ und /lant/ relevant sind, herausgefiltert. Im 2. Kapitel wurde im Zusammenhang der frühen Sprachwahrnehmung von Kindern berichtet, dass die Fähigkeit zur sog. kategorialen Wahrnehmung angeboren ist.

Zum Verständnis des Lesen- und Schreibenlernens ist besonders wichtig, dass die phonologische Informationsverarbeitung beim Sprechen und Hören unbewusst verläuft. Dagegen sind die Identifizierung und die Bestimmung der Reihenfolge von Phonemen ein bewusster, analytischer Prozess, bei dem das Wort zum *Gegenstand* des Denkens und Sprechens wird.

Beim Schreiben verläuft der Prozess vom Wort, das das Kind schreiben will und entsprechend ›im Sinn‹ hat, über die Analyse der Lautstruktur und die Zuordnung zu Buchstaben zur Verschriftlichung.

Beim Lesen findet das Kind das Wort geschrieben vor. Unter dem Aspekt der Lautung liegt die zentrale Schwierigkeit darin, vom Lautieren der Buchstaben zum Artikulieren des Wortes zu kommen, ein – wie deutlich geworden sein sollte – schwieriger Prozess. Bei den meisten Kindern kann man beobachten, dass sich, wenn sie diese Klippe des Lesenlernens gleichsam in einem Aha-Erlebnis bewältigt haben, ihre Lesefähigkeit explosionsartig entwickelt. Allerdings ist die Fähigkeit zur Synthese von Lauten zu Silben und Wörtern nicht automatisch damit verbunden, dass auch die Wortbedeutung erfasst wird. Denn manchmal absorbiert die Konzentration auf das Erlesen des Wortes so viel Aufmerksamkeit, dass das Kind die Beziehung zwischen Lautung und Bedeutung nicht mehr herstellen kann.

Reime, Verse, Lautspiele

Im letzten Abschnitt wurde herausgearbeitet, worin die Schwierigkeiten bei der Segmentierung von Wörtern in Einzellaute liegen. In den beiden vorangegangenen Kapiteln ist jedoch deutlich geworden, dass Schulanfänger nicht nur mit dieser Aufgabe Probleme haben, sondern dass es für sie auch schon schwierig ist, ihre Aufmerksamkeit konsequent auf die Lautung zu richten und sich nicht von inhaltsbezogenen Aspekten ablenken zu lassen.

Hier wurde noch nicht thematisiert, dass Kinder schon vom Säuglingsalter an Sprachlaute spielerisch variieren und sich die Faszination für Sprache als Klang und Rhythmus während der folgenden Jahre weiterentwickelt. Daher soll jetzt dieses Phänomen näher beschrieben und in Beziehung zur Bewusstwerdung von Sprache beim Schriftspracherwerb gesetzt werden.

Im 2. und 3. Kapitel wurde dargestellt, dass Neugeborene auf der Grundlage angeborener Fähigkeiten und pränataler Erfahrungen über differenzierte auditive Wahrnehmungen verfügen und dass Erwachsene dieses nutzen, um die Kinder sukzessive in strukturierte Interaktionen einzubinden. Gleichzeitig stellen die Säuglinge Beziehungen zwischen dem Hören der Sprachlaute, dem Sehen des sprachlichen Artikulierens anderer und der Selbstwahrnehmung sowohl ihrer motorischen Aktivität als auch der erzeugten Geräusche beim Vokalisieren her. Es ist offensichtlich, dass den Kindern das Produzieren und Hören der Lautereignisse, Sprache als Klang und Rhythmus, Freude und Lust auf Fortsetzung bereitet.

Dieser Aspekt (vor)sprachlicher Erfahrungen hat nicht nur eine dialogische, sondern auch eine monologische Seite. Die eigene Stimme kann als das früheste »Spielzeug« des Kindes verstanden werden, mit dem der Säugling sich selbst unterhält – und gleichzeitig seine Artikulationsorgane trainiert und das Monitoring, die unbewusste Überwachung der eigenen Lautproduktion durch das Gehör, aufbaut.

Beide Linien, die dialogische und die monologische, setzen sich später, wenn das Kind sprechen kann, fort. In der Erwachsenen-

Kind-Interaktion spielen dabei konventionelle, tradierte Formen wie sprachbegleitete Fingerspiele, Kindergedichte und -lieder eine große Rolle. Im 3. Kapitel wurde mit Bezug auf Bruner gezeigt, welche zentrale Funktion solche Interaktionsformate für die Sprachanfänge des Kindes haben. Eine Untersuchung von Anja Wildemann zur Kinderlyrik im Vorschulalter kommt durch eine Elternbefragung zu dem Ergebnis, dass Kinderlyrik zum Alltag auch von Vorschulkindern gehört (Wildemann 2003). Aber anders als das Vorlesen, das als eine abgegrenzte Situation wahrgenommen wird, sind die entsprechenden Interaktionen so in das alltägliche Handeln zwischen Eltern und Kindern verwoben, dass die Erwachsenen sich kaum dessen bewusst sind, wann und wie sie sie mit ihren Kindern praktizieren.

Relativ gut untersucht – allerdings in Fallstudien mit nur wenigen Kindern – sind die monologischen Lautvariationen und -spiele, die Kinder, wenn sie allein sind, (z. B. vor dem Einschlafen) produzieren (zu zusammenfassenden Darstellungen s. Clark 1978, Andresen 2002). Es lassen sich vielfältige Formen und Funktionen der Vokalisationen feststellen; sie reichen vom Üben der korrekten Aussprache bestimmter Laute über Variationen bekannter Verse und Lieder bis hin zum Erfinden eigener kleiner Gedichte. Charakteristisch sind die rhythmische Struktur und der variierende Austausch einzelner Laute in Silbenketten. Sie kommen sowohl zur Begleitung anderer Bewegungen als auch eigenständig vor, wenn das Kind nämlich seine Aufmerksamkeit voll auf das Lautspiel richtet.

Als Kommunikationsform zwischen Kindern sind Lautspiele wenig untersucht. Garvey (1978) vermutet aufgrund eigener Beobachtungen, dass ... *das Spielen mit Lauten und Geräuschen in erster Linie eine Tätigkeit, die das Kind allein und für sich ausübt* ist oder nur von eng vertrauten Kindern gemeinsam vollzogen wird (S. 82). Für die zweite Vermutung sprechen einige Fallstudien zu Zwillingspaaren (Keenan 1978; Bose 2003).

Dagegen zeigen – bislang nicht systematisch ausgewertete – Beobachtungen von Videoaufnahmen spielender Vorschulkinder, dass Kinder Lautvariationen, häufig als Singsang ausgeführt, nutzen, um den Kontakt miteinander aufrechtzuerhalten und Gemeinsamkeit herzustellen bzw. zu bewahren. So singen Jonathan (3;4) und Marius (3;11) abwechselnd ein in der Situation spontan erfundenes Lied, während sich einer der beiden in einem Spielhaus aufhält und von dem anderen nicht gesehen, wohl aber gehört werden kann. Jedes Kind spielt für sich allein, sie halten aber über ihren Wechselgesang Kontakt.

Ein anderes Beispiel stammt von Janosch (3;6) und Lukas (2;6), zwei Nachbarskindern, die in einer ihrer ersten gemeinsamen Interaktionen folgenden Dialog produzieren:[38]

L: *nich bo [bɔ]* (bezieht sich auf eine vorangegangene Äußerung)
J: *ping ponnng*
L: *ping pong (t)elalein* (Singsang)
J: *delalagng* (Singsang)
L: *he* (lacht)
J: *telalagn* (Singsang)
L: *ting tang Tellerlein, wer klopft an unser Tor, ein wunderschönes Mägdelein und das sprach so: erster Stein, zweiter Stein, dritter Stein soll bei mir sein, ting, tang tung*

Die Zurückweisung der Äußerung *bo* durch Lukas veranlasst Janosch, zu dem – fast konventionalisierten, lautlich ähnlichen – Lautspiel *pingpong*, das Lukas wiederholt und erweitert; es erinnert ihn an ein Lied, das er kennt und mit seinem Lautspiel einbringt. Janosch wiederholt es lautlich in ähnlicher Form zweimal, bis Lukas das ganze Lied singt. Die Kinder kommunizieren miteinander, indem sie jeweils die Äußerung des anderen aufnehmen und sie weiterführen. Aber sie kommunizieren nicht inhaltlich, sondern nur über Lautungen vermittelt.

Dieses Beispiel steht für eine Reihe anderer, die zeigen, dass Lautspiele auch zum Repertoire der Interaktionsspiele von Vorschulkindern gehören, die nicht eng miteinander vertraut sind. Im 5. Kapitel wurde das Spielen mit Gesprächskonventionen beschrieben, bei dem die Äußerungsinhalte nebensächlich sind und die ritualisierte Verletzung von Regeln im Zentrum der gemeinsamen Interaktion steht. Zur Basis solcher Interaktionen gehört, dass die Kinder bei den Regelverletzungen in umschriebenen Bereichen grundlegende Interaktionsregeln wie einen bestimmten Zeittakt des Sprecherwechsels einhalten. Mit den Lautspielen liegt ein weiterer Spieltyp vor, bei dem Kinder unter Vernächlässigung der inhaltlichen Dimension gemeinsam Interaktionen beginnen und gestalten. In diesem Zusammenhang ist das Alter von Lukas, der noch nicht einmal drei Jahre alt ist, und dem nur ein Jahr älteren Janosch besonders interessant. Möglicherweise gelingt es kleinen Kindern eher, in solchen von Inhalten entlasteten und an frühe Interaktionserfahrungen mit Erwachsenen anknüpfenden Dialogen verbal Kontakt aufzunehmen und aufrechtzuhalten.

Konventionalisierte, von Kindern tradierte und aktualisierte Formen der Kinderlyrik bilden Abzählverse, die durch silbischen Rhythmus, Lautvariation und häufig auch Reim gekennzeichnet sind, zum festen Repertoire der Interaktion zwischen Kindern gehören und bestimmte Funktionen für das gemeinsame Spiel erfüllen.

Zusammenfassend kann also festgehalten werden, dass Schulanfänger über lange und vielfältige Erfahrungen im spielerischen Umgang mit Sprache als Lautung, Klang und Rhythmus verfügen.

Die Ausgangsfrage war, wie erklärt werden kann, dass Kinder trotz dieser Erfahrungen beim Schriftspracherwerb erst lernen müssen, sich auf die Lautseite von Sprache zu konzentrieren und Laute zu identifizieren, und dass dieses schwierig für sie ist.

Ein Vergleich der Analyseaufgabe zum Wort *Limonade* mit Lautspielen lässt deutliche Unterschiede erkennen. Die Spiele und Verse sind mit Bewegung verbunden, und Lautersetzungen (z. B. *Der Bi-Ba- Butzemann...*) geschehen im Sprechfluss der Silbe. Die Kinder nehmen keine analytischen Operationen an Sprache vor, sie zergliedern Wörter und Silben nicht in einzelne Segmente, sondern produzieren die Lautvariationen im Bewegungsfluss. Darin liegt sowohl das ästhetische Vergnügen am Klangereignis als auch die ›nützliche‹ Funktion wie im Silbenrhythmus organisiertes Zählen bei Abzählversen.

Lautanalyse und -synthese beim Lesen und Schreiben sind völlig andere Vorgänge als das Spielen mit Lautfolgen und Erfinden von Reimen. Gemeinsam ist beidem die Orientierung auf die Lautseite von Sprache. Die Beachtung dieser Seite des spontanen Umgangs mit Sprache ergänzt daher das Bild der Spracherfahrungen von Vorschulkindern, das hier bislang unter Akzentuierung des inhaltsbezogenen Zugangs entworfen wurde, um einen weiteren wichtigen Aspekt.

Experimente zeigen, dass die meisten Kinder in Deutschland im letzten Jahr vor der Einschulung in der Lage sind, auf vorgesprochene, begonnene Reime ein fehlendes Reimwort zu ergänzen (Mannhaupt 2002). Das heißt aber nicht, dass sie explizit erklären können, was ein Reim ist, und dass sie sich dessen bewusst sind, dass es um die Lautung geht (Wildemann 2003).

Auch Sechsjährige kommentieren Reime häufig noch ähnlich wie die viereinhalbjährige Michaela, die spontan die Entdeckung machte:

Fisch – ... Tisch das reimt sich.
Apfel und Baum ... das reimt sich auch, oder? (Andresen 1985, S. 91)

In Michaelas Kommentar kommt das komplexhafte Denken von Vorschulkindern deutlich zum Ausdruck. Sie entdeckt einen Reim – korrekt als teilweise lautliche Übereinstimmung. In Wildemanns Untersuchung beschrieben die meisten Kinder einen Reim als »etwas, das zusammengehört«. Diese Vorstellung scheint auch Michaela zu haben; denn nach dem Reim kombiniert sie zwei Wörter, die sich nicht reimen, die aber semantische Gemeinsamkeiten aufweisen, zu einem Wort zusammengefügt werden können und mit Apfel und Baum Objekte bezeichnen, die in der Realität eng zusammengehören. Sie geht also vom Merkmal der Lautung über zu einem semantischen bzw. in eigenen Erfahrungen begründeten Merkmal.

Dieses Beispiel vereinigt mehrere Charakteristika des Denkens und des Umgangs mit Sprache von Vorschulkindern, die hier beschrieben worden sind: Michaela spricht über Sprache zu einem selbst gewählten Zeitpunkt und zu einem selbst gewählten Inhalt. Sie kennt schon einen metasprachlichen Begriff (Reim), unter den sie Ähnlichkeiten verschiedener Art subsummiert, wie es für das Komplexdenken charakteristisch ist.

Beim Schriftspracherwerb kann eine spontane Vergegenständlichung von Sprache nach wechselnden Kriterien nicht zum gewünschten Erfolg führen, weil die Lautstruktur eines Wortes konsequent durchgliedert werden muss. Das sollte aber nicht den Blick dafür verstellen, dass beispielsweise Michaelas Kommentar einiges enthält, woran im Anfangsunterricht angeknüpft werden kann: Sie interessiert sich für Sprache und macht sie explizit zum Gegenstand, ist aufmerksam für die Lautseite von Wörtern, kann reimen und verfügt über einen metasprachlichen Begriff.

Diese Überlegungen werden im nächsten Kapitel wieder aufgenommen. Die Reflexionen in diesem Kapitel sollen abgeschlossen werden durch eine zusammenfassende Betrachtung von Prozessen der Bewusstwerdung von Sprache, insoweit sie mit dem Schriftspracherwerb zusammenhängen.

Bewusstwerden von Sprache

Ein Dialog zwischen Ernie und Bert in der Sesamstraße:

Ernie: *Sieh mal Bert, ich habe eine Banane. Ich werde sie so teilen, dass jeder von uns etwas davon hat.*
Ernie isst die Banane und gibt Bert die Schale.

Hat Ernie gelogen oder die Wahrheit gesagt?[39]

Für Kinder bis ca. 8 Jahren ist der Fall klar: Ernie hat Bert angelogen und ist gemein. Ältere Kinder beginnen zu differenzieren und zu bedenken, dass Ernie einerseits die Wahrheit gesagt, andererseits Bert aber auch getäuscht habe. Für eine solche Differenzierung müssen sie in der Lage sein, die wörtliche Formulierung von Ernies Äußerung zu beachten, und diese von den kontextuell erschließbaren Mitteilungsintentionen, die konventionell gelten und von Kommunikationspartnern beim gemeinsamen Handeln vorausgesetzt werden, zu unterscheiden.

Dafür, dass Ernie gelogen hat, könnten Kinder beispielsweise als Argument anführen: Wenn meine Mutter mich vor dem Ins-Bett-Gehen fragt, ob ich Zähne geputzt habe, und ich dann *ja* sage, weil ich es zwar nicht heute, aber gestern gemacht habe, und sie es dann merkt, wird sie böse, weil wir doch beide wissen, dass sie diesen Abend meint.

So unterstellt man auch, dass, wenn es ums Teilen einer Banane geht, nur über den essbaren Teil der Frucht gesprochen wird, und wenn das nicht gemeint ist, dieses deutlich gesagt wird. Sprachliches Handeln basiert immer auf Vorannahmen, geteiltem Wissen und geteilten Erwartungen der Handlungspartner, und was als bekannt vorausgesetzt werden kann, sollte nicht erst noch explizit erläutert werden – andernfalls entwickeln sich schnell absurde Kommunikationssitutationen, wie in Loriots Film »Pappa ante portas«, in dem der einkaufsungewohnte Ehegatte im Lebensmittelgeschäft zum Verdruss aller anderen Anwesenden zunächst in Vorklärungen darüber eintritt, dass er in dem Geschäft etwas einkaufen wolle.

An dem mit Kindern durchgeführten Experiment mit Ernie und Bert ist besonders bemerkenswert, dass Kinder mindestens bis zum Ende der zweiten, häufig auch bis weit in die dritte Klasse hinein, bei ihren Überlegungen überhaupt nicht auf den Wortlaut von Ernies Äußerung eingehen. Sie erfassen die gesamte Interaktionssituation und die Mitteilungsintention, die man (und auch Bert) der Äußerung legitimerweise unterstellt, und behaupten häufig sogar, Ernie habe Bert versprochen, ihm etwas zum Essen abzugeben. Das heißt: In ihrer Erinnerung passen sie den Wortlaut der Äußerung an die erschlossene Handlungsbedeutung an. Bemerkenswert ist das vor allem deshalb, weil die Kinder schon seit geraumer Zeit Unterricht im Lesen und Schreiben gehabt haben, bevor sie bei solchen Szenen gedanklich den Wortlaut einer Äußerung von den Mitteilungsintentionen und kontextbedingten Verstehensweisen ablösen können. Denn obwohl die Kinder sich gerade zu

Beginn des Lesen- und Schreibenlernens auf den genauen Wortlaut von Sprache konzentrieren müssen, brauchen sie darin offenbar erst eine gewisse Könnerschaft, bis sie in alltäglichen komplexen Handlungssituationen zwischen dem, was wörtlich gesagt, und dem, was gemeint wird, differenzieren.

Versteht man unter Sprachbewusstheit die Fähigkeit, nach verschiedenen Fragestellungen über Strukturen, Funktionen, Verwendungsweisen und -bedingungen von Sprache reflektieren zu können, so wird an diesem Beispiel deutlich, dass Bewusstwerdung von Sprache ein komplexer, lang andauernder Prozess ist, für den weder der Beginn noch das Ende punktuell bestimmt werden können. Allerdings lassen sich kritische Entwicklungsphasen und markante Veränderungen feststellen.

Eine besonders kritische oder sensible Entwicklungsphase für Veränderungen entstehender Sprachbewusstheit liegt zwischen dem 6. und 8. Lebensjahr. Mehrere Forscher betonen die Bedeutung der in dieser Zeit möglich werdenden Fähigkeit des Kindes, *(...) seine Aufmerksamkeit zu steuern und Dinge, die nicht zur Sache gehören, aus seinen Überlegungen auszuschließen* (Donaldson 1991, S. 104).[40]

Die Kapitel zur Entwicklung von Kindern im Vorschulalter haben gezeigt, dass und wie diese Fähigkeit mit Prozessen sprachlicher Veränderungen zusammenhängt; dazu sei an die Darstellungen zum egozentrischen Sprechen und zur expliziten Metakommunikation erinnert.

Der Prozess der Bewusstwerdung von Sprache ist abhängig und wird geformt von entwicklungsspezifischen Voraussetzungen der Kinder, den Handlungskontexten, in denen und durch die sie sich entwickeln, und den kulturellen Praktiken der Gesellschaft, mit denen die Kinder aufwachsen. Analysen zur Interaktion im Vorschulalter führen zu dem Ergebnis, dass sich mit der Veränderung der von den Kindern realisierten Interaktionsstrukturen der Sprachgebrauch so verändert, dass eine Ablösung sprachlicher Zeichen vom nichtsprachlichen Kontext eingeleitet wird. Die Fähigkeit, Wort und bezeichneten Gegenstand (oder die mit der Wortbedeutung verknüpften Erfahrungen) gedanklich voneinander zu trennen, ist

eine Voraussetzung dafür, sich sprachliche Zeichen bewusst zum Gegenstand zu machen. Die Untersuchungen zum Rollenspiel zeigen, dass Voraussetzungen für die beim Lesen- und Schreibenlernen geforderte analytische Haltung zu Sprache auch in originär mündlichen Handlungssituationen geschaffen werden.

Darüber hinaus steht aber auch außer Zweifel, dass die Teilhabe schon kleiner Kinder an kulturellen Praktiken, die durch Schriftlichkeit geprägt sind, für die Entstehung von Sprachbewusstheit Bedeutung haben und sich mit mündlich verankerten Erfahrungen zu einem Geflecht verbinden.

Stimmen verschiedene wissenschaftliche Positionen darin überein, dass Kinder zum Ende des Vorschulalters bereit für Veränderungen im Umgang mit Sprache sind, so wird die Frage, welche Bedeutung dem Schriftspracherwerb für Sprachbewusstheit zukommt, seit langem strittig diskutiert. Vereinfacht ausgedrückt geht es darum, ob ein neuer, bewusster Zugriff auf Sprache als Folge eines Reifungsprozesses möglich und somit zur Grundlage des Schriftspracherwerbs wird oder ob umgekehrt der Schriftspracherwerb entscheidende Veränderungen im Umgang mit Sprache bewirkt. Im Zusammenhang der zweiten Annahme über ein mögliches Bedingungsgefüge wird darüber hinaus kontrovers diskutiert, ob die Auseinandersetzung mit Schrift oder nicht eigentlich die schulischen Bedingungen, unter denen diese stattfindet, mitsamt den dahinterstehenden gesellschaftlichen Zielbestimmungen für sprachliche und kognitive Entwicklung, für die Veränderungen verantwortlich sind.

Mittlerweile liegen zahlreiche empirische und theoretische Arbeiten zu diesen Fragen vor, die sich mit kindlicher Entwicklung, mit Vergleichen schriftlicher und mündlicher Kulturen und mit schulischen Bedingungen des Schriftspracherwerbs befassen (Donaldson 1991; Olson 1994; Brockmeier 1997).

Unter Abwägung der verschiedenen Ergebnisse und Argumente komme ich in dieser Frage zu einer Haltung, die Positionen von Donaldson (1991) und Brockmeier (1997) miteinander verbindet. Danach fordert die beim Lesen- und Schreibenlernen notwendige Konzentration auf die Lautseite von Sprache und die Auseinandersetzung mit Sprache unter dieser Vorgabe Kinder in besonderer Weise heraus. Das gilt sowohl in dem Sinne, dass die gezielte Steuerung der eigenen Bewusstseinstätigkeit bei einer systematischen, alle für die Aufgabe irrelevanten Aspekte außer Acht lassenden Analyse dem Denken in Komplexen entgegensteht; es gilt darüberhinaus auch in dem Sinne, dass Eigenschaften von Sprache in den Vordergrund rücken, die in der auf Bedeutungen, Intentionen und Handlungen orientierten Sprachreflexion von Vorschulkindern wenig Beachtung finden. Aus diesem Grund misst Donaldson dem Schriftspracherwerb eine entscheidende Funktion für die Überwindung des komplexhaften Denkens zu, wodurch Voraussetzungen für eine Bewusstwerdung auch des Denkens geschaffen werden.[41]

Schriftspracherwerb fordert und fördert also in bestimmter Weise die Bewusstwerdung von Sprache. Eine wichtige Rolle spielt dabei, dass Schriftzeichen Sprache materialisieren und damit Bewusstwerdungsprozesse unterstützen. Allerdings kann das auch zu einer Verengung der Reflexion über Sprache führen, weil Erwachsene dazu neigen, Sprache gewissermaßen durch die Brille der Schrift zu betrachten und das dadurch entstehende Bild für »die Sprache« zu halten, ohne zu bemerken, dass andere Aspekte ausgeblendet werden.

Die verschiedenen im 9. Kapitel akzentuierten scheinbaren Widersprüche, die die Haltungen von Schulanfängern zu Sprache kennzeichnen, lassen sich nun auflösen. Indem Vorschulkinder beginnen, sprachliche Zeichen aus der sympraktischen Verflechtung mit dem nichtsprachlichen Kontext der Sprechsituation zu lösen, werden sie fähig, mit Bedeutungsrepräsentationen umzugehen. Sprachliche Zeichen – z. B. Wörter – sind für die Kinder Einheiten, die vor allem Bedeutungen repräsentieren. Zwar bestehen Wörter faktisch aus Bedeutung und Lautung, die Aufmerksamkeit der Kinder richtet sich aber vornehmlich auf die Bedeutungsseite. Das wird dadurch verstärkt, dass sie mentale Prozesse beim Handeln, wie z. B. Absichten und Wünsche, in dieser Entwicklungsphase gerade erst entdecken. So wird einsichtig, dass die Kinder über sprachliches Handeln vornehmlich unter den Aspekten von Bedeutung und Intentionalität nachdenken.

Allerdings experimentieren Kinder schon von Beginn des Spracherwerbs an mit sprachlichem Klang und Rhythmus. Diese Experimente sind prozesshaft, werden aber in den Vorschuljahren auch mit Vergegenständlichung und expliziter Thematisierung von Sprache verbunden. Das ist z. B. beim Suchen nach Reimwörtern der Fall.

Alle diese Umgehensweisen mit Sprache sind bis in die Schulzeit hinein durch das Denken in Komplexen geprägt, indem Sprache nach wechselnden Kriterien zum Gegenstand des Denkens und Sprechens wird.

Brockmeier deckt in seinen Gesprächen mit Kindern im Übergang vom Kindergarten zur Schule auf, dass viele von ihnen Schriftzeichen mit eigenen, subjektiven Bedeutungen versehen, so wie es die oben zitierte Aussage von Michael über die 3 zeigt.

Da regen Buchstabenformen zu Fantasiegeschichten an: Ausgehend von der grafischen Gestalt der Buchstaben verwandeln Kinder sie zeichnend in Menschen, Tiere, Fabelwesen und lassen sie miteinander sprechen und handeln. Ich habe beobachtet, dass Kinder im ersten Schuljahr plötzlich beginnen, Witze mit Zahlen und Buchstaben als Protagonisten zu erfinden. Ein achtjähriger Junge erklärte mir einmal, dass er Busse der Linien 10 und 11 nach dem Gehör unterscheiden könne, weil die 11er selbstverständlich schneller und lauter seien als die 10er. Alles das zeigt, dass das Kennenlernen von und die Beschäftigung mit Schriftzeichen Kinder fasziniert und ihnen neue Möglichkeiten des symbolischen Handelns eröffnet.

Die an sich inhaltslosen, durch historische Überlieferung konventionalisierten grafischen Formen, die als Schriftzeichen Phonemen zugeordnet sind, werden von den Kindern mit eigenen Bedeutungen versehen. Gleichzeitig lernen sie in der Auseinandersetzung mit dem ›lautlichen Material‹, von sprachlichen Bedeutungen zu abstrahieren. Vieles spricht dafür, dass solche Fantasien und persönlichen Bedeutungszuschreibungen Lernprozesse nicht behindern, sondern eher fördern. Dass die Wirksamkeit von Vorstellungen und Handlungsweisen, die es zu überwinden gilt, – wie hier das inhaltsbezogene komplexhafte Denken – und deren Verbindung mit neuen Herangehensweisen die Entwicklung vorantreiben kann, ist ein bekanntes Phänomen. So wirkt bei den Umdeutungen im Rollenspiel die Vorstellung von Kleinkindern noch nach, die Wörter als Eigenschaften der Gegenstände betrachten; gerade sie verleiht der sprachlichen Formel die Kraft, die Bedeutung eines Gegenstandes zu verändern. Gleichzeitig überwinden die Kinder dadurch die kleinkindhafte Vorstellung von der inneren Zusammengehörigkeit von Wort und Gegenstand, weil sie mit den Umdeutungen beides voneinander trennen.

Wenn Fantasien der Kinder produktiv für den Schriftspracherwerb sind, so ist davon auszugehen, dass verschiedene Kinder sich auf verschiedenen Wegen durch und für Schrift anregen lassen: Das eine Kind mag besonders empfänglich sein für visuelle Eindrücke der grafischen Formen, ein anderes für Klang und Rhythmus gesprochener Sprache, und ein drittes findet seinen Zugang vielleicht durch den Bewegungsvollzug beim Schreiben. Daher wäre es falsch, zur Unterstützung der Kinder – in der Schule, im Kindergarten, im Elternhaus – ihnen solche Fantasien ›vorzugeben‹. So etwas endet allzu schnell in Gängelung und Kindertümelei. Die Konsequenz kann folglich nur sein, Kindern vielfältige Erfahrungen zu ermöglichen und sie auf ihren eigenen Wegen zu unterstützen.

Kapitel 11 | Schriftsprachentwicklung und Unterricht

Schreibentwicklung, phonologische
Bewusstheit und die Aufgaben
von Kindergarten und Schule

Schriftspracherwerb, so wurde zu Beginn des 9. Kapitels festgestellt, ist ein komplexer Prozess, mit dem Kinder beginnen, bevor sie das erste Wort lesen und schreiben können, und der sich mit der Entwicklung von Fähigkeiten zum Textschreiben und -verstehen bis in das Jugendalter hinein fortsetzt. Aber Schriftspracherwerb in einer solchen Langzeitperspektive zu betrachten, steht nicht im Widerspruch dazu, den ersten Schuljahren eine besondere, entscheidende Bedeutung für das Lesen- und Schreibenlernen zuzusprechen.

Nach einer Untersuchung von Mannhaupt (2002) beginnen fast alle deutschen Schulanfänger mit dem Lesen und Schreiben erst in der Schule und nicht vorher. Allerdings sind die Startchancen der Kinder für den Unterricht äußerst unterschiedlich. Das gilt sowohl für Voraussetzungen in einzelnen Teilkomponenten wie beispielsweise Wahrnehmung oder Motorik als auch für die sprachliche und kognitive Entwicklung und für vorangegangene Erfahrungen mit Schriftlichkeit.

Eine zentrale Aufgabe der Grundschule besteht darin, allen Kindern erfolgreiches Lesen- und Schreibenlernen zu ermöglichen. Dieses Thema in seiner Komplexität auch nur zu skizzieren, übersteigt die Möglichkeiten eines Kapitels bei weitem und wäre Gegenstand eines eigenen Buches.[42] Daher müssen hier einige wenige Aspekte ausgewählt werden. Ich konzentriere mich auf Fragen der Bedeutung der Lautstruktur für die Aneignung der deutschen Orthografie, der Bedeutung der sog. phonologischen Bewusstheit (und deren vorschulischer Förderung) für das Lesen- und Schreibenlernen und schließlich auf die Frage, ob es angemessen ist, Schriftspracherwerb als Entwicklungsprozess analog zum Spracherwerb zu verstehen. Alle diese Aspekte sind Gegenstand aktueller didaktischer und pädagogischer Diskussionen und wurden schon in den vorangegangenen Kapiteln angesprochen.

Schreibentwicklungstabellen

Auf der Grundlage amerikanischer Arbeiten wurden in den letzten zwanzig Jahren auch in Deutschland sog. Schreibentwicklungstabellen erstellt (z. B. Günther 1989; Spitta 1989). In solchen Tabellen wird die Schreibentwicklung von frühesten Anfängen des Hantierens mit Stiften bis hin zum orthografisch korrekten Schreiben in der Schulzeit in verschiedene Phasen eingeteilt und als Abfolge solcher Entwicklungsphasen dargestellt.

Systematische Zusammenfassungen der Erkenntnisse der Lese-/ Schreibforschung gelangen zur Differenzierung zwischen verschiedenen Strategien, mit denen Kinder auf Schrift und geschriebene Sprache zugreifen (Scheerer-Neumann 1993). Inhaltlich bestehen teilweise Überlappungen zwischen den Phasen- und den Strategiemodellen.

Als früheste Strategie beim Lesen und Schreiben von Wörtern wird die logografische Strategie angesetzt, die in den vorangegangenen Kapiteln dargestellt wurde und daher an dieser Stelle nicht noch einmal beschrieben werden soll.

Eine zweite Strategie ist die sog. alphabetische. Für sie ist charakteristisch, dass die Kinder entdecken, dass die Schriftzeichen für Lauteinheiten stehen, dass also geschriebene Wörter die Lautung repräsentieren. Im 8. Kapitel wurde herausgearbeitet, dass diese Entdeckung die Voraussetzung für das Lesen- und Schreibenlernen im engeren Sinne bildet.

Mit dem Übergang zur alphabetischen Strategie können Kinder Wörter aber noch nicht sofort vollständig lautlich analysieren; diese Fähigkeit entwickelt sich erst in einem längeren Prozess.

Meistens beginnen sie mit dem Anlaut, so wie Svenja es tut, die

die Wörter *Daumen, Tomate, Esel, Leiter, Nadel, Rakete* folgendermaßen schreibt: *D, t, E, l, N, R*.[43] Systematisch und korrekt notiert sie den jeweils ersten Laut. Solche zwar rudimentären, aber deutlich an der Lautung orientierten Schreibungen unterscheiden sich grundsätzlich von Schreibungen, bei denen ein Kind irgendwelche Buchstaben zu Papier bringt, die keinerlei Bezug zur Lautung der gemeinten Wörter erkennen lassen.

Längere und differenziertere Schreibungen entwickeln Kinder auf unterschiedlichen Wegen; allerdings gibt es besonders häufig vorkommende Annäherungen. Das sollen einige Beispiele zeigen:

Limonade schreibt Dominik *ld*. Neben dem Anlaut notiert er den letzten Konsonanten im Wort. Damit sind zwei häufig zu beobachtende Phänomene vertreten. Denn nach dem ersten Laut gelingt es vielen Kindern eher, das Wortende als mittlere Laute zu identifizieren. Dominik gibt aber nicht den letzten, sondern den vorletzten Laut wieder. Vielen Kindern fällt es leichter, Konsonanten – vor allem, wenn sie am Silbenanfang stehen – bewusst wahrzunehmen als Vokale. Der Grund dafür liegt darin, dass Konsonanten der Selbstwahrnehmung beim Artikulationsvorgang besser zugänglich sind. Allerdings gelingt es Kindern bei der Aufeinanderfolge mehrerer Konsonanten zunächst nur, einen aus dem gesamten Cluster zu notieren.

Beispiele für sog. konsonantische Skelettschreibungen liefert Anja. Auf ein und demselben Blatt schreibt sie:

Daumen DM
Tomate TMT
Leiter lTR
Nadel NDl

Die beiden ersten Schreibungen notieren jeweils den ersten Konsonanten einer Silbe, die beiden letzten geben auch den Endlaut wieder. Besonders interessant ist die Verschriftung von *Leiter*. Anja lebt in Norddeutschland, wo auslautendes /r/ nicht artikuliert wird, sondern die graphemische Verbindung ›-er‹ als Schwa-Laut, der dem /a/ ähnelt, gesprochen wird. Ihre Schreibung ist also nicht an der tatsächlichen Lautung orientiert, sondern an orthografischen Regelmäßigkeiten, die Anja vermutlich durch das Lesen aufgebaut hat. Wörter wie *Mutter, Ober, Lehrer* werden am Ende alle wie *Leiter* ausgesprochen und gleich geschrieben. Auf jeden Fall weist die Notierung des ›r‹ auf Auseinandersetzungen mit geschriebener Sprache hin, weil man sie nur durch Hören nicht ableiten kann.

Häufig zeugen Schreibungen von einer sehr genauen Lautanalyse, z. B. wenn Andi *lata* für *Leiter* schreibt. Den Auslaut mir ›a‹ wiederzugeben, ist lautlich einleuchtend und unter diesem Aspekt sogar angemessener als ›er‹. Auch das erste ›a‹ charakterisiert die Lautung, weil der gesprochene Diphtong mit einem [a] beginnt, denn man spricht [ai] und nicht [ei]. Andi lässt das folgende [i] noch aus, aber die Grapheme, die er schreibt, zeigen, dass er das Wort lautlich durchgliedern und die Lauteinheiten phonetisch korrekt Buchstaben zuordnen kann.

Eine außerordentlich genaue phonetische Analyse des Diphtongs /ai/ (›ei‹) gibt Jennifer. Das Wort *Reiter* schreibt sie *Raeiter*. Aus artikulatorischen Gründen verläuft der Weg vom [a] als einem offenen Laut zum [i] als einem geschlossenen über das [e], das mit mittlerem Öffnungsgrad realisiert wird. Dieses hat Jennifer offensichtlich bemerkt und angemessen in Buchstaben übersetzt.

Erwachsene, die nicht speziell geschult sind, haben häufig große Schwierigkeiten, Wörter phonetisch zu analysieren, weil sie dazu neigen, von der Schreibweise auf die Sprechweise zu schließen. Die damit verbundenen Irrtümer fallen meist nicht ins Gewicht. Aber für Lehrerinnen und Lehrer sind phonetische Grundkenntnisse unerlässlich. Denn man braucht nicht viel Fantasie, um sich vorzustellen, in welche Verwirrungen man ein Kind stürzen kann, das so wie Andi oder Jennifer schreibt und von der Lehrerin den Rat bekommt, genau hinzuhören, um zur richtigen Schreibung zu gelangen – nur weil die Lehrerin glaubt, in *Leiter* und *Reiter* ein [ei] zu hören. Leider sind einschlägige Fehler nicht selten auch in didaktischen Materialien zu finden. Das ist z. B. der Fall, wenn in Übungsmaterial zur Lautanalyse für Vorschulkinder Objekte abgebildet sind mit der Anleitung, alle diejenigen, deren Bezeichnung mit »a« beginnt, gelb und alle, die mit »e« beginnen, grün anzumalen, und einer der Gegenstände ein Eimer ist. Gerade da sich diese Materialien an die Adresse von Eltern, die nicht speziell geschult sind, richten, werden vermutlich häufig solche Kinder, die korrekt für *Eimer* die Farbe Gelb wählen, »korrigiert« und aufgefordert, grün zu nehmen. Verwirrungen und das Gefühl, Schriftsprache sei schwer durchschaubar und unsystematisch, sind durch solche »Förderung« vorprogrammiert.

Die Beispiele phonetisch genauer, aber orthografisch falscher Schreibungen irritieren möglicherweise. Denn sie könnten die in den vorangegangenen Kapiteln getroffene Aussage, dass alphabetische Schriften die Lautstruktur von Sprache repräsentieren und Kinder zum Lesen und Schreiben diese analysieren lernen müssen, in Frage stellen. Dieses Problem und wie damit im Unterricht umgegangen werden kann, wird später wieder aufgenommen und diskutiert. Zunächst soll die weitere Entwicklung des Lesens und Schreibens mit der Veränderung der lautstrukturbezogenen Zugriffsweisen skizziert werden.

Auf die alphabetische Strategie folgt die orthografische, und sie muss folgen, damit Kinder das Lesen und Schreiben korrekt und kompetent beherrschen. Mit der orthografischen Strategie werden Phonem-GRAPHEM-Zuordnungen modifiziert, wie z. B. die Markierung von Langvokalen durch Verdoppelung oder Hinzufügung des sog. Dehnungs-h und die Großschreibung von Substantiven und substantivierten Wörtern im Satz.

Der Übergang zur orthografischen Strategie erfolgt aber keineswegs erst dann, wenn die Kinder orthografische Regeln im Unterricht gelernt haben. Die meisten Kinder beginnen schon in der alphabetischen Phase, in der sie sich noch auf die Auseinandersetzung mit der Lautstruktur und deren Repräsentation durch die Schrift konzentrieren, auch orthografische Aspekte zu entdecken. Die oben diskutierte Schreibung ›-er‹ ist ein Beispiel dafür.

Charakteristisch für solche Entdeckungen ist, dass Kinder die bemerkten Phänomene eine Zeitlang auch auf Wörter übertragen, die lautlich ähnlich sind, aber nicht zu dem entsprechenden Strukturtyp gehören. So kommt es dann, dass Kinder plötzlich *Omer* und *Sofer* schreiben, obwohl sie vorher schon korrekt *Oma* und *Sofa* geschrieben haben.

Dieses Phänomen, dass Kinder scheinbar Rückschritte in ihrem Können vollziehen, indem sie plötzlich Fehler machen, wo sie vorher schon korrekt gehandelt haben, ist aus dem Erstsprachwerb bekannt. In dem Kapitel zum Grammatikerwerb wurde beschrieben, dass Kinder häufige grammatische Formen wie *ging* oder *Autos* in einer frühen Phase korrekt verwenden, später aber plötzlich *gehte* oder *Autossen* sagen. Dort wurde das so erklärt, dass diese Veränderungen auf Prozesse mentaler Umstrukturierungen hindeuten, indem nämlich Kinder Wortformen, die sie zunächst ganzheitlich in ihren Sprachgebrauch übernommen haben, jetzt zu anderen Formen in Beziehung setzen und in ein System zu integrieren beginnen. Ohne eine strikte Parallele zwischen Erst- und Schriftspracherwerb zu unterstellen, verweisen die gegebenen Beispiele beim Schreiben deutlich auf Verallgemeinerungsprozesse, die die Kinder vollziehen und die sie vollziehen müssen, um Lesen und Schreiben kompetent zu beherrschen.

Ein Kind, das *Reiter, Omer, Sofer* schreibt, hat verschiedene Einzelfälle zusammen gruppiert, weil sie am Wortende lautliche Ähnlichkeiten aufweisen, und dieses durch eine einheitliche Schreibung, die sich klar an orthografischen Mustern des Deutschen orientiert, wiedergegeben. Die Resultate dieses Vorgehens fallen dann auf, wenn sie orthografisch falsch sind oder sogar scheinbar hinter bereits Gekonntes zurückführen. Aber der Schritt, den die Kinder damit machen, ist ein Schritt nach vorn. Solche Schreibungen wie *Omer* und *Sofer* halten sich dann meist auch nur eine kurze Zeit und die Kinder kehren zu den korrekten Schreibungen zurück – dann allerdings in einer neuen Qualität der Schriftbeherrschung.

Zur Lese-/Schreibentwicklung in den ersten Jahren ist – auch unter Rückgriff auf die vorangegangenen Kapitel – festzuhalten: Schrift repräsentiert sprachliche Einheiten. Da alphabetische Schriften Sprache lautbezogen darstellen, ist im Lernprozess von Kindern der Übergang zur sog. alphabetischen Strategie von besonderer Bedeutung. Das gilt auch dann, wenn ein Kind lange Wörter durch nur einen Buchstaben repräsentiert, damit aber systematisch den Anlaut wiedergibt. Denn das zeigt, dass es das lautbezogene Verschriftungsprinzip erfasst hat und sich auf die Lautung des Wortes konzentrieren kann. Dann liegt noch ein weiter Weg vor ihm, auf dem es lernen muss, Wörter lautlich zu durchgliedern, Buchstaben visuell zu erfassen, zwischen ähnlichen zu differenzieren, sie schreibmotorisch zu beherrschen und die korrekten Beziehungen zu den korrespondierenden Lautsegmenten herzustellen. Während der Ausarbeitung der alphabetischen Strategie setzen sich viele Kinder auch schon mit orthografischen Mustern und Regelmäßigkeiten auseinander. Diese Auseinandersetzung ist den Kindern keineswegs bewusst, und sie können ihr orthografisches Wissen, das sich in solchen Schreibungen, wie sie oben diskutiert wurden, niederschlägt, meist auch nicht explizit formulieren.

Die Unterscheidung zwischen logografischer, alphabetischer und orthografischer Phase leistet eine grobe Einteilung der Schreib-/Leseentwicklung. Für detaillierte Analysen sind innerhalb der einzelnen Phasen weitere Differenzierungen notwendig (Scheerer-Neumann 1993).

Obwohl die Anordnung der Phasen nicht als Abfolge diskreter Stadien zu verstehen ist, sondern vielfältige Überlappungen vorkommen, halte ich die Unterscheidung verschiedener Phasen für sinnvoll, zum einen, um Einblicke in schriftsprachliche Entwicklungsprozesse zu erhalten, vor allem aber für diagnostische Zwecke. Denn eine solche Herangehensweise ermöglicht es, aus Schreibungen einzelner Kinder deren Zugriffsweisen auf Schrift zu rekonstruieren und auf dieser Basis didaktische Hilfen für die nächsten Lern(fort)schritte zu entwickeln.[44]

Zur Frage, ob die in Schreibentwicklungstabellen festgehaltenen Phasen ähnlich wie beim Erstspracherwerb von allen Kindern durchlaufen werden und individuelle Unterschiede vornehmlich im Zeitmuster und Tempo zu verzeichnen sind, herrscht in der Forschung insbesondere für die logografische Phase Uneinigkeit. Im 10.

Kapitel wurde berichtet, dass die empirischen Daten zu amerikanischen Kindern in die Richtung weisen, dass diese logografisch zu lesen und schreiben beginnen. Dagegen verneint Mannhaupt das für deutsche Schulkinder. Seine Untersuchungen zeigen, dass ihre Lernprozesse in der Schule von Anfang an lautorientiert sind. Andererseits schließen Mannhaupts Daten nicht aus, dass sich auch deutsche Schulanfänger mehrheitlich bereits vor der Einschulung logografisch mit Schrift auseinandergesetzt haben, ohne dass sie dabei schon Wörter lesen und schreiben können, wie es bei amerikanischen Kindern, für die der Unterricht früher beginnt, der Fall ist. Der Befund, dass die deutschen Kinder bei der Einschulung in der Regel ihren Namen schreiben können, weist in diese Richtung.

Noch einmal: Die Silbe

Es steht noch aus, auf das oben im Zusammenhang phonetischer Verschriftungen von Kindern angesprochene Problem einzugehen, dass nämlich Kinder einerseits Lautanalysen vornehmen müssen, dass aber andererseits sehr genaue Analysen nicht zu orthografisch korrekten Schreibungen führen. Dieses Problem soll hier unter der Perspektive des didaktischen Handelns von Lehrerinnen und Lehrern aufgegriffen werden, indem gefragt wird, wie man Kinder bei der Lautanalyse unterstützen kann, ohne ihnen widersprüchliche und daher verwirrende Hinweise zu geben. Dabei ist es hier nur möglich, Ansatzpunkte für den Unterricht aufzuzeigen.

Das auf den ersten Blick vielleicht besonders heikel wirkende Problem, wie Kinder lernen und akzeptieren, dass Schrift Lautung wiedergibt, aber ›zu genaue‹ Analysen nicht zum korrekten Ergebnis führen, erweist sich in der Praxis meist gar nicht als sonderlich schwerwiegend. Denn wie die verschiedenen Beispiele für Lösungswege bei der Verschriftung zeigen, erproben Kinder verschiedene Möglichkeiten und verharren gerade anfangs nicht bei einmal gewählten Schreibungen. Korrekt geschriebene Wörter, die sie beim Lesen kennen lernen, unterstützen die Lautanalyse in Richtung auf die Norm, indem sie die lautliche Durchgliederung und die Selektion der strukturellen Merkmale, die für die Schreibung relevant sind, strukturieren helfen. Sie bilden eine Folie, an der sich das Kind orientieren und abarbeiten kann.

Allerdings ist es Aufgabe der Lehrerinnen und Lehrer, Stagnationen oder irreführende Lösungswege überwinden zu helfen. In diesem Zusammenhang ist es wichtig, sich davor zu hüten, Kinder auf Einzellaute und deren Verschriftung zu fixieren. Im 10. Kapitel wurde bei der lautlichen Analyse des Wortes *Limonade* deutlich, dass Quantität und Qualität von Lauten u. a. von den Betonungsverhältnissen im Wort und von der Silbenstruktur abhängen. Um einer kontraproduktiven Orientierung auf Einzellaute entgegenzuwirken, empfiehlt es sich daher, von Anfang an die Silbe als sprachliche Einheit im Zusammenhang mit der Wortbetonung zu beachten.

Im Laufe dieses Buches wurde wiederholt auf die Funktion der Silbe als sprechmotorische Einheit für den Spracherwerb und für Ansätze zur Vergegenständlichung von Sprache hingewiesen. Dieser Aspekt wird im nächsten Abschnitt zur phonologischen Bewusstheit erneut aufgenommen.

Im Zusammenhang der jetzt erörterten Frage ist von Bedeutung, dass die Sprechsilbe auch als sprachstrukturelle Einheit eine Rolle in der deutschen Orthografie spielt. In vielen Fällen lösen sich scheinbare orthografische Willkürlichkeiten dann auf und können als regelhafte Phänomene verstanden werden, wenn Silbenstruktur und Betonungsverhältnisse im Wort beachtet werden. Dazu ein Beispiel:

Eine Regelformulierung, die besagt, dass nach kurzem Vokal der folgende Konsonant verdoppelt wird, ist falsch, wie die Wörter *Wand, wandern, Hund, handeln, Gurt* zeigen. In allen diesen Wörtern wird der auf den kurzen Vokal folgende Konsonant nicht verdoppelt. Vergleicht man sie mit *Wanne, Hunne, gurren,* so zeigt sich, dass eine Verdoppelung nur vorgenommen wird, wenn die Sprechsilbe auf den kurzen Vokal endet und der Konsonant im Silbenschnitt steht. Gehört jedoch der folgende Konsonant noch zur selben Silbe, wird er nicht verdoppelt.[45]

Da Kinder Silben als artikulatorisch-rhythmische Einheiten früher und leichter aus dem gesprochenen Wort ausgliedern können als einzelne Laute, spielen Übungen zur silbischen Durchgliederung von Wörtern gerade zu Beginn des Anfangsunterrichts ohnehin eine zentrale Rolle. Darauf aufbauend kann die Aufmerksamkeit der Kinder auch auf Betonungsverhältnisse im Wort und die Binnenstruktur von Silben gelenkt werden, um einer Fixierung auf 1:1-Entsprechungen zwischen Lauten und Buchstaben von vornherein entgegenzuwirken. Untersuchungen zeigen, dass Grundschulkinder intuitiv Zugänge zu solchen strukturellen Eigenschaften ihrer Sprache finden und der Unterricht erfolgreich daran anknüpfen kann.[46]

Mit diesen ergänzenden Überlegungen zur Funktion der Silbe für das Lesen- und Schreibenlernen rückt die Frage nach Möglichkeiten zur Unterstützung der lernenden Kinder bei der Vergegenständlichung von Sprache und der Konzentration auf lautliche Aspekte in den Vordergrund. Das führt zum Konzept der PHONOLOGISCHEN BEWUSSTHEIT.

Phonologische Bewusstheit

Die Forschung zum Zusammenhang von phonologischen Bewusstheitsfertigkeiten und der Entwicklung des Schriftspracherwerbs stellt (...) die am häufigsten untersuchte Fragestellung in der Schriftspracherwerbsforschung der letzten 15 Jahre dar. (Mannhaupt 2002, S. 94)

Von Interesse sind im Zusammenhang phonologischer Bewusstheit insbesondere zwei Fragen, nämlich die, ob Leistungen im Bereich der angesprochenen Fertigkeiten bei der Einschulung Auswirkungen auf den späteren Erfolg im Lesen- und Schreibenlernen haben und ob die Fertigkeiten mit Vorschulkindern trainiert werden können. Wenn beide Fragen positiv beantwortet werden, eröffnen sich viel versprechende Möglichkeiten der Frühförderung und der vorschulischen Prävention von Lese-/Rechtschreibschwierigkeiten.

In Deutschland wurden dazu zwei groß angelegte Langzeituntersuchungen durchgeführt, die zum »Bielefelder Screening zur Früherkennung von Lese- und Rechtschreibschwierigkeiten (BISC)« (Jannsen u. a. 1999) und zum »Würzburger Trainingsprogramm zur Vorbereitung auf den Erwerb der Schriftsprache« (Küspert/Schneider 1999) geführt haben. Das BISC ist für die Früherkennung von »Risikokindern«, also Kindern, die von Lese-/Rechtschreibschwierigkeiten bedroht sind, entwickelt worden und wird im letzten Jahr vor der Einschulung durchgeführt. Das Würzburger Trainingsprogramm dient zur Förderung von Fertigkeiten der phonologischen Bewusstheit im gleichen Zeitraum und ist für einen breit angelegten Einsatz im Kindergarten, also nicht nur mit gefährdeten, sondern mit allen Kindern, ausgelegt. Vor allem die Würzburger Arbeiten sind in den letzten Jahren nachhaltig rezipiert worden, mit der Folge, dass in vielen Bundesländern Programme zur flächendeckenden Förderung phonologischer Bewusstheit im Kindergarten initiiert wurden. Häufig wird dabei mit Adaptationen der Würzburger Materialien gearbeitet, so dass mittlerweile zahlreiche verschiedene Versionen der Förderarbeit zur phonologischen Bewusstheit realisiert werden. Übungen zur phonologischen Bewusstheit haben darüber hinaus auch im Anfangsunterricht zum Lesen und Schreiben ihren Platz – und hatten dieses im Übrigen auch früher schon.

Bevor auf das BISC und das Würzburger Programm näher eingegangen wird, ist es zunächst notwendig, zu klären, was man unter phonologischer Bewusstheit versteht und welche Zusammenhänge zum Lesen- und Schreibenlernen vorliegen.

Phonologische Bewusstheit richtet sich auf die phonologische, also lautliche, Struktur von Sprache. Sie umfasst die Segmentierung beipielsweise von Wörtern in kleinere lautliche Einheiten, deren Erkennung und gezielte Manipulation. Man unterscheidet zwischen phonologischer Bewusstheit im weiteren und im engeren Sinne. Aufgaben zur phonologischen Bewusstheit im weiteren Sinne haben z. B. die Markierung von Silben, das Heraushören von Reimen und die Identifizierung eines vorgegebenen Lautes als Anlaut von Wörtern zum Gegenstand. Richten sich diese Aufgaben vor allem auf größere lautliche Einheiten, so befassen sich Aufgaben zur phonologischen Bewusstheit im engeren Sinne mit einzelnen

Phonemen; z. B. sollen vorgesprochene Wörter in Phoneme zerlegt oder isoliert produzierte Phoneme zu Silben bzw. Wörtern zusammengezogen werden. Sowohl im BISC als auch im Würzburger Training werden alle diese Aufgaben an gesprochener Sprache, ohne visuelle Unterstützung durch Buchstaben durchgeführt. Allerdings bekommen die Kinder nichtsprachliche Hilfen angeboten, z. B. Silben durch Klatschen zu markieren oder bei der Lautanalyse von Wörtern für jeden herausgehörten Laut einen Bauklotz vor sich hin zu legen.

Dass Forscher überhaupt auf die Idee kamen, Zusammenhänge zwischen phonologischer Bewusstheit und Schriftspracherwerb zu vermuten, dürfte auf der Basis der vorangegangenen Kapitel unmittelbar einsichtig sein – erfordert doch das Erlernen einer alphabetischen Schrift die gezielte Auseinandersetzung mit der Lautstruktur der Sprache.

Ob allerdings das Ausmaß phonologischer Bewusstheit bei der Einschulung ein maßgebliches Kriterium für den späteren Lernerfolg darstellt oder die Fertigkeiten nicht vielleicht erst beim Lesen- und Schreibenlernen entstehen, war lange Zeit unklar, weil verschiedene wissenschaftliche Untersuchungen zu unterschiedlichen Ergebnissen kamen. Die Differenzierung zwischen phonologischer Bewusstheit im weiteren und im engeren Sinne hat aber maßgeblich zur Klärung dieser Frage beigetragen.

So kommt die Bielefelder Forschungsgruppe zu dem Ergebnis, dass phonologische Bewusstheit im weiteren Sinne zu den Voraussetzungen für das Lesen- und Schreibenlernen zählt, dass jedoch phonologische Bewusstheit im engeren Sinne erst als Folge davon entsteht (Mannhaupt 2002).

Allerdings haben die Würzburger Arbeiten gezeigt, dass beides, phonologische Bewusstheit im weiteren und im engeren Sinne, während der letzten Monate vor der Einschulung so erfolgreich trainiert werden kann, dass sich langfristige Auswirkungen auf den schulischen Lernerfolg nachweisen lassen.

Bevor das Würzburger Programm kurz beschrieben wird, soll noch darauf hingewiesen werden, dass über phonologische Bewusstheit hinaus vor allem auch bestimmte Leistungen des Kurzzeitgedächtnisses zu den gesicherten Voraussetzungen für das Lesen- und Schreibenlernen gehören. Es handelt sich dabei zum einen um die Gedächtnisspanne, also die Zeit, in der Informationen im Gedächtnis verfügbar gehalten werden können. Denkt man an das Lautieren und Zusammenfügen der Laute zur Silbe und zum Wort, wie es von Leseanfängern mühsam vorgenommen wird, so wird die Relevanz der Gedächtnisspanne nachvollziehbar. Zum anderen wurde die Geschwindigkeit des Gedächtnisabrufs als Vorläuferfertigkeit nachgewiesen. Dementsprechend enthält das Bielefelder Screening neben den Aufgaben zur phonologischen Bewusstheit auch andere Aufgaben und die Bestimmung von Risikokindern basiert nicht allein auf Werten für phonologische Bewusstheit, sondern diese sind nur in bestimmten Kombinationen mit anderen Testbereichen aussagekräftig.

Das Würzburger Programm beginnt mit Übungen, bei denen die Kinder ihre Aufmerksamkeit gezielt auf akustische Ereignisse – zunächst nichtsprachlicher Art – lenken. Alle Übungen des gesamten Programms sind spielerisch angelegt. Es ist so aufgebaut, dass zunächst Aufgaben zur phonologischen Bewusstheit im weiteren Sinne – wie Reime sprechen, erkennen, selbst finden und Silben klatschen, Silben zu einem Wort verbinden – durchgeführt werden und danach Aufgaben zur phonologischen Bewusstheit im engeren Sinne – wie Wörter in Phoneme zerlegen und Phoneme zu Wörtern verbinden.,

Das Förderprogramm ist so angelegt, dass im letzten Jahr vor der Einschulung 20 Wochen lang im Kindergarten täglich etwa 10 Minuten lang damit gearbeitet werden soll.

Die Anweisungen für die Durchführung empfehlen, in größeren Gruppen das Vorgehen stets an den schwächsten Kindern zu orientieren. Das könnte dann aber die Einhaltung des vorgegebenen Zeitschemas schnell sprengen. Denn informelle Beobachtungen zur Durchführung des Programms zeigen, dass die Fähigkeiten von Kindern weit auseinanderklaffen und dass daher Kinder mit gravierenden Problemen schon im Bereich der phonologischen Bewusstheit im weiteren Sinne zusätzlich gefördert werden sollten. Andernfalls droht die Gefahr, dass sie der Progression nicht folgen können und daher ausgerechnet die Kinder, die wahrscheinlich einen besonderen Förderbedarf haben, aus der Förderung letztlich herausfallen. Ein anderes Problem, das sich bei den gegebenen Bedingungen, unter denen viele Kindergärten arbeiten, stellt, liegt darin, dass die Erzieherinnen für die Durchführung des Programms eine sorgfältige Schulung benötigen. Die langfristige positive Auswirkung der Förderung auf das Lesen- und Schreibenlernen wurde im Rahmen eines Modellversuchs, in dem die Erzieherinnen qualifiziert und begleitet wurden, wissenschaftlich nachgewiesen. Daher ist es notwendig, auch bei flächendeckendem Einsatz des Programms Voraussetzungen dafür zu schaffen, dass die »Trainerinnen« die nicht geringen Anforderungen, die das Programm an sie stellt, auch erfüllen können.

In einer gesonderten Studie untersuchten Schneider u. a. (1998), ob auch leistungsschwächere Kinder von dem Förderprogramm profitieren. Das war der Fall. Besonders interessant an dieser Studie ist meines Erachtens, dass die besten Trainingsergebnisse – gemessen am späteren Lernerfolg in der Schule – von solchen Kindern erzielt wurden, die zusätzlich zu den Übungen zur phonologischen Bewusstheit Buchstaben dargeboten bekamen. Dieses Ergebnis untermauert die in den vorangegangenen Kapiteln mehrfach gegebenen Hinweise, dass eine Visualisierung von Sprache durch Schrift Vergegenständlichung und Bewusstwerdung fördert. Darüber hinaus ist zu bedenken, dass gerade Kinder mit Problemen in der phonologischen Verarbeitung von einer Unterstützung durch den visuellen Wahrnehmungskanal besonders profitieren dürften.

Zusammenfassend ist festzuhalten: Fertigkeiten der phonologischen Bewusstheit im weiteren Sinne gehören zu den Voraussetzungen für den Schriftspracherwerb. Dabei handelt es sich um Manipulationen der Lautstruktur der Sprache, wie Kinder sie von Reimen, Lautspielen, und Liedern kennen. Testverfahren zeigen, dass Vorschulkinder sich in ihren Leistungen in diesem Bereich unterscheiden. Über Ursachen für solche Unterschiede lassen sich keine gesicherten Aussagen machen. Aber phonologische Bewusstheit stellt keine einheitliche psychische Funktion dar, sondern umfasst ein Bündel von verschiedenen sprachlichen und kognitiven Operationen. Daher wären Annahmen über monokausale Zusammenhänge bei der Entstehung phonologischer Bewusstheit wenig plausibel.

Dagegen ist erwiesen, dass sowohl phonologische Bewusstheit im weiteren als auch im engeren Sinne vor der Einschulung gefördert werden kann und dass sich diese Förderung nachhaltig und positiv auf das Lesen- und Schreibenlernen in der Schule auswirkt.

Die Beschreibung von Übungen zur phonologischen Bewusstheit im weiteren Sinne zeigt, dass viele alltäglich praktizierte Formen von Kinderlyrik wie Abzählreime und Singspiele in eben dieser Weise mit Sprache als Klang und Rhythmus arbeiten. Daran kann im Kindergarten und Anfangsunterricht angeknüpft werden – was im Übrigen im Lese-/Schreibunterricht eine lange pädagogische Tradition hat. Insbesondere Silben und Reime eignen sich, um die Aufmerksamkeit der Kinder auf die lautliche Seite von Sprache zu lenken und sie auf der Grundlage des Sprechens, Hörens, Sich-Bewegens zum gemeinsamen Thema zu machen – ähnlich wie Michaela ihre spontane Entdeckung, dass sich *Fisch* und *Tisch* reimen, explizit zum Ausdruck gebracht und damit Anknüpfungspunkte für Gespräche über Sprache geschaffen hat.

Mit den Ausführungen zur phonologischen Bewusstheit ist das Thema der Förderung von Lernprozessen und damit implizit auch der Aufgaben von Kindergarten und Schule angesprochen worden. In den letzten 20 Jahren wurden im Zusammenhang des sog. Schrifterfahrungsansatzes Unterrichtsmethoden entwickelt, die von einem Verständnis des Schriftspracherwerbsprozesses als eines Entwicklungsprozesses analog zum Erstspracherwerb inspiriert worden sind. Daher soll als Nächstes die Frage erörtert werden, ob bzw. in welchen Aspekten eine Analogie zwischen Schriftspracherwerb und Spracherwerb angemessen ist.

Anfangsunterricht: Schrifterfahrung versus Lernen?

Der Schrifterfahrungsansatz betont, dass sich Kinder aktiv mit Schrift und Sprache auseinandersetzen (müssen), um erfolgreich lesen und schreiben zu lernen. Damit wurde in den siebziger Jahren des letzten Jahrhunderts meines Erachtens eine wichtige und fruchtbare Wende sowohl im theoretischen Verständnis der Lernprozesse als auch in der Praxis des Anfangsunterrichts herbeigeführt. Denn bis dahin dominierte ein Verständnis vom Lesen- und Schreibenlernen als eines eher passiven, auf Einprägung von Wortbildern konzentrierten Prozesses, das der Komplexität des Schriftspracherwerbs nicht gerecht wurde. Dieser Neuansatz wurde stark inspiriert durch die Analyse der Entwicklung sog. Spontanschreiber, also von Kindern, die bereits vor der Schule zu lesen und schreiben beginnen. Es zeigte sich nicht nur, dass Kinder ohne formalen Unterricht lesen und schreiben lernen können, sondern auch, dass sie über längere Zeit hinweg mit Sprache experimentieren und unterschiedliche Schreibungen von Wörtern ausprobieren, ohne dass die damit verbundenen fehlerhaften Schreibungen die Aneignung der Norm behindern.

Vor allem das Verständnis von Fehlern und ihrer Funktion für den Lernprozess wandelte sich grundlegend. Denn Fehler wurden nicht mehr als Ausdruck unzureichender bzw. misslungener Lernprozesse verstanden, sondern als notwendige Stationen auf dem Weg zur entfalteten schriftsprachlichen Kompetenz: notwendig deswegen, weil Kinder sich aktiv mit Sprach- und Schriftstruktur auseinandersetzen müssten, um erfolgreich lesen und schreiben zu lernen, und das Einprägen von Wortbildern oder Lernen expliziter Regeln allenfalls eine marginale Rolle spiele.

Gerade im Hinblick auf Beziehungen zwischen Fehlern und Lernprozessen werden im Kontext des Schrifterfahrungsansatzes Analogien zum Erstspracherwerb hergestellt, weil niemand auf die Idee käme, sprachliche Äußerungen kleiner Kinder, die in jedem Fall von der sprachlichen Norm abweichen, als Anzeichen mangelhaft verlaufender Lernprozesse und somit als Gefährdung späterer kompetenter Sprachbeherrschung zu interpretieren.

Langzeitanalysen von – an der Norm gemessen – fehlerhaften, im Hinblick auf das Lernziel – die letztendliche Beherrschung der Norm – jedoch funktionalen Schreibungen bilden die Grundlage für Klassifizierungen von Zugriffsweisen auf Schrift, die beispielsweise dem oben beschriebenen Phasenmodell zugrunde liegen. Insofern gehört die Einsicht, dass Fehlschreibungen Stationen auf dem Lernweg sind, mittlerweile zum festen Bestand der Lese-/ Schreibforschung und -didaktik.

In der Unterrichtspraxis hat der Schrifterfahrungsansatz u. a. dazu geführt, dass Kinder schon im 1. Schuljahr Gelegenheit erhalten und dazu angeregt werden, vielfältig zu schreiben und Texte zu verfassen. Damit ist die Vorstellung aufgegeben, dass sie erst basale Techniken des korrekten Lesens und Schreibens beherrschen müssten, bevor sie an das Textschreiben herangeführt werden sollten. Die lerntheoretischen und didaktischen Veränderungen haben auch dazu geführt, dass derzeit in den Schulen mit vielfältigen Methoden gearbeitet wird, wobei viele Lehrerinnen verschiedene Methoden und Materialien miteinander kombinieren.[47]

Die Analogie zwischen Schriftspracherwerb und Spracherwerb hebt vor allem auf zweierlei ab: zum einen auf Lernen als regelbildender Prozess, bei dem Kinder in der Auseinandersetzung mit dem anzueignenden Gegenstand Verallgemeinerungen vornehmen, wie es z. B. bei den u-förmigen Entwicklungsverläufen beobachtet werden kann; zum anderen wird eine Parallele zum längerwährenden, in verschiedene Phasen einteilbaren Entwicklungsverlauf hergestellt.

Anknüpfungspunkte für solche Parallelisierungen gibt es zweifellos. Meines Erachtens bestehen aber auch gravierende Unterschiede zwischen beiden Erwerbsprozessen, die gerade für didaktisches Handeln wichtig sind.

Allein schon ein Blick auf die Schriftgeschichte zeigt, dass Schrift, so wie Kinder sie heute vorfinden, in Jahrtausenden erarbeitet worden ist und in verschiedensten Gesellschaften über lange Zeit hinweg auch nur Angehörigen bestimmter Gesellschaftsschichten zugänglich und verfügbar war. Anders als die gesprochene Sprache, die jedes gesunde Kind, das in der Gemeinschaft mit anderen Menschen aufwächst, entwickelt, gehören Schrift und schriftsprachliche Tätigkeiten nicht zu den charakteristischen Merkmalen der menschlichen Gattung. Menschen verfügen über gattungsspezifische Fähigkeiten, die die Erfindung und Aneignung von Schrift ermöglichen. Damit diese aber stattfinden können, müssen eine Reihe zusätzlicher Voraussetzungen erfüllt sein. In Deutschland ist das Ziel der allgemeinen Alphabetisierung der Bevölkerung mit der Einführung der allgemeinen Schulpflicht verbunden, wobei die im 19. Jahrhundert geführten Diskussionen über das Bildungswesen und vor allem über den muttersprachlichen Unterricht zeigen, dass es durchaus Bestrebungen gab, den unteren sozialen Schichten nur basale Lese-/Schreibfähigkeiten zu vermitteln, um emanzipatorischen Bestrebungen, die durch Lesen geschürt werden könnten, von vornherein entgegenzuwirken.

Auch wenn es grundsätzlich möglich ist und immer wieder geschieht, Lesen und Schreiben im Selbststudium zu lernen, ist die Aneignung von Schriftsprache für die große Mehrheit der Menschen doch an Unterricht gebunden. Tatsache ist auch, dass eine erhebliche Anzahl von Kindern und Jugendlichen große Mühe mit dem Lesen- und Schreibenlernen hat und dass z. B. in Deutschland nicht alle von ihnen die Schule erfolgreich alphabetisiert abschließen. Erschwerend kommt hinzu, dass Menschen, die nur auf relativ geringem Niveau lesen und schreiben gelernt haben und Schriftsprache nach der Schulzeit nicht praktizieren, die erworbenen Fähigkeiten wieder zu verlieren drohen – ein Phänomen, für das es allein schon aufgrund der unterschiedlichen Gebrauchsbedingungen bei der gesprochenen Sprache keine Parallele gibt.

All dies verweist auf die besondere Verantwortung, die die Schule gerade für die Kinder und Jugendlichen trägt, die ungünstige Voraussetzungen für den Schriftspracherwerb mitbringen. Die manchmal geäußerte Vorstellung, dass die einen von selbst lesen und schreiben lernten und die anderen ohnehin zum Scheitern verurteilt seien, ist sicher unangemessen und verkennt Aufgaben und Möglichkeiten des Unterrichts. Nähme man sie ernst, würde Lese-/Schreibunterricht überflüssig.

Wenn der Schrifterfahrungsansatz so interpretiert wird, dass jedes Kind aus sich heraus erfolgreich lesen und schreiben lernt und die Aufgabe des Unterrichts lediglich darin besteht, den Kindern Anregungen und Möglichkeiten der Schrifterfahrung zu geben, so führt das letztlich dazu, dass gerade solche Kinder, die die Unterstützung der Schule in besonderem Maße brauchen, im Stich gelassen werden.

Gegenwärtig zeichnet sich eine Tendenz in der Schriftsprachdidaktik ab, die sich in dieser Richtung kritisch mit dem Schrifterfahrungsansatz auseinandersetzt und die Notwendigkeit eines strukturierten Unterrichtsangebots betont. Aber beide Vorgehensweisen schließen sich nicht aus, sondern sollten meines Erachtens miteinander verbunden werden: die Orientierung an kindlicher Entwicklung, ein prozessorientiertes, auf aktive Auseinandersetzung mit Schrift und Sprache ausgerichtetes Verständnis von Schriftspracherwerb und die Initiierung und Unterstützung von Lernprozessen unter Beachtung von Strukturen des anzueignenden Gegenstandes, der Schriftsprache. Meines Erachtens stellen »freiere« Unterrichtsmethoden, die Kindern verschiedene Lernwege eröffnen, aber nicht in die Beliebigkeit führen, besonders große Anforderungen an die fachliche Kompetenz der Lehrerinnen und Lehrer. Denn sie müssen dazu in der Lage sein, Lernvoraussetzungen von Kindern einzuschätzen, verschiedene Zugriffsweisen auf Schrift zu diagnostizieren und Lernfortschritte differenziert zu erkennen und zu fördern. Für die Lehreraus- und -fortbildung bedeutet das, fundierte Kenntnisse über kindliche Entwicklung, über strukturelle und funktionale Charakteristika von Schrift, Sprache und schriftsprachlicher Tätigkeit, über lernpsychologische Zusammenhänge und über Möglichkeiten der Umsetzungen in didaktisches Handeln zu vermitteln.

Zusammenfassung: Schriftspracherwerb, Entwicklung, Förderung und Unterricht

Schriftspracherwerb umfasst ein Bündel verschiedener Komponenten und basiert auf komplexen Voraussetzungen, von denen hier mit der sprachlich-kognitiven Entwicklung im Vorschulalter, der frühen Teilhabe an schriftsprachlich orientierten kulturellen Praktiken und phonologischer Bewusstheit nur einige, allerdings zentrale Aspekte thematisiert worden sind. Auf die Bedeutung von visueller Wahrnehmung, Motorik und Gedächtnis wurde hingewiesen. Zum Gelingen des Schriftspracherwerbs sind die Entwicklung bzw. Förderung der einzelnen Komponenten sowie deren Koordination vonnöten. Allein schon aus diesem Grund sollten vorschulische Förderung und Anfangsunterricht auf alle diese Komponenten hin ausgerichtet sein. Es gibt aber auch noch einen weiteren Grund für ein solches Vorgehen: Denn so wie Kinder unterschiedliche Schwächen haben, so haben sie auch unterschiedliche Stärken (Gardner 1994). Das eine Kind orientiert sich vorwiegend an der klanglich-rhythmischen Seite von Sprache, ein anderes ist eher visuell orientiert und profitiert daher besonders von einer visuellen Unterstützung auch der Lautanalyse, und ein drittes nähert sich der Aufgabe vielleicht besonders erfolgreich von der motorischen Seite her. Auch wenn vom Lerngegenstand bestimmte Strukturen, die beherrscht werden müssen, vorgegeben sind, wie z. B. die Lautanalyse bei alphabetischen Schriften, so müssen die Wege dorthin keineswegs identisch oder einheitlich sein. Gerade dann, wenn ein Kind erkennbare Schwächen in bestimmten Bereichen zeigt, ist zu untersuchen, wo seine Stärken liegen und ob es möglich ist, auf den Stärken aufbauend die Schwächen zu überwinden.

Befasste sich dieses Kapitel vorwiegend mit Fragen des schulischen Lernens und des Anfangsunterrichts, so soll der Blick abschließend wieder auf die Vorschulphase gerichtet werden.

Zielsetzungen und Gestaltung vorschulischer Erziehung werden derzeit in Deutschland heftig und kontrovers diskutiert. Da prallen Forderungen nach Einschulung schon der Vierjährigen oder Zweitsprachen für »leistungsbereite Dreijährige«[48] auf Beschwörungen, Kindern so lange wie möglich Schonräume vor schulischen Anforderungen zu gewähren. Die im Laufe dieses Buches entwickelten Einsichten in das Denken, Sprechen und Handeln von Kindern zwischen 3 und 7 Jahren, darin, wie sich die Entwicklungen in konkreten Handlungssituationen vollziehen und wie Kinder sich mit Schrift und schriftsprachlichen Tätigkeiten auseinander zu setzen beginnen, führen meines Erachtens zu der Forderung, dass die Kindergärten Schrift und Schriftlichkeit in ihren Alltag mit einbeziehen sollten. In mancher Hinsicht geschieht das schon lange, z. B. im Zusammenhang des Vorlesens oder auch des Bilderbuchbetrachtens. Darüber hinaus beginnen viele Kindergärten mit speziellen, das Lesen- und Schreibenlernen in der Schule vorbereitenden Förderungen – z. B. zur phonologischen Bewusstheit. Als problematisch wird es dagegen oft angesehen, Schreibmaterialien und schriftbezogene Tätigkeiten in den Kindergarten einzubringen, weil in Deutschland, teilweise sogar gesetzlich fixiert, diese Bereiche der Schule vorbehalten bleiben. Meines Erachtens sollten solche Materialien aber den Kindern zur Verfügung stehen, ohne dass damit auch schon der Anfangsunterricht in den Kindergarten vorgezogen würde. In den vorangegangenen Kapiteln wurde immer wieder deutlich, dass die Neugier auf Schrift und Schriftlichkeit und die damit zusammenhängenden Fantasien und Auseinandersetzungen mit Bedeutungen, Sprache und Zeichen nicht nur unter dem Aspekt der Vorbereitung auf das Lesen- und Schreibenlernen im engeren Sinne, sondern für die sprachliche, kognitive und soziale Entwicklung insgesamt von Bedeutung sind. Der Kindergarten ist ein Ort, an dem gerade auch Kinder, die das von ihrem Elternhaus her nicht kennen, solche Möglichkeiten für sich entdecken könnten. Das kann und sollte mit anderen Zielsetzungen und Methoden als im Anfangsunterricht geschehen – nicht zuletzt auch dadurch, dass Kinder die Materialien und Bedeutungen in ihre gemeinsamen Spiele integrieren.

Kapitel 12 | **Handlungen, Vorstellungen und Zeichen**

Entwicklung im Vorschulalter, Sprache und Schrift

Wenn Vier- und Fünfjährige, in der Welt des Phantasiespiels, Rollenfiguren auf der Suche nach einer Geschichte genannt werden können, dann ist das dreijährige Kind ganz gewiss eine Figur auf der Suche nach einer Rolle. Versetze dieses dreijährige Kind in einen Raum mit anderen Dreijährigen, und früher oder später wird aus ihnen eine Schauspieltruppe werden. Sollten einige etwas ältere Spielkameraden zugegen sein, die ihnen Regieanweisungen und Dialoge anbieten, dann wird die Verwandlung eher früher als später stattfinden. (Paley 1986, Vorwort)

Mit diesen Worten fasst Vivian Paley ihre Erfahrungen mit Kindern im Übergang zum Vorschulalter zusammen. In ihren Büchern beschreibt sie, wie die Kinder im gemeinsamen Spiel Fantasiegestalten erfinden und diese Figuren mit solchen Rollen verbinden, die sie aus ihrer sozialen Umwelt kennen, wie beispielsweise Mutter und Kind. Wenn Kinder das Rollenspiel als aktiv Handelnde erst einmal entdeckt haben, dann scheint diese Handlungsform ihre Interaktionen mit anderen Kindern wie eine große Welle zu erfassen und Fantasie und Imagination ihre gemeinsamen Handlungen zu tragen.

Der Beginn des Rollenspiels lässt Bedürfnisse und Fähigkeiten offenbar werden, die mit dem Vorschulalter entstehen und für diese Entwicklungsphase charakteristisch sind. Daher soll die Darstellung zum Abschluss des Buches beim Rollenspiel ansetzen. Am Beispiel dieser Handlungssituation werden – wie durch ein Brennglas betrachtet – kognitive, emotionale, sprachliche und soziale Entwicklungsprozesse der Kinder noch einmal fokussiert.

Regeln

Die Motivation zum Rollenspiel hat emotionale Wurzeln, da sie auf das Bedürfnis der Kinder, wie Erwachsene zu handeln, zurückgeht. Dieses Bedürfnis führt zu einem tief greifenden Widerspruch zwischen Wunsch und Wirklichkeit, den die Kinder zu lösen versuchen, indem sie so tun, als ob ... Indem sie in Rollen schlüpfen und die Situation umdeuten, können sie die verlockenden Handlungen in ihrer Vorstellung ausführen und dadurch Handlungsmöglichkeiten erproben, die ihnen real verwehrt sind.

Untersuchungen zur Spielentwicklung zeigen, dass Kinder anfangs Rollen aus dem familiären Milieu wie Mutter und Kind bevorzugen, die aufeinander zugeordnet sind und deren Handlungsregeln zudem deutlich kontrastieren. In dieser Rollenwahl kommt zum Ausdruck, dass die Kinder an ihre alltäglichen Erfahrungen anknüpfen; da sie aber gerade nicht sich selbst bzw. ihre eigene Mutter ›nachspielen‹, sondern ›wie eine Mutter‹ bzw. ›wie ein Kind‹ handeln wollen, zeigt sich, dass sie gedanklich über die Interaktion mit den eng vertrauten Bezugspersonen hinausgehen und sich sozial auf größere Handlungsräume hin orientieren.

In dieser Erweiterung ihrer Interessen manifestiert sich die neu entstehende kognitive Fähigkeit, von singulären, konkreten, der aktuellen Situation und ihrem Kontext verhafteten Handlungen zu abstrahieren und sich an Handlungsregeln zu orientieren, die gesellschaftliche Rollen definieren.

Die Sensibilität von Vorschulkindern für soziale Regeln wird nicht nur im Rollenspiel offenbar, sondern auch in anderen Spielen, z. B. beim inszenierten Durchbrechen von Gesprächskonventionen. Im 5. Kapitel hat die vergleichende Analyse zwischen einem gespielten und einem echten Streit sowie einem Spiel mit Gesprächskonventionen zu der Einsicht geführt, dass Vorschulkinder in verblüffender Weise fähig dazu sind, Regeln, die Handlungen zugrunde liegen, aus ihren Erfahrungen heraus zu kristallisieren. Im Rollenspiel steht das Bemühen, Handlungsregeln einzuhalten, im Vordergrund. Das führt beispielsweise dazu, dass die Kinder so streiten, wie man sich kooperativ streiten sollte. Beim Spiel mit Gesprächskonventionen hingegen verletzen sie gezielt einzelne Konventionen, sichern die Interaktion jedoch gleichzeitig dadurch ab, dass sie grundlegende, Kooperativität gewährleistende Regeln, wie einen flüssigen Sprecherwechsel, einhalten und dieses durch Rhythmus und Wiederholung deutlich markieren.

Das Beispiel der beiden Kinder, die zuerst einen Streit spielen und sich dann ernsthaft streiten und dabei gegen Regeln für eine kooperative Auseinandersetzung verstoßen, ist besonders aufschlussreich: Denn zum einen zeigt es, dass aus Beobachtungen von Kindern, die in Ernstsituationen bestimmte Handlungskonventionen verletzen, nicht geschlossen werden darf, dass sie die Konventionen nicht kennen. In dem Beispiel dominieren bei dem echten Streit die einander widersprechenden Interessen der beiden Schwestern so stark, dass der Wunsch zur Kooperation dahinter völlig zurücktritt und die Kommunikation auseinanderbricht. Das kommt auch bei Erwachsenen vor. Zum anderen unterstreicht das Beispiel aber auch noch einmal die Bedeutung des Spiels für die Entwicklung. Denn in der Fiktion, in ihrer Rolle, gewinnen Kinder eine Distanz zu ihren eigenen Wünschen und Handlungen, die es ihnen ermöglicht, Regeln zu folgen, wo es ihnen in vergleichbaren Real-Situationen vielleicht nicht gelingen würde, weil ihnen ihre persönlichen Interessen zu nah sind. Gleichzeitig erproben und üben sie durch das Spiel die Einhaltung der Regeln. Dass sie dabei vieles schon beherrschen und auch bereit sind, individuelle Handlungsziele hinter das gemeinsame Interesse am Spiel zurückzustellen, basiert auf der starken emotionalen Motivation zum Rollenspiel. Die Kinder teilen diese Motivation, und deren Verwirklichung verspricht letztlich eine größere Befriedigung als die Durchsetzung einzelner, den Interessen des Partners widerstrebender Handlungszüge innerhalb des Spiels.

Zusammenfassend ist festzuhalten, dass Vorschulkinder im Rollenspiel sozial und kognitiv in der Zone der nächsten Entwicklung handeln, weil das Spiel Fähigkeiten freisetzt, die für sie im Bereich des Möglichen liegen, über die sie aber in anderen Handlungssituationen noch nicht verfügen.

Bedeutungsrepräsentationen

Die innovative Kraft des Rollenspiels gilt in besonderer Weise auch für die sprachliche Entwicklung. Das liegt vor allem daran, dass Sprache das zentrale Mittel für die Erzeugung fiktiver Bedeutungen ist, um die sich alles dreht. Indem die Kinder sprachlich Umdeutungen erzeugen und Fiktion und Realität voneinander abgrenzen, lösen sie sprachliche Äußerungen aus der sympraktischen Verflechtung mit dem situativen Kontext, die den Sprachgebrauch von Kleinkindern bestimmt.

Diesem sympraktischen Sprachgebrauch entspricht, dass in den Vorstellungen von Kleinkindern sprachliche Zeichen zu den Eigenschaften von Gegenständen bzw. des nonverbalen Kontexts sprachlicher Äußerungen gehören. In diesem Sinne gehen Kleinkinder beim sprachlichen Handeln noch nicht mit Zeichen als eigenständigen Einheiten um, sondern operieren – wie Wygotski sagt – mit Wort-Gegenstands-Komplexen.

Die Vorstellung, dass Wort und Gegenstand untrennbar zusammengehören, wird bei den Umdeutungen im Rollenspiel gleichzeitig genutzt und auch überwunden. Denn wenn beispielsweise Ingrid ein Bügeleisen durch die Äußerung *Das ist wohl unser Telefon* in ein Telefon umdeutet, dann soll das Aussprechen des Wortes *Telefon* die Vorstellung dieses Gegenstandes erzeugen. Die Wirkung der sprachlichen Formel beruht also auf der Zusammengehörigkeit von Wort und Gegenstand im Denken der Kinder. Da aber der Gegenstand selbst nicht anwesend ist, handeln sie in ihrem weiteren Spiel auf der Basis von Bedeutungsrepräsentationen, die sich mit dem Wort verbinden. Bei dem im 5. Kapitel abgedruckten Beispiel gelingt dieser Prozess der Ablösung von Wort und Gegenstand nicht reibungslos. Denn Hilde hat Ingrids Umdeutung nicht mitvollzogen und beschwert sich darüber, dass die Freundin mit einem Bügeleisen gesprochen habe. Für sie dominiert in diesem Augenblick der Gegenstand, den die beiden Kinder vor Augen haben, mit seiner realen Funktion. Anschaulich kann man sich ihr Problem so verdeutlichen, dass das von Ingrid ausgesprochene Wort noch nicht stark genug wirkt, um die durch den Gegenstand erzeugte Vorstellung zu überlagern und somit die Umdeutung gelingen zu lassen. Das Beispiel zeigt, dass das Handeln auf der Basis von Bedeutungsrepräsentationen zu Beginn des Vorschulalters ein neuer und manchmal mit Schwierigkeiten verbundener Prozess ist.

Alle hier beschriebenen Spiele können erst dann zustande kommen, wenn Kinder dazu in der Lage sind, ohne die Unterstützung Älterer Handlungsregeln einzuhalten und die Interaktion selbstständig zu strukturieren. Diese Fähigkeit entsteht im Übergang zum Vorschulalter – und die Spiele sind von großer Bedeutung dafür. Jetzt treten als Handlungspartner andere Kinder in den Vordergrund des Interesses – gerade auch deswegen, weil Kinder das Bedürfnis, fiktiv zu handeln, miteinander teilen. Für die Realisierung dieses Bedürfnisses sind Vorschulkinder auf interaktives Handeln angewiesen; denn sie können ihre Wünsche, Ideen und Geschichten nur dann entfalten, wenn sie sie sofort in Szene setzen.

Ein Paradox der Umdeutungen beim Rollenspiel liegt darin, dass die fiktiven Bedeutungen, mit deren Erzeugung die Kinder gedanklich die aktuelle Handlungssituation überschreiten, ihrerseits nur in dieser Spielsituation und in der Kommunikation mit diesen speziellen Partnern gelten. Denn in einem nächsten Spiel – manchmal sogar eingebettet in das laufende Spiel – übernehmen die Kinder andere Rollen und versehen dieselben Gegenstände mit anderen Umdeutungen. Diese Einheit von Überschreitung der gegebenen Situation in der Vorstellung und gleichzeitiger Bindung des Handelns an die Interaktionssituation ist charakteristisch für das Rollenspiel und bringt die Struktur des Denkens im Vorschulalter deutlich zum Ausdruck: Denn die Kinder können einerseits zunehmend von konkreten Handlungsvollzügen und den dazugehörigen Kontexten abstrahieren und sich auf Regeln hin orientieren. Ihr Denken bleibt aber andererseits an anschauliche Vorstellungen, wie z. B. Rollen, und an die umgehende Realisierung ihrer Ideen im gemeinsamen Handeln gebunden.

Den beschriebenen Entwicklungen auf der Handlungsebene entsprechen Veränderungen auf der Ebene mentaler Repräsentationen. Nach Nelsons Modell haben Kinder mit dem Ende des 4. Lebensjahrs ein mentales System sprachlicher Zeichen aufgebaut, wohingegen bei jüngeren Kindern sprachliche Einheiten in Repräsentationen von Ereignissen und Handlungen integriert sind.

Das Verhältnis zwischen mentalen Repräsentationen und interaktiven Handlungen besteht in einer wechselseitigen Abhängigkeit. Einerseits leisten solche Handlungen, wie die im Rollenspiel stattfindende Ablösung sprachlicher Zeichen vom gegenständlichen Kontext, einen Beitrag zur Umstrukturierung mentaler Repräsentationen. Andererseits schaffen Veränderungen mentaler Repräsentationen Grundlagen für neue Handlungsmöglichkeiten .

Das zeigt auch die ToM-Forschung. Denn mit ca. 4 Jahren verstehen Kinder, dass Menschen auf der Grundlage von Absichten und von Vorstellungen über Sachverhalte handeln, und dass die Vorstellungen den Sachverhalten widersprechen können. Dieses neue Verständnis von Menschen und ihren Handlungen ist erst dann möglich, wenn die Kinder über mentale Repräsentationen sprachlicher Zeichen verfügen, die von den Repräsentationen der Sachverhalte selbst abgelöst sind.

Sprachspiele

In ihren Handlungen, Fantasien und Reflexionen bringen Vorschulkinder ihr Interesse an der sozialen Umwelt zum Ausdruck: daran, wie Menschen handeln, warum sie so handeln, welche Regeln ihren Handlungen zugrunde liegen und was geschieht, wenn gegen die Regeln verstoßen wird. Insbesondere der Wechsel zwischen Einhaltung und Verletzung von Regeln, die bewusst und als Spiel inszeniert wird, kennzeichnet Interaktionen zwischen Vorschulkindern.

Das Interesse an Regeln und die Freude am experimentierenden Verstoß gegen sie zeigt sich auch in Sprachspielen. Wenn beispielsweise die Lautfolge /ja/ mit der Bedeutung ›Verneinung‹ und /nain/ mit der Bedeutung ›Bejahung‹ versehen werden, dann setzen die Kinder die geltenden Regeln der Zuordnung zwischen

Laut- und Bedeutungsseite der Wörter außer Kraft und führen eine neue Regel ein. Der Reiz solcher Spiele liegt vor allem darin, dass die neuen Regeln mit bestimmten, eingeweihten Personen geteilt werden und sich diese Gruppe der Sprachkundigen untereinander verständigen kann, während alle anderen davon ausgeschlossen sind. Mit solchen Umbenennungsspielen schaffen Kinder sich eine erste Geheimsprache. Dabei erkunden und erkennen sie ein grundlegendes Merkmal von Sprache, dass nämlich die Zuordnung von Laut- und Bedeutungsseite arbiträr und konventionell ist. ›Arbiträr‹ heißt, dass die Lautung nicht aus einer inneren Notwendigkeit heraus mit dieser und keiner anderen Bedeutung verbunden sein muss. Wäre es anders, gäbe es keine verschiedenen Einzelsprachen. ›Konventionell‹ heißt, dass die Zuordnung zwischen Laut- und Bedeutungsseite aber nicht beliebig und individuell ist, weil sonst Verständigung unmöglich würde. Vielmehr gelten die Zuordnungen sozial, innerhalb einer Sprachgemeinschaft.

Mit solchen Sprachspielen wird für die Kinder beides, sowohl die Arbitrarität als auch die Konventionalität, offensichtlich. Denn mit den Umbenennungen trennen sie Lautung und Bedeutung voneinander und ordnen sie neu zu. Dabei merken sie, dass ihr Sprachgebrauch, den sie von den Erwachsenen übernommen haben, nicht notwendigerweise so sein muss, wie es konventionell der Fall ist. Damit aber das Spiel als Geheimsprache funktionieren kann, müssen sie neue Konventionen schaffen. Anders als in der Sprachgemeinschaft, wo die geltenden Regeln durch historische Prozesse entstanden sind und es keine bewusste Übereinkunft der Sprachteilhaber gegeben hat, gehen die Kinder in ihren Spielen tatsächlich Verabredungen ein und erfahren somit die Konventionalität von Sprache konkret.

Handlungskontrolle und Lernen in der Schule

Regelverletzungen, die Kinder in ihren Spielen gezielt vornehmen, erzeugen ein Gefühl von Macht und Kontrolle über die eigenen und gemeinsamen Handlungen. Dass die Spiele nur dann gelingen können, wenn gleichzeitig andere Regeln befolgt werden, steht dazu nicht im Widerspruch, sondern ist wesentlicher Teil des Vergnügens. Denn hat man erst einmal entdeckt, dass man soziale Regeln verändern und brechen kann, lässt sich die Einhaltung von Regeln im Spiel als freiwilliger Akt und als Zeichen ihrer Beherrschbarkeit interpretieren.

Ein ›nützlicher‹ Effekt solcher spielerischer Erprobungen ist der, dass Kinder gegen Ende des Vorschulalters eine gewisse Könnerschaft darin entwickelt haben, ihre eigenen Handlungen gezielt zu steuern – eine Fähigkeit, die für das Lernen in der Schule grundlegend ist. Psychologen wie z. B. Wygotski, Donaldson und Tomasello sehen darin den wesentlichen Grund dafür, dass Kinder üblicherweise zwischen 5 und 7 Jahren eingeschult werden.

Wygotski hat mit seinen Untersuchungen zum egozentrischen Sprechen herausgearbeitet, dass Kinder zu Beginn des Vorschulalters fähig werden, ihre eigenen Handlungen mit Gegenständen selbstständig, ohne die verbale Unterstützung durch Erwachsene, zu steuern. Dies gelingt ihnen, indem sie sich selbst, laut vor sich hin sprechend, Anweisungen geben. Bis zum Ende des Vorschulalters ist das egozentrische Sprechen in inneres Sprechen übergegangen und die Fähigkeit zur Eigensteuerung so gefestigt, dass sie eine Grundlage für schulisches Lernen bilden kann.

Ein Blick auf die Spielentwicklung von Kindern zeigt, dass das egozentrische Sprechen für das Konstruktionsspiel besonders wichtig ist, dass Kinder ihre Fähigkeit zur Handlungssteuerung darüber hinaus aber auch in der Kommunikation mit anderen, nämlich in interaktiven Spielen, ausbilden. Dass diese Fähigkeit beim Lesen- und Schreibenlernen gefordert ist, wurde in den vorangegangenen Kapiteln herausgearbeitet.

Schriftspracherwerb und Symbolisierungen zweiter Ordnung

Besonders wichtig für den Schriftspracherwerb ist das Operieren mit Bedeutungsrepräsentationen, das während des Vorschulalters entsteht. Wie Sprachspiele zeigen, beginnen Kinder in derselben Entwicklungsphase auch, über Sprache zu reflektieren und somit sprachliche Zeichen zum Gegenstand ihres Denkens zu machen. Verstärkt wird dieser Prozess durch schriftliche Zeichen, die viele Kinder faszinieren. Selbstverständlich setzt das voraus, dass solche Zeichen in der alltäglichen Umgebung der Kinder vorkommen und in für sie erkennbaren Beziehungen zur vertrauten, mündlichen Sprache stehen. Das verweist auf die Bedeutung kultureller und sozialer Bedingungen für die Entwicklung eines Interesses an Sprache und Schrift. Trotzdem betrachten viele Wissenschaftler die im Vorschulalter entstehende Fähigkeit und die Lust, über Sprache nachzudenken, als Eigenschaften, die für Menschen charakteristisch sind.

Und doch behaupte ich, daß der Impuls, ein Symbolsystem der zweiten Ordnung zu schaffen – eine Reihe von Zeichen, die sich auf eine Reihe anderer Zeichen beziehen –, eine Neigung darstellt, die tief im Menschen verankert ist und durch einen verhältnismäßig geringen Anstoß aktiviert wird. Gewiß ist die universale Entscheidung, mit der formalen Schulung zu beginnen, wenn die Kinder zwischen fünf und sieben Jahre alt sind, kein Zufall; dieses Alter läßt vermuten, daß die Kinder leicht Symbolisierungen der ersten Ordnung vornehmen und Symbole oder Zeichen verwenden können, die sich auf andere Symbole beziehen. (Gardner 2001, S. 102)

Mit »Symbolisierungen der ersten Ordnung vornehmen« meint Gardner das praktische sprachliche Können, also Sprechen und Verstehen, das mit dem Erwerb der grundlegenden Strukturen der Muttersprache und der Bewältigung von Interaktionsroutinen bis zum 4. Lebensjahr ein tragfähiges Fundament für weitere Entwicklungsprozesse bildet.

Mit den beschriebenen Veränderungen im Vorschulalter entwickeln Kinder die Fähigkeit, über dieses praktische Können hinauszugehen und Zeichen zum Träger erwünschter Bedeutungen, zu ihrem Thema und zu ihrem Experimentierfeld zu machen. So entstehen Voraussetzungen dafür, »ein Symbolsystem der zweiten Ordnung« aufzubauen, dessen Zeichen sich auf andere Zeichen beziehen, wie es bei Schrift der Fall ist.

In einer sozialen Welt, die von Schriftlichkeit durchzogen ist, kommen viele Kinder mit Schriftsprache schon früh in Kontakt. Zu den ersten Handlungssituationen dieser Art gehört das Vorlesen. Dabei verbindet sich das Zuhören gerade bei den Jüngsten meist mit dem Betrachten von Bildern. In Bilderbüchern wird die Geschichte sowohl durch den sprachlichen Text als auch durch die Bilder erzählt. Die auditiv-sprachliche Wahrnehmung beim Zuhören tritt also in Beziehung zur visuellen Wahrnehmung beim Anschauen der Bilder, und beides zusammen ergibt für das Kind die Geschichte.

Kleine Kinder können ikonische visuelle Zeichen verstehen, deren Bedeutung sie aufgrund der Ähnlichkeit mit dem Dargestellten erkennen. Das entspricht Nelsons Modell, nach dem Kleinkinder über Repräsentationen von Objekten und Ereignissen verfügen, die ihnen aufgrund der Ähnlichkeit eine Deutung ikonischer Zeichen ermöglichen.

Im Vorschulalter dagegen werden Kinder auch für symbolische Zeichen empfänglich, die, wie Buchstaben oder auch gekritzelte Linien, keinerlei Ähnlichkeit mit dem Dargestellten aufweisen. Zwar bildet auch die Lautsprache, auf der auditiven Wahrnehmungsebene, ein System symbolischer – und nicht ikonischer – Zeichen, da die Lautung eines Wortes mit den Gegenständen, für die das Wort steht, keine Ähnlichkeit hat. Aber solange Wort und Gegenstand im Denken der Kinder untrennbar zusammengehören, ist ihnen dieses Charakteristikum von Sprache nicht zugänglich. Das ändert sich wie beschrieben im Vorschulalter.

Daher lassen sich Beziehungen zwischen dem Vergnügen von Vorschulkindern an Umdeutungen, an spielerischer Regelverletzung, an der sprachlichen Erzeugung ›verkehrter Welten‹, und ihrer Faszination für schriftliche Zeichen herstellen: In beidem kommt die Entdeckung zum Ausdruck, dass es nicht nur eine reale Welt, sondern auch eine ›Bedeutungswelt‹ gibt und dass beide, durch Zeichen und Regeln vermittelt, aufeinander bezogen sind. Regeln gelten und Zeichen haben bestimmte Bedeutungen. Aber die Sache verhält sich so, wie Sporting Life es in »Porgy and Bess« singt: »It ain't necessarily so.« Grundsätzlich wären andere Regeln und Zeichen möglich.

Diese Erkenntnis ermöglicht auch die Einsicht, dass Buchstaben Wörter repräsentieren, obwohl sie mit dem, was die Wörter bezeichnen, keinerlei Ähnlichkeit haben, und dass das Wort *Straßenbahn* länger als das Wort *Straße* ist, obwohl es sich mit Straßenbahnen und Straßen genau anders herum verhält.

Das zu Beginn des 8. Kapitels abgedruckte Gespräch zwischen Tina, Nikolai und Sven darüber, ob das Zeichen *Z* eine Schlange oder wie eine Schlange oder aber ein Buchstabe wie in *Ferkel* sei, zeigt, dass Sechsjährige bei der Deutung von Zeichen zwischen einem ikonischen und einem symbolischen Verständnis hin und her schwanken. Solche Annäherungen sind ein Kennzeichen des Denkens in Komplexen, für das in den vorangegangenen Kapiteln viele Beispiele gegeben worden sind und das noch bis in die ersten Schuljahre hinein andauert. So sind sich Vorschulkinder und Schulanfänger selbstverständlich auch noch nicht dessen bewusst, dass sprachliche Zeichen und Schriftzeichen arbiträr und konventionell sind. Aber mit ihren Spielen, Fragen und Kommentaren bahnen sie sich Wege zur Erkundung von Zeichen und Regeln.

In der Schule wird das Lesen und Schreiben und das Umgehen mit Zeichen für viele Kinder zum mühsamen Geschäft – und das hat viele Gründe, nicht zuletzt auch den, dass Lesen und Schreiben komplexe Prozesse sind. Umso wichtiger aber ist es, dass Erwachsene die Wurzeln für ein Verständnis symbolischer Zeichen und für das Interesse daran erkennen. Denn beides gründet in Entwicklungen, die Jahre vor der Einschulung beginnen.

Literatur

ANDRESEN, Helga (1985): Schriftspracherwerb und die Entstehung von Sprachbewußtheit. Opladen: Westdeutscher Verlag.

ANDRESEN, Helga (2002): Interaktion, Sprache und Spiel. Zur Funktion des Rollenspiels für die Sprachentwicklung im Vorschulalter. Tübingen: Narr.

ANDRESEN, Helga/BUCHGEISTER, Karin (1994): Ich kann ja auch nicht Reiher gucken. Kindergartenkinder über Schrift, Lesen und Schreiben. Grundschule 26, H.2, S. 9–11.

ASTINGTON, Janet Wilde (2000): Wie Kinder das Denken entdecken. München [u.a.]: Reinhardt.

AUWÄRTER, Manfred (1983): Kontextualisierungsprozesse für Äußerungen bei Kindern unterschiedlicher Entwicklungsstufen. In: Boueke, D./Klein, W. (Hg.): Untersuchungen zur Dialogfähigkeit von Kindern. Tübingen: Narr. S. 75–95.

AUWÄRTER, Manfred (1986): Development of Communicative Skills: The Construction of Fictional Reality in Children's Play. In: Cook-Gumperz, J./Corsaro, W. A./Streeck, J. (Hg.): Children's Worlds and Children's Language. Berlin usw.: de Gruyter. S. 205–230.

BATES, Elisabeth/MARCHMAN, Virginia/THAL, Donna u.a. (1994): Developmental and stylistic variation in the composition of early vocabulary. In: Journal of Child Language 21, S. 82–123.

BATESON, Gregory (1983): Eine Theorie des Spiels und der Phantasie. In: Ders.: Ökologie des Geistes. 6. Aufl. Frankfurt/M.: Suhrkamp. S. 241–261.

BECKER, Tabea (2001): Kinder lernen erzählen: Zur Entwicklung der narrativen Fähigkeiten von Kindern unter Berücksichtigung der Erzählform. Baltmannsweiler: Schneider.

BOSE, Ines (2003): Dóch da sin ja' nur mûster: Kindlicher Sprechausdruck im sozialen Rollenspiel. Frankfurt/M. [u.a.]: Lang (= Hallesche Schriften zur Sprechwissenschaft und Phonetik Bd. 9).

BROCKMEIER, Jens (1997): Literales Bewußtsein. Schriftlichkeit und das Verhältnis von Sprache und Kultur. München: Fink.

BRUNER, Jerome S. (1987): Wie das Kind sprechen lernt. 1. Aufl., 1. Nachdr. (1993). Bern [u.a.]: Huber.

BRUNER, Jerome S. (1997): Sinn, Kultur und Ich-Identität. Zur Kulturpsychologie des Sinns. Heidelberg: Auer.

BÜHLER, Karl (1982): Sprachtheorie. Die Darstellungsfunktion der Sprache. Stuttgart/New York: Gustav Fischer (Ungekürzter Nachdruck der 1. Ausgabe v. 1934).

BUTZKAMM, Wolfgang/BUTZKAMM, Jürgen (1999): Wie Kinder sprechen lernen. Kindliche Entwicklung und die Sprachlichkeit des Menschen. Tübingen/Basel: Francke.

CHOMSKY, Noam (1959): A Review of Skinner's Verbal Behaviour. Language 35, S. 26–58.

CHOMSKY, Noam (1967): Aspekte der Syntaxtheorie. Frankfurt/M.: Suhrkamp.

CHOMSKY, Noam (1981): Regeln und Repräsentationen. Frankfurt/M.: Suhrkamp.

CLARK, Eve (1978): Awareness of Language: Some Evidence from what Children Say and Do. In: Sinclair, A./Jarvella, R./Levelt, W.J.M. (1978): The Child's Conception of Language. Berlin usw.: Springer. S. 17–43.

CLARK, Eve V. (2003): First Language Acquisition. Cambridge: Cambridge University Press.

DEHN, Mechthild (1994): Zeit für die Schrift: Lesenlernen und Schreibenkönnen. 4., überarb. Aufl. Bochum: Kamp.

DITTMANN, Jürgen (2002): Der Spracherwerb des Kindes. Verlauf und Störungen. München: Beck.

DONALDSON, Margaret (1991): Wie Kinder denken. München: Piper.

DUMMER-SMOCH, Lisa/HACKETHAL, Renate (1999): Kieler Leseaufbau: Handbuch und Übungsmaterialien. 5., überarb. Aufl. Kiel: Veris-Verlag.

ELKONIN, Daniil (1980): Psychologie des Spiels. Köln: Pahl Rugenstein.

ELMAN, Jeffrey L. (2001): Connectionism and Language Acquisition. In: Tomasello, Michael/Bates, Elizabeth (Hg.) (2001): Language Development. The Essential Readings. Malden/Oxford: Blackwell. S. 295–306.

GARDNER, Howard (1989): Dem Denken auf der Spur. Stuttgart: Klett-Cotta.

GARDNER, Howard (1993): Der ungeschulte Kopf. Wie Kinder denken. Stuttgart: Klett-Cotta (4. Aufl. 2001).

GARDNER, Howard (1994): Abschied vom IQ. Die Rahmen-Theorie der vielfachen Intelligenzen. Stuttgart: Klett-Cotta (3. Aufl. 2001).

GARVEY, Catherine (1978): Spielen. Stuttgart: Klett-Cotta.

GARVEY, Catherine (1984): Children's Talk. Cambridge/Mass.: Harvard University Press.

GELLMANN, R./SHATZ, M. (1977): Appropriate speech adjustments: The operation of conversational constraints on talk to two-year-olds. In: Lewis, M./Rosenblum, L. (Hg.): Interaction, conversation and the development of language. New York: Wiley.

GRIFFIN, Holly (1984): The Coordination of Meaning in the Creation of a Shared Make-Believe Reality. In: Bretherton, I. (Hg.): Symbolic Play. The Development of Social Understanding. London: Academic Press. S. 73–100.

GÜNTHER, Klaus-B. (1989)a: Ontogenese, Entwicklungsprozeß und Störungen beim Schriftspracherwerb unter besonderer Berücksichtigung der Schwierigkeiten von lern- und sprachbehinderten Kindern. In: Ders. (1989)b. S. 12–33.

GÜNTHER, Klaus-B. (1989)b: Ontogenese, Entwicklungsprozeß und Störungen beim Schriftspracherwerb. Heidelberg: Schindele.

HAARMANN, Harald (1992): Universalgeschichte der Schrift. Frankfurt/M./New York: Campus.

HICKMANN, Maya (2003): Children's Discourse. Person, Space and Time across Languages. Cambridge: Cambridge University Press.

INGRAM, David (1989): First Language Acquisition. Method, Description and Explanation. Cambridge: Cambridge University Press.

JANNSEN, H./MANNHAUPT, G./MARX, H./SKOWRONEK, H. (1999): Bielefelder Screening zur Früherkennung von Lese- und Rechtschreibschwierigkeiten (BISC). Göttingen: Hogrefe.

JANUSCHEK, Franz/PAPROTTÉ, Wolf/ROHDE, Wolfgang (1979): Zur Ontogenese metasprachlicher Handlungen. Osnabrücker Beiträge zur Sprachtheorie 10. S. 37–69.

KARMILOFF-SMITH, Annette (1992): Beyond Modularity. A Developmental Perspective on Cognitive Science. Cambridge, Mass./London: MIT Press.

KAUSCHKE, Christina (2000): Der Erwerb des frühkindlichen Lexikons: Eine empirische Studie zur Entwicklung des Wortschatzes im Deutschen. Tübingen: Narr (= Tübinger Beiträge zur Linguistik, Series A, Language Development Bd. 27).

KEENAN, Elinor (1979): Gesprächskompetenz bei Kindern. In: Martens (1979). S. 168–201.

KLANN-DELIUS, Gisela (1999): Spracherwerb. Stuttgart/Weimar: Metzler.

KLÜVER, Jürgen (2000): The Dynamics and Evolution of Social Systems. Dordrecht: Kluwer Academic Publishers.

KÜSPERT, Petra/SCHNEIDER, Wolfgang (2000): Hören, lauschen, lernen: Sprachspiele für Kinder im Vorschulalter. Würzburger Trainingsprogramm zur Vorbereitung auf den Erwerb der Schriftsprache. 2. Aufl. Göttingen: Vandenhoeck & Ruprecht.

MAAS, Utz (1992): Grundzüge der deutschen Orthographie. Tübingen: Niemeyer (= Reihe germanistische Linguistik; 120: Kollegbuch).

MANNHAUPT, Gerd (2002): Lernvoraussetzungen im Schriftspracherwerb. Zur Entwicklung der Schriftsprache im Vor- und Grundschulalter. Köln: Kölner Studien Verlag.

MARTENS, Karin (Hg.) (1979): Kindliche Kommunikation. Theoretische Perspektiven, empirische Analysen, methodologische Grundlagen. Frankfurt/Main: Suhrkamp.

MENG, K./KRAFT, B./NITSCHE, U. (1991): Kommunikation im Kindergarten. Berlin: Akademie Verlag.

MENZEL, Wolfgang (1990): Lesen lernen – Schreiben lernen. 1. Aufl., 7. Dr. (1999). Braunschweig: Westermann.

NELSON, Katherine (1996): Language in Cognitive Development. Cambridge: Cambridge University Press.

NEWMAN, D. (1982): Perspective taking versus content in understanding lies. The Quarterly Newsletter of the Laboratory of Comparative Human Cognition. 4, S. 26–29.

OERTER, Rolf (1993): Psychologie des Spiels. Ein handlungstheoretischer Ansatz. München: Quintessenz.

OLSON, David R. (1994): The World on Paper. The Conceptual and Cognitive Implications of Writing and Reading. Cambridge: Cambridge University Press.

ONG, Walter J. (1987): Oralität und Literalität. Die Technologisierung des Wortes. Opladen: Westdeutscher Verlag.

PALEY, Vivian Gussin (1986): Mollie is Three. Growing Up in School. Chicago/London: Chicago University Press.

PALEY, Vivian Gussin (1988): Bad Guys Don't Have Birthdays. Fantasy Play at Four. Chicago/London: Chicago University Press.

PAPOUŠEK, Mechthild (1994): Vom ersten Schrei zum ersten Wort: Anfänge der Sprachentwicklung in der vorsprachlichen Kommunikation. Bern/Göttingen: Hans Huber.

PELLEGRINI, Anthony D. (1982): The Construction of Cohesive Text by Preschoolers in Two Play Contexts. Discourse Process 5. S. 101–108.

PELLEGRINI, Anthony D. (1984): The Effect of Dramatic Play on Children's Generation of Cohesive Text. Discourse Process 7. S. 57–67.

PELLEGRINI, Anthony D. (1985)a: The Narrative Organisation of Children's Fantasy Play: the Effects of Age and Play Context. Educational Psychology 5,1. S. 17–25.

PELLEGRINI, Anthony D. (1985)b: Relations Between Preschool Children's Symbolic Play and Literate Behavior. In: Galda, L./Pellegrini, A. D. (Hg.): Play, Language and Stories: The Development of Children's Literate Behavior. Norwood, N. J. S. 79–97.

PELLEGRINI, Anthony D./GALDA, Lee (1990): Spiel, Sprache und frühe Kompetenz im Lesen und Schreiben. Children's Play, Language and Early Literacy. Unterrichtswissenschaft 18, 3. S. 269–281.

PIAGET, Jean (1972) a: Sprechen und Denken des Kindes. Düsseldorf: Schwann.

PIAGET, Jean (1972) b: Urteil und Denkprozess des Kindes. Unter Mitarbeit von E. Cartalis. Düsseldorf: Schwann.

PIAGET, Jean (1974): Die geistige Entwicklung des Kindes. In: Ders.: Theorien und Methoden der modernen Erziehung. Frankfurt/M.: Fischer. S. 153–210.

PIAGET, Jean (1975)a: Das Erwachen der Intelligenz beim Kinde. Stuttgart: Klett-Cotta (Ges. Werke – Studienausgabe Bd. 1).

PIAGET, Jean (1975)b: Der Aufbau der Wirklichkeit beim Kinde. Stuttgart: Klett-Cotta (Ges. Werke – Studienausgabe Bd. 2).

PIAGET, Jean (1983): Das moralische Urteil beim Kinde. 2. Aufl. Stuttgart: Klett-Cotta.

PIAGET, Jean (1993): Nachahmung, Spiel und Traum. Stuttgart: Klett-Cotta (Ges. Werke – Studienausgabe Bd. 5).

PINKER, Steven (1996): Der Sprachinstinkt. München: Kindler.

REICHEN, Jürgen (2003): Hannah hat Kino im Kopf. Hamburg: Heinevetter.

RÖBER-SIEKMEYER, Christa (1997): Die Schriftsprache entdecken: Rechtschreiben im offenen Unterricht. 3., erg. und neu ausgestattete Aufl. Weinheim [u. a.]: Beltz (= Beltz Praxis, Reihe Werkstattbuch Grundschule).

RÖBER-SIEKMEYER, Christa/TOPHINKE, Doris (Hg.) (2002): Schrifterwerbskonzepte zwischen Sprachwissenschaft und Pädagogik. Baltmannsweiler: Schneider Hohengehren (= Diskussionsforum Deutsch Bd. 9).

ROMMETVEIT, Ragnar (1988): On literacy and the myth of literate meaning. In: Säljö, R. (Hg.): The Written Word: Studies in Literate Thought and Action. Berlin [u. a.]: Springer. S. 13–40.

RUTTER, R./DURKIN, K. (1987): Turn-taking in mother-infant interaction: An examination of vocalisations and gaze. Developmental Psychology 25, S. 54–61.

SACHS, J./GOLDMANN, J./CHAILLE, C. (1984): Planning in Pretend Play: Using Language to Coordinate Narrative Development. In: Pellegrini, A./Yawkey, T. (Hg.): The Development of Oral and Written Language in Social Contexts. Norwood, N. J.: Ablex. S. 119–127.

SCHEERER-NEUMANN, Gerheid (1993): Der Erwerb der basalen Lese- und Schreibfähigkeiten. In: Günther, H./Ludwig, O. (Hg.): Schrift und Schriftlichkeit. Ein interdisziplinäres Handbuch internationaler Forschung. Berlin: de Gruyter. S. 1153–1169 (= Handbücher zur Sprach- und Kommunikationswissenschaft Bd. 11,2).

SCHWARTZMAN, Helen (1978): Transformations. The Anthropology of Children's Play. New York: Plenum.

SNOW, Catherine (1977): The development of conversation between mothers and babies. Journal of Child Language 4. S. 1–22.

SPITTA, Gudrun (1989): Erlernen die Kinder im offenen Unterricht auch die Rechtschreibung? In: Günther (1989b). S. 323–343.

STERN, Daniel (2003): Die Lebenserfahrung des Säuglings. 8. Aufl. Stuttgart: Klett-Cotta.

SZAGUN, Gisela (1996): Sprachentwicklung beim Kind. 6., vollst. überarb. Aufl., unveränd. Nachdr. Weinheim [u.a.]: Beltz.

SZAGUN, Gisela (2001): Wie Sprache entsteht: Spracherwerb bei Kindern mit normalem und beeinträchtigtem Hören. Weinheim [u.a.]: Beltz.

TOMASELLO, Michael (1996): The Child's Contribution to Culture: A Commentary on Toomela. Culture and Psychology 2,3. S. 307–318.

TOMASELLO, Michael (2002): Die kulturelle Entwicklung des menschlichen Denkens: Zur Evolution der Kognition. Frankfurt am Main: Suhrkamp.

TOPHINKE, Doris/RÖBER-SIEKMEYER, Christa (Hg.) (2002): Schärfungsschreibung im Fokus. Zur schriftlichen Repräsentation sprachlicher Strukturen im Spannungsfeld von Sprachwissenschaft und Didaktik. Baltmannsweiler: Schneider Hohengehren (= Diskussionsforum Deutsch Bd. 10).

WAGNER, Klaus R. (1986): Erzähl-Erwerb und Erzählungs-Typen. Wirkendes Wort 36, S. 142–156.

WATZLAWICK, Paul/BEAVIN, Janet H./JACKSON, Don D. (2000): Menschliche Kommunikation: Formen, Störungen, Paradoxien. 10., unveränd. Aufl. Bern [u.a.]: Huber.

WEINHOLD, Swantje (2000): Text als Herausforderung: Zur Textkompetenz am Schulanfang. Mit 296 Schülertexten aus Klasse 1. Freiburg: Fillibach.

WEISGERBER (1994): Muttersprachliches Lernen und die Begegnung mit Sprachen. Wechselwirkungen und Hoffnungen. In: Begegnung mit Sprachen in der Grundschule. Hg. v. Landesinstitut für Schule und Weiterbildung. Soest. S. 80–107.

WILDEMANN, Anja (2003): Kinderlyrik im Vorschulalter: Kinder zwischen Mündlichkeit und Schriftlichkeit. Frankfurt/M. [u.a.]: Lang (= Beiträge zur Literatur- und Mediendidaktik Bd. 5).

WYGOTSKI, Lew S. (1974): Denken und Sprechen. Frankfurt/M.: Fischer.

WYGOTSKI, Lew S. (1981): Das Spiel und seine Rolle für die psychische Entwicklung des Kindes. In: Röhrs, H. (Hg.): Das Spiel – ein Urphänomen des Lebens. Wiesbaden: Akademische Verlagsgesellschaft. S. 129–146.

WYGOTSKI, Lew S. (1987): Arbeiten zur psychischen Entwicklung der Persönlichkeit. 2 Bde. Köln: Pahl Rugenstein.

Anmerkungen

1 Die nach wie vor wichtigsten Arbeiten dazu hat Piaget mit seinem Werk geleistet.
2 Für detaillierte Beschreibungen und Erläuterungen des Spracherwerbs sei auf Gesamtdarstellungen verwiesen, z. B. Butzkamm/Butzkamm 1999, Klann-Delius 1999, Szagun 1996. Eine kurze Einführung unter Berücksichtigung auch des gestörten Spracherwerbs bietet Dittmann 2002.
3 Zwischen den Schrägstrichen ist das Wort in Lautschrift notiert. International gilt die Konvention, dass Schrägstriche die Notierung von Phonemen, eckige Klammern die Notierung von Lauten markieren. Da ein Phonem durch verschiedene Laute, wie z. B. Zäpfchen- oder Zungenspitzen-r, realisiert werden kann, können die beiden Notationen für dasselbe Wort voneinander abweichen.
4 In der internationalen Lautschrift steht /v/ für den stimmhaften Reibelaut, der im Deutschen orthografisch meist durch ›w‹ wiedergegeben wird, und /z/ steht für das stimmhafte s, das schriftlich durch ›s‹ repräsentiert wird.
5 Es ist zu beachten, dass bei selten gebrauchten Wörtern auch Erwachsene Unsicherheiten in Bezug auf die korrekten grammatischen Formen haben und dass manchmal regionale Unterschiede durchschlagen. So bilden norddeutsche Sprecher den Plural von *Wagen* meist ohne Verunsicherungen mit dem 0-Plural, also identisch mit der Singularform, während in Süddeutschland häufig *Wägen* zu hören ist. Wenn die Frage geklärt werden soll, ob ein Kind die Grammatik seiner Muttersprache schon beherrscht oder sich noch im Stadium des Erwerbs befindet, muss man sich selbstverständlich an der Umgangssprache orientieren, die das Kind tagtäglich hört und die u. a. regional geprägt ist.
6 Für eine detaillierte Darstellung der hier thematisierten sprachrelevanten Fähigkeiten des Säuglings s. Papoušek 1994.
7 Für eine kurze Darstellung der Entstehung von Objektpermanenz und deren Bedeutung für die Sprachentwicklung s. auch Szagun 1996, S. 99 ff.

8 Zum Folgenden s. auch Tomasello 1999, S. 70ff.
9 Intentionalität von Handlungen zu verstehen, heißt nicht, sich der Intentionalität bewusst zu sein. Das Verständnis von Intentionalität zeigt sich praktisch im Verhalten des Kindes, z. B. darin, dass es einen Unterschied bemerkt, wenn jemand unabsichtlich einen Ball ins Rollen bringt oder diesen absichtlich und gezielt auf das Kind zurollen lässt.
10 Derzeit wird die These wissenschaftlich diskutiert, dass autistische Kinder diesen grundlegenden Entwicklungsschritt, andere Menschen als intentional Handelnde zu verstehen, nicht vollziehen und darin die Wurzel der Störung liegt (Nelson 1996, S. 314 ff.; Astington 2000, S. 158 ff.; Tomasello 2002, S. 158 f.)
11 Eventuelle Bedenken, ob die Mutter sich mit der Bestätigung von Richards sachlich falscher Bezeichnung richtig verhält, lassen sich mit einem Hinweis auf das Alter des Kindes ausräumen. Richard wäre vermutlich durch weiter ausgeführte Erklärungen der Mutter nicht nur inhaltlich, sondern auch von seiner Aufmerksamkeitsspanne her überfordert.
12 Wygotski 1987, S. 176 ff. Vgl. auch Bruner 1987, S. 24 ff. und Nelson 1996, S. 134 ff.
13 Dabei folge ich im Wesentlichen dem Gedankengang Bruners (1987, S. 64 ff.), der sich wiederum auf die philosophische Position von Hilary Putnam stützt.
14 Der Terminus sympraktisch geht auf Karl Bühler zurück, der allerdings mit gleicher Bedeutung häufiger empraktisch gebraucht (Bühler 1982, S. 158 ff.). Ich übernehme den Terminus sympraktisch, weil er unter Anknüpfung an Bühler von Luria, einem Schüler Wygotskis, aufgenommen und in der Sprachentwicklungsforschung verwendet und fruchtbar gemacht worden ist.
15 Zu Darstellungen von Forschungsergebnissen und theoretischen Erklärungsansätzen s. Nelson 1996, S. 293 ff.; Astington 2000; Tomasello 2002, S. 203 ff.
16 Eine Vorstellung von mentalen Repräsentationen als statischen, abbildhaften Kopien der Realität ist aus neurowissenschaftlicher Sicht grundsätzlich unangemessen, weil mentale Repräsentationen letztlich auf bestimmte Muster neuronaler Aktivitäten zurückgehen.

17 Auch ältere Kinder spielen Rollenspiele. Aber wie in den folgenden Kapiteln gezeigt und begründet wird, können Vorschulkinder ihre Entwicklungsmöglichkeiten im Rollenspiel in besonderer Weise entfalten. Im Schulalter tritt dann als neue und besonders entwicklungsrelevante Spielform das Regelspiel hinzu (Elkonin 1980; Oerter 1993).

18 Das Spiel wurde im Rahmen eines Projekts zur Erforschung der Funktion des Rollenspiels für die Sprachentwicklung auf Video aufgenommen. An der Untersuchung nahmen insgesamt 48 Kinder zwischen 3 und 6 Jahren teil. In jeder Altersgruppe spielten neun gleichaltrige Kinderpaare miteinander, jeweils zwei Jungen, zwei Mädchen und ein Mädchen und ein Junge. Die Kinder hatten keinerlei Anweisungen erhalten, ausgenommen die Bitte, den Raum nicht zu verlassen. Die Hoffnung, dass viele Kinder Rollenspiele beginnen würden, ging – zwar nicht bei allen, aber bei vielen dieser Paare – in Erfüllung.

19 Dieser Ausschnitt ist – wie auch Spielsequenzen von anderen Kindern – in Andresen (2002) unter verschiedenen Fragestellungen eingehend analysiert worden. Ich zitiere ihn auch hier, weil kurz hintereinander eine ganze Reihe typischer Elemente der Kommunikation innerhalb des Spiels und der Kommunikation außerhalb des Spiels über den Spielverlauf vorkommen.

20 Dass eine Äußerung mehrere Funktionen gleichzeitig erfüllt, ist fast der Normalfall beim sprachlichen Handeln und hat weder mit dem Alter der Kinder noch mit der Spielsituation etwas zu tun. Denn wenn beispielsweise eine Frau zu ihrem Mann sagt *Es regnet,* dann könnte diese Äußerung gleichzeitig die Funktion der Informationsvermittlung und die Funktion der Aufforderung, einen Schirm mitzunehmen, tragen.

21 Seine Theorie der Metakommunikation und die damit verbundenen Analysen der Bedeutung paradoxer Kommunikation sind vor allem durch Watzlawicks Arbeiten über kommunikationsbasierte Beziehungsprobleme, die auf den Arbeiten von Bateson basieren, einem breiteren Publikum bekannt geworden (Watzlawick u. a. 2000).

22 Nach Piaget denken vierjährige Kinder egozentrisch. Dieser Denkstil ist u.a. dadurch charakterisiert, dass die Kinder noch nicht von ihrer eigenen Wahrnehmungsperspektive abstrahieren und sich in die Perspektive anderer hineinversetzen können.

23 Die Darstellung folgt Bose (2003), S. 316 ff.
24 Zu einer ausführlichen Darstellung der damaligen Entwicklung s. Gardner 1989. Eine weniger ausführliche Darstellung, dafür eine kritische Auseinandersetzung mit dem Verhältnis von Zielen und Realisierungen des kognitivistischen Ansatzes findet sich bei Bruner (1997, S. 1 ff.), der selbst zu den Urhebern der kognitiven Wende gehört.
25 Empirische Überprüfung ist bei den meist komplexen Gegenstandsbereichen allerdings weder ein einfacher noch ein eindeutiger Vorgang. Um beispielsweise ein Modell über mentale Repräsentationen grammatischer Strukturen zu überprüfen, müssen sprachliche Äußerungen, die die empirische Basis bilden, erst einmal grammatisch beschrieben werden, was selbst ein theoriegeleiteter Prozess ist.
26 Es lassen sich drei verschiedene Grundpositionen erkennen: Der nativistische Ansatz, dessen bekanntester Vertreter Chomsky ist, postuliert eine sprachspezifische, d.h. auf den Erwerb aller natürlichen Sprachen hin ausgelegte, genetische Ausstattung (z. B. Pinker 1996). Der epigenetische Ansatz, der sich mit dem Namen Piaget verbindet, geht von einer nicht sprachspezifischen, kognitiven genetischen Grundausstattung des Menschen aus, auf deren Basis sich der Spracherwerb als Teil der entstehenden Symbolfunktion vollzieht (z. B. Szagun 2001). Auch die dritte Position, der interaktionistische Ansatz, zu dessen prominenten Vertretern Bruner gehört, geht von einer nicht sprachspezifischen Grundausstattung aus; anders als Piaget, misst man dort aber der Interaktion des Kindes mit anderen Menschen eine zentrale Funktion für den Spracherwerb bei (z. B. Nelson 1996; Tomasello 2002). Diese drei verschiedenen theoretischen Positionen werden in fast allen Einführungen in die Spracherwerbsforschung gründlich dargestellt (z. B. Szagun 1991; Klann-Delius 1999; Dittmann 2002). Das gilt leider noch nicht für die aktuelle Debatte, in der die Fronten anders verlaufen. Gegenwärtig dominiert die Auseinandersetzung zwischen Vertretern regelbasierter Ansätze und den sog. Konnektionisten. Die Ersteren betonen wie die Nativisten die Rolle von Regeloptionen, die zu Beginn der Entwicklung schon vorhanden sein müssen; die Umwelt fungiert nur als Datenlieferant (z. B. Pinker 1996). Die Konnektionisten dagegen gehen wie Piaget oder Bruner von einer allgemeinen Lernfähigkeit aus und betonen

die qualitative Rolle der sozialen Umwelt. Sie arbeiten mit Computermodellen – den sog. neuronalen Netzen; ausgehend von einem einfachen, nicht vorstrukturierten Startzustand können Lernprozesse simuliert werden, die Phänomenen des Spracherwerbs von Kindern entsprechen (z. B. Elman 2001). Damit ist selbstverständlich noch nicht nachgewiesen, dass Kinder nach dem gleichen Muster lernen. Aber die Modelle zeigen, dass komplexe Prozesse wie der Spracherwerb möglich sind, ohne dass das lernende System mit Regeloptionen ausgestattet wäre.

27 Theorien komplexer Systeme, die mit Computersimulationen arbeiten und Lernen als einen Prozess selbst gesteuerter Veränderungen modellieren, zeigen, dass ein im Ausgangszustand einfach strukturiertes System mit zunehmender Komplexität zur Ausdifferenzierung verschiedener Systeme gelangen kann. Zentral für die simulierten Lernprozesse und die damit verbundenen Ausdifferenzierungen ist die Interaktion der Systeme mit der Lernumgebung. (Klüver 2000).

28 Der Dialog ist wörtlich von Oerter (1993, S. 131) übernommen, nur mit veränderter Orthografie und Interpunktion abgedruckt.

29 Eine genaue Darstellung der mit Video aufgezeichneten Gespräche und Handlungen findet sich in Andresen/Buchgeister 1994.

30 In oralen, d. h. durch Mündlichkeit geprägten Kulturen ist es üblich, dass Texte, mit denen Überlieferungen mündlich weitergegeben werden, von den Vortragenden an die jeweilige Situation angepasst und entsprechend variiert werden (Ong 1987, S. 47).

31 Lenas Vorlesen wurde von Karin Buchgeister im Zusammenhang ihres derzeit in der Entwicklung befindlichen Promotionsvorhabens auf Tonband aufgenommen, verschriftlicht und analysiert.

32 Mannhaupt hat in einer Längsschnittuntersuchung zur Entwicklung schriftsprachlicher Fähigkeiten vom letzten Kindergartenjahr bis zum 4. Schuljahr, für die die Daten von über 100 Kindern ausgewertet wurden, festgestellt, dass sich die Buchstabenkenntnisse bei deutschen Schulanfängern – mit Ausnahme einiger weniger Frühleser – auf die des eigenen Namens beschränken (Mannhaupt 2002, S. 142 ff.).

33 Einen Beleg für diese Behauptung liefert z. B. die Untersuchung von Swantje Weinhold zu fast 300 Texten von Erstklässlern (Weinhold

2000). Sie zeigt, in welch großer Bandbreite zwischen Schriftlichkeit und Mündlichkeit Kinder erste Texte formulieren. Sie zeigt darüber hinaus, dass auch Kinder, die nur wenig zu Papier bringen, sich an Textmustern orientieren.

34 Nicht selten kommt es auch im Schulunterricht vor, dass einzelne Kinder eine Meisterschaft darin entwickeln, Wörter als Ganzes aus dem Gedächtnis abzurufen. Diese Kinder scheitern beim Lesen dann, wenn der Lesewortschatz so groß wird, dass die Gedächtnisleistung nicht mehr ausreicht oder aber wenn erwartet wird, dass sie jedes präsentierte Wort erlesen können. Wenn ihre Strategie erst im zweiten Schuljahr oder sogar noch später bemerkt wird, steht das Kind vor dem schwierigen Problem, eine bislang erfolgreiche Strategie aufgeben und eine neue, die anfangs viel weniger Erfolge bringt, erwerben zu müssen. Um das zu verhindern, sollte während des ersten Schuljahrs kontinuierlich überprüft werden, ob das Kind noch ganzheitlich, logografisch, liest oder erste Schritte zur Orientierung an der Lautstruktur macht.

35 In der breiteren Öffentlichkeit wird derzeit ein Teilbereich von Sprachbewusstheit, die sog. phonologische Bewusstheit, besonders wahrgenommen, weil zunehmend Programme zur Förderung phonologischer Bewusstheit in Kindergärten durchgeführt werden. Darauf wird im 11. Kapitel eingegangen.

36 K steht für Konsonant und V für Vokal.

37 Die Artikulation ist allerdings regional unterschiedlich.

38 Das Beispiel verdanke ich Barbara Lang. Es ist ihrem Datenmaterial, das sie im Rahmen ihres Dissertationsvorhabens gesammelt hat, entnommen.

39 Diese Szene wurde zuerst von Newman (1982), später auch von anderen Wissenschaftlern für Experimente mit Kindern verwendet (s. dazu auch Brockmeier 1997, S. 302ff.). Rommetveit (1988) diskutiert die Szene auf der Grundlage unterschiedlicher wissenschaftlicher Bedeutungs-Begriffe und zeigt, dass Ernie – je nach sprachphilosophischer Position – mal lügt, mal die Wahrheit sagt.

40 Vgl. auch das auf S. 138 abgedruckte Zitat von Tomasello.

41 Damit soll nicht gesagt sein, dass nur kleine Kinder in Komplexen denken. In manchen Situationen tun Erwachsene dieses auch. Ähnlich wie beim sympraktischen Sprachgebrauch entwickeln Kinder

im Laufe der Jahre die Fähigkeit, anders als in Komplexen zu denken; damit gehen aber frühere Denkweisen nicht verloren.

42 Zu diesem Thema liegt eine Fülle von Publikationen vor, die von der Darstellung bestimmter Konzeptionen zum Lese-/Schreibunterricht (z. B. Reichen 2003, Dummer-Smoch/Hackethal 1999) über Einführungen zum selben Thema (z. B. Menzel 1990) bis hin zu Darstellungen der vielfältigen Aspekte des Lernens und Lehrens im Anfangsunterricht (z. B. Dehn 1994) reichen.

43 Das Material entstammt Lernbeobachtungen, die mit der diagnostischen Bilderleiste von Dummer-Smoch/Hackethal (1999) durchgeführt wurden. Die Aufgabe für die Kinder besteht darin, Bezeichnungen für bildlich dargestellte Gegenstände zu schreiben. Da die Wörter nicht zum geübten Klassenwortschatz gehören, kann man weitgehend ausschließen, dass die Kinder Wortbilder aus dem Gedächtnis reproduzieren. Die Art der Verschriftung lässt daher Rückschlüsse auf die Strategien zu, die die Kinder beim Verschriften befolgen.

44 Es gibt verschiedene Materialien zur unterrichtsbegleitenden Lernbeobachtung, z. B. Dehn 1994 und Dummer-Smoch/Hackethal 1999.

45 Allerdings muss beachtet werden, dass gemäß der Maxime, morphematische Beziehungen in der Schrift zu repräsentieren, bei abgeleiteten Formen Doppelkonsonanz erhalten bleibt, auch wenn dort die Silbenstruktur eine andere ist, z. B. rannte, weil abgeleitet von rennen. Zur Rolle der Silbe in der deutschen Orthografie s. Maas 1992.

46 Vertiefungen zum Verhältnis von Orthografie und Silbenstruktur und Anregungen für die Unterrichtspraxis findet man in Röber-Siekmeyer 1995 und den Aufsätzen in Röber-Siekmeyer/Tophinke 2002 und Tophinke/Röber-Siekmeyer 2002.

47 Eine Methode, die auch in der breiten Öffentlichkeit bekannt geworden ist und die vollständig auf die eigenaktive Auseinandersetzung der Kinder mit der Lautstruktur von Sprache setzt, ist »Lesen durch Schreiben« von Reichen (Reichen 2003). Nach diesem Unterrichtskonzept schreiben Erstklässler von Beginn an eigene kleine Texte. Dabei analysieren sie die Wörter, die sie schreiben wollen, lautlich und suchen in einer Anlauttabelle die den Lauten entsprechenden Buchstaben. Die Tabellen enthalten Abbildungen von

Gegenständen oder Tieren, für die jeweils der Buchstabe, der dem Anlaut des dazugehörigen Wortes korrespondiert, angegeben ist. Über die aktive Auseinandersetzung mit der Lautstruktur beim Schreiben gelangen die Kinder im Laufe der Zeit auch zum Lesen.

48 Zitat eines Kommunalpolitikers zur Bildungsreform.

49 Die Seitenzahlen, die zu den Begriffserläuterungen hinzugefügt sind, verweisen auf die Seite im Text, auf der der Begriff erläutert wird. Nicht in jedem Fall ist dieses identisch mit der ersten Erwähnung.

Glossar[49]

ARBITRARITÄT (sprachlicher Zeichen): Willkürliche, beliebige Zuordnung zwischen der Lautung und der Bedeutung eines sprachlichen Zeichens, zum Beispiel von Wörtern. ›Willkürlichkeit‹ und ›Beliebigkeit‹ meint in diesem Zusammenhang, dass die Zuordnung zwischen Lautung und Bedeutung nicht naturgegeben, sondern konventionell geregelt ist. Z. B. gibt es keine innere Notwendigkeit dafür, dass im Deutschen die Phonemfolge /kint/ für die Bedeutung ›Kind‹ steht. Wären sprachliche Zeichen nicht arbiträr, gäbe es keine verschiedenen Sprachen. (S. 79f.)

DEIKTISCHE WÖRTER: s. ZEIGWORT

EGOZENTRISCHES SPRECHEN: Monologisches Sprechen, mit dem Kinder ihre eigenen Handlungen steuern. Im Alter von 4 Jahren steigt das egozentrische Sprechen sprunghaft an, während es mit ca. 6 Jahren fast völlig verschwunden ist. Nach Wygotski vollzieht sich während der Vorschuljahre ein Prozess der INTERIORISIERUNG des egozentrischen Sprechens zum inneren Sprechen. (S. 131)

GESPRÄCHSKONVENTIONEN: Regeln, die in der mündlichen Kommunikation (nicht nur bei Gesprächen im engeren Sinne, sondern z. B. auch in Diskussionen oder Spielen) von den Teilnehmenden beachtet werden. Es gibt unbewusst befolgte Gesprächskonventionen, wie beispielsweise ein Absenken der Intonationskurve und eine Sprechpause durch den Sprecher als Zeichen für die Einleitung eines Sprecherwechsels. Andere Gesprächskonventionen werden explizit formuliert, wie beispielsweise die Gesprächsregel, in Gruppen den gerade Sprechenden ausreden zu lassen und erst nach Erteilung des Rederechts selbst das Wort zu ergreifen. (S. 80)

GRAPHEM: Einheit der Schriftstruktur, die einem PHONEM als lautstruktureller Einheit zugeordnet ist. Ein Graphem kann aus einem oder mehreren Buchstaben bestehen, z. B. <t> für das Phonem /t/ und <sch> für das Phonem /ʃ/ in dem Wort *Tisch*. (S. 220)

IKONISCHES ZEICHEN: Zeichen, das durch eine Ähnlichkeitsbeziehung mit dem Bezeichneten verbunden ist, wie z. B. lautmalerische Ausdrücke (*kikeriki* für den Hahnenschrei) oder Piktogramme (stilisierte Abbildung eines Telefonhörers als Hinweis auf ein öffentliches Telefon). Da ikonische Zeichen auf Abstrakion beruhen, indem bestimmte Merkmale des Bezeichneten akzentuiert und andere vernachlässigt werden, können sich Zeichen mit derselben Bedeutung in verschiedenen Kommunikationsgemeinschaften voneinander unterscheiden. Das ist z. B. bei der lautmalerischen Wiedergabe von Tierlauten in verschiedenen Sprachen der Fall. Das widerspricht aber nicht der Ikonizität, der Ähnlichkeit als konstitutivem Bindeglied zwischen dem Zeichen und dem Bezeichneten. (S. 169)

INTENTIONALITÄT: Absichtlichkeit und Bedeutungshaltigkeit menschlichen Handelns. Zum Beispiel wird die Zeigegeste mit der Absicht ausgeführt, den Interaktionspartner auf etwas aufmerksam zu machen. Die Handlung zu verstehen, schließt das Verstehen der Handlungsabsicht ein. Nicht intentional wäre dahingegen der rein körperliche Vorgang des Armausstreckens. (S. 55)

INTERIORISIERUNG: Verlagerung äußerer gegenständlicher oder kommunikativer Handlungen nach innen. Im sprachlichen Bereich werden bei diesem Vorgang laut gesprochene Äußerungen in stumme, innerpsychische, also mentale, Prozesse umgewandelt. Im Zusammenhang kindlicher Entwicklung im Vorschulalter wird angenommen, dass sowohl EGOZENTRISCHES SPRECHEN als auch EXPLIZITE METAKOMMUNIKATION beim Spiel bis zum Ende des Vorschulalter interiorisiert werden. (S. 130)

KONZEPTIONELLE MÜNDLICHKEIT/SCHRIFTLICHKEIT: Texte, deren Struktur und sprachliche Stilmittel typische Merkmale von Mündlichkeit bzw. Schriftlichkeit aufweisen. Typische Merkmale mündlicher Texte sind z. B. unvollständige Sätze in dialogischer Sprache, wie: *Wo bist du geboren? In Hamburg.* Davon zu unterscheiden ist MEDIALE MÜNDLICHKEIT/SCHRIFTLICHKEIT. So könnte solch ein Dialog beispielsweise in einem Theaterstück oder Internet-Chat durchaus auch schriftlich realisiert werden. (S. 187)

LEXEM: s. MORPHEM

MEDIALE MÜNDLICHKEIT/SCHRIFTLICHKEIT: Texte, die mündlich bzw. schriftlich produziert werden. Davon zu unterscheiden ist KONZEPTIONELLE MÜNDLICHKEIT/SCHRIFTLICHKEIT. (S. 187)

METAKOMMUNIKATION: Kommunikation über Kommunikation. Metakommunikation ist Bestandteil von Alltagskommunikation, da Kommunikationspartner sich während der ablaufenden Kommunikation über ihre Kommunikation verständigen. Metakommunikation kann explizit sein; dann ist die Kommunikation Gegenstand sprachlicher Äußerungen, wie z. B. »Was meinst du damit?« oder – beim Rollenspiel – »Aus Spaß ist jetzt wohl Nacht.«. Metakommunikation kann aber auch implizit bleiben, z. B. wenn durch Mimik und Gestik verdeutlicht wird, wie eine Äußerung gemeint ist. Spiel muss stets durch Metakommunikation – explizit oder implizit – begleitet werden, um den spielerischen Charakter der Kommunikation anzuzeigen. (S. 97)

MORPHEM: Kleinste bedeutungstragende Einheit der Sprache. Man unterscheidet zwischen grammatischen und lexikalischen Morphemen (oder Lexemen). Grammatikalische Morpheme tragen grammatische Bedeutungen, wie z. B. Kasusendungen. Lexeme sind Basiseinheiten des Wortschatzes einer Sprache, die auf Außersprachliches verweisen. Das Wort *Kindes* beispielsweise besteht aus einem Lexem (*Kind-*) mit den Bedeutungen ›Nachkomme‹, ›junges menschliches Wesen‹ und einem grammatischen Morphem (*-es*) mit der Bedeutung ›Genitiv‹ ›Singular‹. (S. 27)

PHONEM: Kleinste, bedeutungsunterscheidende Einheit der Sprache. Die Phoneme einer Sprache werden durch Bildung sog. Minimalpaare ermittelt, z. B. /lant/ (*Land*) /hant/ (*(Hand*) /vant/ (*Wand*) /zant/ (*Sand*). Die Ersetzung des jeweils ersten Lautes ergibt ein anderes Wort, ist also mit einem Bedeutungswechsel verbunden. Demnach sind /l/, /h/, /v/, /z/ Phoneme der deutschen Sprache. Nicht jeder Austausch einzelner Laute (Phone) bewirkt einen Bedeutungswechsel; beispielsweise führt im Deutschen die Ersetzung des am Zäpfchen gebildeten [r] durch das sog. Zungenspitzen-r nicht zu einer anderen Bedeutung. Beide Laute sind Varianten ein- und desselben Phonems. (S. 21)

PHONOLOGISCHE BEWUSSTHEIT: Ausdruck phonologischer Bewusstheit ist die Fähigkeit, sprachliche Äußerungen (z. B. Wörter) in lautliche Einheiten zu zerlegen, diese gezielt zu verändern und zu identifizieren. Man unterscheidet zwischen phonologischer Bewusstheit im weiteren und im engeren Sinne. Gegenstand von Prozessen phonologischer Bewusstheit im weiteren Sinne sind z. B. Silben, Reime und der Wortanlaut. Gegenstand von Prozessen phonologischer Bewusstheit im engeren Sinne sind z. B. Zerlegung von Wörtern in Phoneme und Synthese einzelner Phoneme zu Wörtern. (S. 227 f.)

PROTOLEXEME: Erste LEXEME bzw. Wörter von Kindern, die phonetisch noch weit von den entsprechenden Lexemen/Wörtern der Zielsprache entfernt sind, aber bereits mit erkennbaren Bedeutungen verwendet werden. (S. 58)

REFERENTIALITÄT: Verweis sprachlicher Zeichen (z. B. Wörter) auf die außersprachliche Realität, auf das durch sie Bezeichnete. Zum Beispiel referiert das Wort *Kind* auf den Begriff ›junges menschliches Wesen‹. (S. 57)

REZIPROZITÄT (im Dialog): Gegenseitige Zuordnung und fortlaufender Wechsel zwischen Sprecher- und Hörerrolle in der sprachlichen Interaktion. (S. 57)

SYMBOLISCHES ZEICHEN: Zeichen, das allein durch Konvention, also nicht durch Ähnlichkeit wie beim IKONISCHEN ZEICHEN, mit dem Bezeichneten verbunden ist. Symbolische Zeichen sind daher stets ARBITRÄR. Wörter beispielsweise gehören zu den symbolischen Zeichen: Beim gesprochenen Wort ist die Lautgestalt nicht durch Ähnlichkeit, sondern durch Konvention der Bedeutung zugeordnet. Das Gleiche gilt beim geschriebenen Wort für die Beziehung zwischen GRAPHEMEN als den Schriftzeichen und den PHONEMEN des gesprochenen Wortes, die durch die Grapheme repräsentiert werden. (S. 170)

SYMPRAKTISCH/SYMPRAKTISCHER SPRACHGEBRAUCH: Die sprachlichen Äußerungen sind mit dem nichtsprachlichen Handlungskontext verflochten und ohne dessen Kenntnis nicht verständlich. Prototypisch für sympraktischen Sprachgebrauch ist die Verwendung von Zeigwörtern wie *da* oder *der*, die direkt auf einen Ort oder eine Person verweisen, die in der Sprechsituation durch Zeigegeste oder Blickrichtung identifiziert werden. (S. 68)

THEORY-OF-MIND (ToM): Annahmen über innere, mentale Zustände und Vorgänge anderer Personen, wie sie z. B. Handlungen zugrunde liegen. Die Entwicklung der ToM von Kindern ist Gegenstand entwicklungspsychologischer Forschung. (S. 82)

TRIANGULATION: In der kindlichen Entwicklung der Prozess der Etablierung einer ›Dreiecksbeziehung‹ zwischen dem Kind, einem Kommunikationspartner und den Gegenständen und Handlungen, auf die beide ihre Aufmerksamkeit richten. Die Fähigkeit dazu entsteht mit ca. 9 Monaten und schafft die Voraussetzung dafür, Sprache gemeinsam mit anderen Menschen als Zeichen (Stellvertreter) für etwas Drittes, nämlich die Gegenstände und Sachverhalte der Welt, zu gebrauchen. (S. 55)

ZEIGWORT (bzw. deiktischer Ausdruck): Ausdrücke wie *da, du, hier, jetzt*, deren Bedeutung nur durch den Bezug zur Sprechsituation, in der sie geäußert werden, angegeben werden kann. Sie stehen in engem Zusammenhang mit dem SYMPRAKTISCHEN SPRACHGEBRAUCH. (S. 67)

ZONE DER NÄCHSTEN ENTWICKLUNG (ZNE): Bereich von Handlungsmöglichkeiten des Kindes, mit denen es seine aktuell vorhandenen Fähigkeiten in Richtung auf die nächste Entwicklungsphase überschreitet. Nach Wygotski kann das Kind in bestimmten Situationen – vornehmlich in der Interaktion mit Erwachsenen, teilweise aber auch im Spiel – schon Handlungen vollziehen, zu denen es generell bzw. kontextübergreifend noch nicht in der Lage ist. (S. 45)